B2Bのサービス化戦略

製造業のチャレンジ

C. コワルコウスキー＋W. ウラガ＋戸谷圭子＋持丸正明＝著

東洋経済新報社

Original Title
Service Strategy in Action: A Practical Guide for Growing Your B2B Service and Solution Business
(in Japanese Edition)
By Christian Kowalkowski, Wolfgang Ulaga, Keiko Toya, and Masaaki Mochimaru
JAPANESE language edition published by TOYO KEIZAI INC.

はじめに

現代は、急速な変革と変化の時代である。業界を問わずデジタル化によるビジネス秩序の破壊が進み、インダストリー4.0、IoTベースのサービスなど新しいビジネスモデルが出現してきている。そのような中で、B2Bビジネスでは、企業は、顧客にとってのより高いビジネス成果を提供できなければならないというプレッシャーが高まっている。このような状況下で、製造業のサービス化とは何を意味するのか、そして、なぜ製造業がサービスに移行するべきなのかを、本書では多くのページを割いて解説した。「すべて」がサービスと見なされるようになった現代、経営者は、この重大な変革をいかに乗り切るか、自社が取るべき具体的なアクションをいかに決定するかを理解しなければならない。

経営者が待ち望んでいた、製品中心から、サービスおよびソリューション中心のビジネスモデルに移行するための実践的なガイドラインを提供するのが本書である。今日のグローバル市場で収益性の高い成長を達成し、競争に勝ち抜いていくには、単に優れた（サービス）製品を作るだけでは十分ではない。真に重要な顧客価値を生み出したいのであれば、企業は、サービスについてより戦略的に考え始め、革新的なサービスとソリューションを通じて競争する方法を決定し、顧客に対して（そして顧客とともに！）より多くの価値を生み出す必要がある。

本書が対象とする読者は、サービス成長戦略を設計して実装したいと考えている企業やサービス組織の幹部やマネージャーである。実務要請と確固たる学術理論を連携させる他にはない視点で、高収益サービスの成長に向けた実践的なステップを展開した。我々の提唱するロードマップは、製品中心の狭い思考を打ち破り、企業が「サービスに適合」しているかどうかを判断し、既存のサービスを最大限に活用し、付加価値のあるサービスとソリューションを開発・革新していく方法を見つけるのに役立つはずだ。真のサービス中心の文化を醸成すること、営業組織を製品中心からサービスのセールス精鋭部隊に変革すること、サービス成長を促進する組織構造を設計すること、そして、自社の関心と顧客企業やステークホルダーの関心をひとつに揃えていくこと、それらのアクションが、いまこそ必要なのである。

世界中で進められたいくつもの研究プロジェクトと数多くの実務家ワークショップの成果が本書には込められている。我々は、長年にわたり、ハーバードビジネスレビューやマーケティングジャーナルを含む科学雑誌や経営専門誌、サービス戦略に関する書籍、40を超える論文を発表してきた。それでも、本書の上梓に至るまでのエキサイティングな旅は、多種多様な業界や企業で私たちと協働してくださった経営幹部やマネージャーの助けなしには不可能であった。協力いただいた数多くの皆様に、心より謝意を表したい。

しかしながら、本書が高収益サービスを実現するためのすべての課題に回答できたとは思わない。それは、読者と我々が引き続き一緒に探究していくことである。この本が、我々が関心を持ち続けている製造業のサービス化のトピックについて、読者の皆さんとの実りある対話を始めるきっかけとなれば幸いである。これを機に、www.ServiceStrategyInAction.comでアイデアを共有したり、Twitterで@Serv_Stratをフォローしたりして、このトピックに関心を抱く仲間や我々と対話をしてみて欲しい。

高収益サービス実践の旅に共に乗り出そう！

C．コワルコウスキー
（スウェーデン・リンシェーピン大学産業マーケティング学教授）
Christian Kowalkowski
Professor of Industrial Marketing, Linköping University (Sweden)
W．ウラガ
（フランス・INSEAD マーケティング学教授）
Wolfgang Ulaga
Professor of Marketing, INSEAD (France)

はじめに

2020年5月現在、世界はCOVID-19感染拡大の渦中にある。既に世界経済は大きな打撃を受けている。COVID-19はその副作用として、私たちの働き方・暮らし方を変えるだろう。そして、その変化は、企業にビジネスモデルの変革を迫るものとなるはずだ。P.ドラッカー（1980年）は、「不穏な時代における最大の危機は、その不穏性ではなく、過去の論理によって行動することだ。」という。効率的にモノを作るために最も適した形で発展してきた日本経済・日本企業の仕組みは変化を余儀なくされる。これをリスクと捉えるか、チャンスと捉えるかは各企業の決断次第である。

人々の価値観が、モノの機能面にではなく、モノとサービスの統合から生まれる経験の価値、顧客と企業の共創による価値の重視に移行していることが指摘されて久しい。デジタル化の進展と歩調を合わせてB2Cで定着したこの流れは、以前からB2Bでも顕著になっていた。しかしながら、製造業は製品の使用によって顧客と生み出す価値に焦点を置くのではなく、依然として個々の製品に埋め込む技術に血眼になっていたのではないだろうか。経営者のコミットメントのもと、長期戦略としてサービスに取り組んでいるか、製造現場が製品の設計段階からサービスによる共創価値を入れ込んでいるか、製品とは売り方の異なるサービス販売部隊を構築しているか、といえば、多くの場合、否である。

明治大学と産業技術総合研究所が「製造業サービス化コンソーシアム」を立ち上げたのは2015年。それから5年、欧州、特に北欧を中心にサービタイゼーションが進展する中、日本の製造業は顧客にとっての価値を提供する方向へと転換を急がなければならない、という危機感は我々の中でも大きくなっていた。本書の企画はあるコンファランスでChristian Kowalkowski教授と出会った2017年に遡る。我々の問題意識を知り、Kowalkowski教授から本書の日本語版を共著として書くという提案を頂き、その場で決定したのが2018年の秋である。本書のもとになる

「Service Strategy in Action」は、英語版、スウェーデン語版に加え、イタリアの事例を加えたイタリア語版が既に発刊されていた。当初は少し事例を入れ替えるレベルと考えていたものが、ベースとなる英語版の理論や事例を検討する勉強会の継続や、また、共著者であるC. コワルコウスキー（Chiristian Kowalkowski）教授とW. ウラガ（Wolfgang Ulaga）教授に日本に来て頂いて、講義・ワークショップの開催などを行っていくうち、企画はどんどん拡大していった。結果、本書は章立てを再構成し、上記の「製造業サービス化コンソーシアム」でのサービス化段階のフレームワークや日本の製造業1,000社調査の結果の一部を加え、日本企業のサービス化事例などをちりばめたものとなった。

本書のベースの書籍の勉強会に参加頂き、翻訳と事例検討の議論に加わって頂いた青砥・渡辺・丹野３氏に心より感謝の意を表したい。また、「製造業サービス化コンソーシアム」の議論やワークショップ、調査協力が本書の随所に役立っている。メンバー企業の皆様、サービス化事例の取材に快く応じて頂いた企業様に感謝申し上げる。

本書は、いわば価値共創企業への変革を企図する企業の指南書である。本書では製造業、主としてB2Bの製造業を取り上げているが、B2C企業やサービス業にとっても十分に価値のあるものとなっている。変革の道筋を、大局的な戦略視点から現場のマネジメントまで、すなわち、企業理念、リーダーシップ、製品・サービス設計、人事管理、組織、チャネル管理、セールスなどを網羅した、内容の濃いものとなったと自負している。本書が日本の製造業の変革の一助になることを願ってやまない。

戸谷圭子

（明治大学専門職大学院 グローバル・ビジネス研究科教授）

持丸正明

（産業技術総合研究所人間拡張研究センターセンター長）

第Ⅰ部 サービス経済化する世界

第1章 サービス経済化する世界とその課題

第2章 なぜサービスなのか？

第II部

サービス化戦略

第3章 真のサービス文化の構築のためのマイルストーン

第4章 組織目標との整合性

第5章 組織変革に向けたビジョンとリーダーシップ

第6章 サービス組織デザイン

第III部

サービス化への準備

第7章 サービス化の6つのハードルと4つのサービス・カテゴリー

第8章 サービス化に必要なリソースと能力

第9章 4つのサービス・カテゴリーの価値と価格

第IV部

サービス化戦術

第10章 サービス設計と生産性

第11章 サービス・セールス部隊の変革

第12章 チャネル・パートナーのマネジメント

第13章 サービス・イノベーションのための方法論

第 I 部

サービス経済化する世界

第1章

サービス経済化する世界とその課題

はじめに

我々は現在、最も重要な存亡の岐路に立っている。……（中略）……
選択を誤ってはいけない。我々は次世代に問われることになるだろう。
「何を考えていたのですか？　なぜ行動しなかったのですか？」と。
——アル・ゴア（Al Gore）、2007年ノーベル平和賞受賞スピーチ[1]

1-1 変革の時

モノからコトへという言葉が登場してからすでに久しい。経済社会の成熟化に伴い、先進国を中心に、顧客の求めるものは、物質面から精神面へ、すなわち、物の所有から体験・経験へ移行してきた。「国民生活に関する世論調査」（内閣府、2017）[2]によれば、日本人の3分の2がモノの豊かさより心の豊かさを求めている（図1-1）。モノの所有に魅力を感じなくなった人々の求める価値は、経験であり、ソーシャル・グッドである。シェアリング・エコノミーの台頭、第4次産業革命、デジタル化、働き方の変化、SDGsに代表される企業の社会的責任の増大、いずれもが企業に変革を迫るものである。その変革のひとつが、モノからコトへ、言い換えれば製造業のサービス化である。しかしながら、日本を代表するメーカーであるトヨタ自動車の豊田章男社長が「自動車メーカーから、モビリティ・サービス・カンパニーになる」と宣言したのが2018年。業界は震撼したと言われるが、それは遅すぎはしないか？　2016年にダイムラーはCASE[3]（C：

図 1-1　モノの豊かさと心の豊かさ

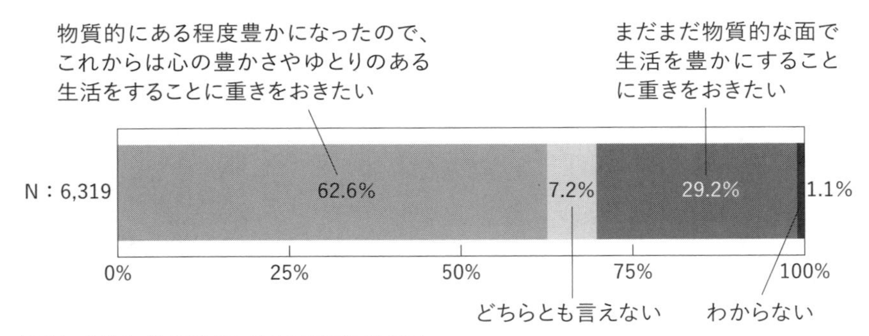

（出典）内閣府「国民生活に関する世論調査2017」。

つながる、A：自動運転、S：共有、E：電気自動車）を提唱し、具体策を進めている。彼らのカーシェアリングサービス「car2go」は既に世界8カ国、24都市で展開し、会員は300万人を超えていた。ことほどさように、日本の製造業のサービス化は進んでいない[4]。我々は、次世代からの質問にどう答えるのか？　サービス化には多くの障壁がある[5]。本書はその障壁を乗り越え、実現につなげるための企業戦略、準備、そして戦術をまとめたものである。

1-2 なぜサービス化か？

最初に、なぜサービス化が必要であるのかについて考えてみよう。日本でテレビ放送が始まってから80年が経つ。その間、テレビ受像機は白黒からカラーになり、ブラウン管から液晶へ変わり、大型化し、さらに4K、8Kと高精細化が進んでいる。一方で、テレビ受像機そのものの価格は発売直後から値段が下がるようになり、また、カラーテレビが出た時のような勢いで4K、8Kテレビが普及しているわけでもない。この背景には様々な理由があるのだろうが、ここでは生活者の価値観の変化と、知覚の限界という側面から説明してみたい。

まず、生活者の価値観の変化である。

社会心理学的には生活意識・価値観の変化が指摘されている。情報伝達の速度が増すにつれて、世界各地の気候変動の影響や格差社会の問題が自分ごととしてとらえられるようになってきた。国連が提唱するSDGsへの取り組みや、サーキュラー・エコノミー[6]研究の進展など、モノを作りすぎ、使い捨てにして環境負荷を増やすことへの抵抗感は、知識層や若い世代を中心にどんどん高まっている。特に、デジタル・ネイティブ世代やミレニアル世代[7]は消費に対する価値観の変化が大きいと考えられている。彼らはITリテラシーの高さは言うまでもなく、パソコン（PC）ではなくスマートフォンなどのモバイル機器を使いこなす世代である。固定観念を嫌い、既存の有名ブランド品よりもユニークさや自分らしさを重視する。社会問題への意識が高く、SDGsやESG投資、金融包摂[8]といった本業で社会貢献を実現することに働きがいを感じる。日常の消費行動でもソーシャル・グッドを意識しており、企業のコンプライアンス違反などに対しても敏感である。また、物財への欲望は低く、モノよりも経験の価値を重視し、半匿名性を持ったコミュニティへの参加や、そこでの共感を求めることから、シェアリング・エコノミーやクラウド・ファンディングの担い手、もしくは支持層にもなっている。新機能が付加された、性能が少し向上したといって使えるモノをどんどん買い換えるのは社会悪であり、スマートな行動ではないと考える。これは若年層に強い傾向ではあるが、その他の世代にも広がりつつある感覚である。

さて、テレビ受像機に戻ろう。家電メーカーが何と主張しようとも、これまでも顧客にとってのテレビの価値は、視聴する番組やコンテンツによって生み出されてきた。それゆえにコンテンツで優るNetflixが登場した途端に、人々はIdiot Box（バカの箱）であるテレビを捨てはじめたのだ。毎週決まった曜日の決まった時間の放送を待つ必要はなく、パソコンやモバイル機器によって、移動中でも、インターネットで調べ物をしながらでも観れ、スキマ時間を使うこともできれば、休日にシリーズを一気に

図 1-2　Weber-Fechner 則

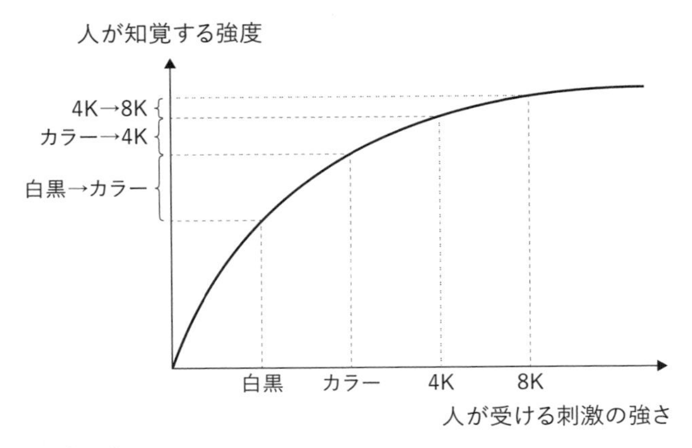

（出典）Fechner（1966）.

見るというビンジウォッチングもできる。その人個人のライフスタイルに合わせた使い方ができる。そこで生み出される価値も異なる。そして、動画配信サービスはさらに共創価値（Co-Creation Value）へと進化する。現在では顧客は自ら映像を撮って投稿ができるYouTubeやTikTokに参加し、能動的にサービス生産し、それを楽しみ、価値を共創している。つまり、価値は製品に埋め込まれて送り届けられるのではなく、顧客の参加によって作り出されるものとなったのである。

次に知覚の限界を考えよう。図1-2は、人間工学分野で知られる「Weber-Fechner則[9]」で、人が外部から受ける刺激の強さと、人がそれを脳で知覚する強度の関係を表している。

明るさや音の大きさ、皮膚に与えられる刺激の強さと知覚の大きさは、直線的な比例関係にはない。刺激が小さい時には知覚の変化は大きく、刺激が強くなればなるほど刺激の変化は知覚されにくくなる。横軸にテレビ受像機の画質を置いて考えてみると、右方向に白黒、カラー、液晶、4K、8Kへと高刺激に向かう。それに対して、縦軸に示される人（顧客）の知覚は、白黒からカラーに変わった時の変化ほど、4Kが8Kに変わった変化は大きく知覚されない。画質を高品質化させればさせるほど、顧客は性能の違いを知覚しにくくなる。こうした人間の生体特性は技術革新で変えられることではない。

製品が未成熟で、性能（刺激）の変化が大きな知覚変化につながっていた時代には、製造業が得意とする技術性能の向上で価値を訴求できた。性能の向上が続くにつれて、顧客は大きな差異を感じなくなった、それがコモディティ化の原因となっている。

1-3 サービス化とは資源統合である

サービス学では、複数のサービスとモノの財が統合されたソリューションを意味する英単語“service”（単数形）と、個々のサービス群を意味する“services”（複数形）を区別して使う。サービス学で基盤的な概念として知られている「Service Dominant Logic[10]」では、すべての価値は、顧客がサービスを使用することによって生み出されるものだとしている。serviceは、製品（goods）と個々のサービス群（services）から形成される。PCやモバイル機器、コンテンツなどのgoodsと、コンテンツ配信や顧客の視聴行動などのservicesが統合されて視聴体験であるserviceを形成する。

顧客自身は「使い方、参加の仕方」を知っているわけだが、同時に企業側は「使われ方、参加のされ方」を知ることが可能になる。Internet of Things（IoT）[11]とは、これを実現する技術の一要素である。様々な製品やサービスがネットワークでつながり、企業はいながらにして、顧客の利用・使用履歴データを入手することができる。しかし、こういったデータの塊を手に入れることと、それを分析して顧客の使用文脈[12]を知り、さらに共創価値を創造するサービス・ビジネスを組み立てることとはまったく別物である。実際、顧客データを収集する仕組みまでは持っているのに、それを活用できていない企業は多い。「ものづくり白書（2019）」によれば効率化への利用でさえ2割程度、顧客とのやり取りやマーケティングへの利用になると4%程度しか実施できていない[13]。Netflixの強みは、蓄積された顧客のデータから嗜好別の膨大な数のセグメントを特定し、それらのセグメントにあった膨大な数のコンテンツを品揃えしていることだと言われる。Netflixの持つ顧客の視聴履歴の分析能力が、そのセグメント分けを可能にしている。一方、多くの製造業が、モノの中に価値を埋め込めると信じている。上記のテレビ受像機の例もまさにその旧弊な思考の表れである。IoTシステムという物理的な構成物は価値をつくるための資源であって、手段にすぎない。

TVの例が意味するのは、製品を従来どおりに設計してあとから付帯サービスを追加するのではなく、製品（goods）と個々のサービス群（services）は同時に設計すべきだということである。それらはすべてサービス（service）の資源であり、その資源をいかに統合して価値化するかを考えるのが企業の役割だからである。製造業がこの枠組みを理解してサービス（service）を自ら設計する、あるいは、サービス提供者と一緒に設計することが現在の苦境を乗り越えるカギである。これはTV受像機のようなB2C製品に限ったことではない。B2Bで提供されている多くの製品についてもまた、まったく同じことが当てはまる。

1-4 価値への着目

ここで、戦略を成功に導く重要な視点を提示しておきたい。それは、サービス（service）を通じて生み出される価値の把握は、企業が正しい経営判断をするために必要不可欠な要素であるということだ。

これまでの製品提供ビジネスでは、製品が対価と交換される際には、同時に全額を支払ってもらうのが通例であった。購入の瞬間には、すでに価値は製品に組み込まれている、という前提で人々は商品代金を支払ってきた。これに対して、サービスでは使用してはじめて価値は生まれると考える。そのため、使用に対してその都度、対価が支払われることが多い。しかし、企業が製品販売から、サービス提供に移行すると、課金方法が変更され、一時的には売上げが減ることがある。この売上げの立ちかたの違いが、サービス・パラドクスと呼ばれる現象を引き起こす原因の1つになっている[14]。サービス・パラドクスによって、サービス化にあたり、短期的に売上げが減って財務指標が悪化すると、サービスへの移行が失敗と判断され、コモディティ製品のレッド・オーシャン[15]に戻ってしまうのである。

そのため、製造業がサービス化を目指す時には、経営判断に用いるKPI[16]も変更しなければならない。戸谷（2019）で提唱しているのが、このための新しいサービス価値測定の枠組みである（図1-3参照）。ここでは財務指標を含む、顧客とのサービス提供契約に関わる価値を機能価値（Fundamental Value）としている。製造業でも、サービス業でも、この機能価値を測って見える化し、経営判断に活用することは通常行っている。一方で、顧客との関わりから得られる知識という価値が存在する。IoTを通じて得られた製品の使用文脈や、いかにして共創価値が生み出されたかなどといった知識は、企業にとって大きな価値となる。顧客にとってもある企業の製品利用や取引によって習得した知識やスキルは価値である。戸谷（2019）では、これを知識価値（Knowledge Value）と呼ぶ。知識価値は単にデータの量ではなく、データから紡ぎ出される知識の量である。サービスでは、顧客から得られる知識が、製品の技術的な知識以上に重要となる。また、サービスでは顧客が生産に能動的に参加するため、企業と顧客間には相互作用が生じ、感情が生まれる。短期的な嬉しい・楽しいといった情動もあれば、長期的に誇りに思ったり、安心できるといった感情もある。戸谷（2019）はこれを感情価値（Emotional Value）と呼んでいる[17]。

ここでは、3つの価値の頭文字を取り、この枠組みをFKE価値共創モデルと呼ぶ。ここまでは、単純に企業と顧客の間の価値形成について述べてきたが、実際には、顧客、従業員、企業、そして社会との間で価値が共創

図1-3　3つのサービス価値

機能価値 FV	企業がそのビジネスでコア・サービスとして、提供することを事前に約束し、顧客が対価を支払って購入する基本的な価値
知識価値 KV	企業や従業員の活動、顧客の知識やスキル向上に作用し、逆に顧客に関する知見が企業側に蓄積し、Co-productionやCo-creationに結びつくことによる価値
感情価値 EV	企業・従業員・顧客の相互作用が生み出す正の感情がモチベーションを向上させ、Co-productionやCo-creationに結びつくことによる価値

（出典）戸谷（2019）。

されることになる。そして、その枠組みを知るだけでなく、その枠組みに沿ってFKEの共創価値をそれぞれ測ることで、はじめて経営層はサービス化の進度を正しく把握できる。製造業がサービス化していくには、短期的な収益につながる機能価値だけでなく、長期的に収益をもたらしうる知識価値や感情価値を見える化することが必要なのだ。

同時に顧客データを取得し、サービス提供の対価を持続的に得るためには、顧客がサービスを継続使用することが不可欠である。購買結果の財務指標のみでなく、顧客がサービスを継続使用する意図、さらに進んで価値の共創や普及に積極参加しようとする意図が結果指標として評価されなければならない。マーケティング分野では顧客の取引継続行動を顧客ロイヤルティ[18]、また近年の研究では共創を軸としたロイヤルティを顧客エンゲージメント[19]として重要なKPIととらえている。

1-5 本書の構成

本書はChristian Kowalkowski教授（Linköping University, Sweden）、Wolfgang Ulaga教授（INSEAD, France）、戸谷圭子、持丸正明の共著である。4部構成で、最初に第Ⅰ部としてサービス化する世界経済の環境に

図1-4　サービス化の4段階のフレームワーク

サービス化の段階	目的	サービス内容（設問）	具体例
第1段階	製品販売につなげるサービス	製品を機能させるサービス	設置、セットアップ、ヘルプデスク、修理、点検など
		顧客ごとに製品機能を合わせるサービス	技術コンサルティング、製品カスタマイズなど
		顧客ごとに最適な製品利用方法を提案するサービス	利用状況の記録・フィードバック、使い方の改善など
第2段階	顧客との関係を維持するサービス	製品機能を長期間維持し続けるサービス	フルメンテナンス、予防保全など
第3段階	顧客の製品使用価値向上につなげるサービス	顧客の生活や業務の質を向上させるサービス	QOL向上支援、業務コンサルティングなど
第4段階	イノベーションにつなげるサービス	顧客の新たなライフスタイルやビジネスを生み出すサービス	経営コンサルティング、プラットフォーム提供、シェアリングなど

ついて述べ、第Ⅱ部にサービス化戦略、第Ⅲ部にサービス化への準備、第Ⅳ部にサービス化戦術、についてそれぞれまとめた。欧米企業の事例に加えて、日本企業の事例も多数紹介している。また、各章末には各章のテーマについて、経営者が自問すべき質問をまとめている。

●「日本の製造業1,000社調査」について

サービスでは顧客との共創関係をうまく築けるかどうかが成功の鍵となる。サービス化の進展度合いもまた、顧客との関係性でとらえ直すことが可能である。本書では、明治大学戸谷研究室と産業技術総合研究所が共同運営している製造業サービス化コンソーシアムが実施している大規模定点調査「日本の製造業1,000社調査」からも一部結果を示している。本調査結果説明の際、サービス化の4段階のフレームワークを使用することがあ

る（図1-4)。これは、企業の提供サービスを顧客共創価値のタイプによって分類したものである。第1段階はモノを売るためのサービスの提供、第2段階は顧客と長期的な関係を続けていくためのサービスの提供、第3段階は顧客に視点を向け、顧客のQOLや顧客ビジネスの成果を向上させるサービスの提供、第4段階はイノベーション創出のためのサービスの提供段階である。

第2章

なぜサービスなのか？

現在、世界中でサービス経済化が進んでいる。ほとんどすべての先進国で、サービスはGDPの大半を占め、経済の最重要セクターとなった。この割合は、米国、英国、フランスなどでは70％を超え、ドイツで約60％、インドでも約50％[1]を超える。日本を含め、歴史的に産業が製造業に集中していた国々でも、サービス化は進展し続けている。なかでもアドバンスト・サービス[2]はますます重要になっている。

例えば、中国では1980年にサービス部門はGDPの22％にすぎなかったが、2017年には52％に増加した[3]。中国政府は、サービスが経済に果たす役割をさらに加速させると宣言している。我々が中国で行ったワークショップでは、中国市場はすでに成熟期にはいっており、今後は製造業が二桁成長をすることはない、ということも明らかになった。サービスは顧客との関係を構築し、生産性を向上させる手段となるので、中国経済が成熟すればするほど、サービスはより重要になる。そして、海外進出が進むほど、中国企業はサービス分野での競争への参入を余儀なくされるだろう。例えば、売上規模1,051億ドルの通信グループであるファーウェイ（Huawei）[4]は、スウェーデンのエリクソン社（Ericsson）[5]とともに、世界のテレコムネットワーク管理“サービスの市場”を支配している。また最近の中国資本による買収対象には、ヘルスケア、金融、メディア、エンターテインメントなどのサービス部門の企業が多数含まれている[6]。2016年には、航空および海運企業であるHNAグループ（海航集団）[7]が米国のエレクトロニック・ディストリビューター、イングラム・マイクロ社（Ingram Micro）を60億ドルで買収している[8]。

本書はB2B業界を主に対象とするが、今日、サービスは、消費財や小売業などのB2C業界でも強力な成長エンジンとなっている。2つの例を考えてみよう。第1の例は、食品大手のネスレ社（Nestlé）の日本法人であるネスレ日本株式会社（ネスレ日本）である。ネスレ日本は、10年間低迷していた小売ビジネスを、問題解決型ビジネスに変換するため、2012年にネスカフェ・アンバサダーをスタートした。ネスカフェ・アンバサダーは、ネスレ日本がこれまで一度も経験したことのない完全に新しいB2B2CまたはB2C2Cでの直販ビジネスモデルを、その強力なブランドを使って可能にしたものである。現在では45万人にまで増加したアンバサダー（大使）は優れた顧客経験を生み出し、ネスレ日本の成長を支えている。

ネスレ日本は、オフィスでおいしいコーヒーをリーズナブルな値段で飲みたいというニーズがあることに気づいた。ネスカフェ・アンバサダーとは、オフィス内の誰かがアンバサダーとなり、ネスレ日本が無償で提供するコーヒーマシンを管理し、コーヒー豆やパックの購入、職場の同僚からの代金回収までを行うというビジネスモデルである。従来、オフィスのコーヒー市場のシェアの半分以上を持っていたのはユニマットライフ[9]で、大企業を対象にB2Bビジネスを展開していた。コーヒーマシンはレンタルで、その管理は全国に100カ所以上ある営業拠点のユニマットライフ社員が行う。一杯約40円のレギュラーコーヒーの豆、使い捨てカップやマドラーなどのサプライ品は、定期的に届けられる。しかし、ユニマットライフのビジネスはB2B契約なので、導入には企業内の面倒な意思決定プロセスを経る必要があった。これに対して、ネスカフェ・アンバサダーはあくまで自ら手をあげた個人がボランティアで世話役になるため、時間のかかる稟議手続きなどはない。ユニマットライフのビジネスのように社員以外の部外者がオフィスに出入りするわけでもなく、価格も約半分である。

アンバサダーをサポートするために、ネスレ日本はSNSやオフ会、新商品試食サンプル送付なども行っているが、アンバサダーの主なモチベーションは、むしろ職場のコミュニケーションに貢献し、皆に喜んでもらうという、充実感や自己効用感である。現在では消費された分のコーヒー豆の自動発送や、電子マネーによる代金回収など、アンバサダーの負担を軽減する施策も充実している。2017年には、ネスカフェ・アンバサダーは、その領域をサプリや健康食品まで拡大させたネスレ・ウエルネス・アンバサダーへと進化している。

第2の例は、米国アリゾナ州フェニックスに本拠を置くペットスマート社(PetSmart)[10]だ。同社のサービスの成長から、サービタイズという事業変換は、もともとサービスを提供するサービス業にとっても有効であることがわかる。小売業者もまた、真に顧客中心のアプローチをとることによって、より深い価値を創り出すサービスを提供することができる。2人の経営者が1987年にアリゾナ州で最初の2店舗をオープンしたPetFoodWarehouseは、現在ではペットスマート社としてペットの生涯ニーズ（誕生・結婚・医療・葬儀まで）を満たすソリューションを提供し、北米最大の専門小売店となっている。長い年月をかけて、同社は単なるペットグッズ販売店からサービス企業へと進化してきた。ペットグッズ以外に、グルーミング、犬のトレーニングなどのサービスに加えて、猫と犬のホテルおよび一時預かり施設を運営している。ペットスマート社約1,650店舗のうち、200を超える店舗がPetsHotelsとしつけ教室DoggieDayCampを併設し、一部の店舗ではBanfield Pet Hospitalブランドで動物病院も運営している[11]。

ペットスマート社は、商品中心のロジック、つまり店の商品棚から顧客の買い物かごに商品を入れてもらうことを追求するのではなく、家族の一員としてのペットのニーズ、そしてもちろんペットオーナーのニーズに総合的に応えることを目指した。ペットスマート社の売上高は、金融危機の時期2008年でさえ、前年の47億ドルから51億ドルへと増加している。ペットスマート社がペットグッズの販売だけを行っていた頃は、顧客は店を出る時に余分なおもちゃやリード、犬用ベッドを買ってくれることはなかった。サービス中心のビジネスモデルは、景気が悪い時期であっても価格が安定的で、下方硬直性がある。ペットトレーニング、グルーミング、ホテル、ペットの養子縁組などを含むサービスは、2008年には同社に5億2,700万ドルの増収をもたらし、2014年には総売上高71億ドル中の8億800万ドルを占めるにいたった[12]。

2015年のプライベート・エクイティ企業BC Partnersグループによる83億ドルのレバレッジド・バイアウトは、同社の組織の大改革につながり、サービスへの投資は高水準で続いた。ネスレ日本と同様に、ペットスマート社も何年もかけて自社の顧客ビジネスの再定義に成功したのである[13]。

ネスレ日本とペットスマート社の例は、サービス導入が成長への魅力的なルートになることを示している。B2Bメーカーは、業績の低迷に直面すると、機器売上げ確保とコスト削減に走りがちであるが、サービスによって収益とマージンを改善させることが可能である。これらの例のように、業界を問わず多くの企業が、サービスの成長を通じて従来のコア・ビジネスを超える拡大を図っている。しかし、確かに見通しは有望ではあるが、企業が既存事業を作り直すということは容易なことではない。次のゼロックス（Xerox）グループのケースは、その根深い課題を示している（事例2-1）。

事例2-1 ゼロックス社

オフィス機器の販売から、ビジネスプロセスと文書管理の最適化へ、そして再びの改革

1906年に設立されたゼロックス社（Xerox）は、複写機やプリンタを製造する技術中心の企業から、サービス・プロバイダーへと変容した。1958年、ゼロックス社は画期的な技術を発明し、競合に比べて動作速度が数倍速いデスクトップサイズのコピー機を製作し、競合よりも7～8倍高い価格で販売していた。当時、この業界のビジネスは、いわゆる「剃刀とカミソリの刃」モデルに基づいて行われていた。コストをようやくカバーする程度の価格で機器を売り、別にサプライ品とメンテサービスに課金するというビジネスモデルである。ゼロックス社は新しいビジネスモデルの必要性を認識していた。そこで、コピー機を売るのではなく、月95ドルの料金でリースするというモデルが開発された。1カ月当たり2,000枚を超えるコピー使用の場合にのみ、顧客はコピー1枚当たり4セントを支払う。このモデルは、当時は小規模企業にすぎなかったゼロックス社がほとんどのビジネスリスクを負うことを意味していた。しかし、結果的に顧客は1日当たり平均2,000枚コピーをしたので、最も楽観的なシナリオさえ超える収入をゼロックス社にもたらしたのである。新しいビジネスモデルは、爆発的な成長をもたらし、60年代には売上規模3,000万ドル程度であったゼロックス社を、1972年には収益25億ドルの世界的な企業に変貌させた。その後の数十年間は、ゼロックス社が弱い低価格帯市場に参入した日本企業との競争に明け暮れた。日本企業は、ゼロックス社が製造するよりも安い製品を販売し、激しい競争市場（burning platform）を作り出して、変化を加速させた。デジタル・コマースやデジタル・コミュニケーションが進み、コピー機やプリンタといったゼロックス社の中核事業はますます脅かされることとなった。企業再建のプロであるアン・マルケイ（Anne Mulcahy）が最高経営責任者（CEO）としてゼロックス社の舵取りを任された2001年には、同社は破産寸前だった。彼女はただちに劇的なリストラを開始した。2000年から2009年の間に、従業員数を9万5,000人から5万4,000人に削減した。同時にサービス部門を再編して再スタートした。2009年にCEOに就任したウルスラ・バーンズ（Ursula Burns）はサービス部門を引き継ぎ、広範なサービス変革を行ってゼロックス社を危機から救った。またゼロックス社は、世界最大の分散型ビジネスプロセス・アウトソーシング企業であるACS社（Affiliated Computer Services）を2010年に64億ドルで買収した。買収は、ゼロックス社の歴史上最大のものであり、5,000億ドル規模の同市場における同社のプレゼンスを高めた。この買収によってACS社から7万4,000人がゼロックス社に加わった。新生ゼロックス社は、顧客の文書やビジネスプロセスの運用管理をサポートし、関連費用の削減に大いに貢献した。新戦略の結果、顧客に販売される製品数は大きく減少した。ゼロックス社のヨーロッパにおけるアウトソーシング事業のディレクターであるアンディ・ジョーンズ（Andy Jones）によると、ある大型顧客の同社製機器は5万台から2万2,000台まで減少することになった。これは製品をどんどん売るというかたちで構築されてきた同社のビジネスではありえないものだった。しかし次の数年間、従業員14万6,000人のゼロックス社の中で最も急速に成長したのは、ビジネスプロセスのアウトソーシングサービスだったのである。売上げに対するサービス部門のシェアは、ACS社買収以前は23％（2009年）だったが、2014年には56％に達した。現在では機器販売から得られる収益は、ゼロックス・グループ全体のわずか15％である。つまり、85％が、サービス契約、保守、サプライ品、レンタル、ファイナンスなどのサービスから生まれている。ビジネスサービスという業態への変革により、契約期間の長期化や顧客との親密な関係性が実現し、不況への耐性が向上した。

2013年に会長兼CEOのバーンズは、投資家に対して「サービス主導のポートフォリオへの移行は投資に見合う収益をあげている」と言い切っている。

それにもかかわらず、ゼロックス社は、2016年には、ハードウェア中心のXerox社（高価格帯のカラー・カスタマイズ・プリンターなどを製造販売する）とサービス中心のConduent社（ビジネスの変革、自動化、分析などを行う）の2企業に分離された。分離は「株主価値を高めるため、より積極的な措置を講じる」ためであり、「経営の焦点を研ぎ澄まし、組織を簡素化し、差別化された財務的特徴をもって投資計画を際立たせ、成長を推進させ、ビジネスの見通しを明確にする」ためであると説明されている。

サービス主導による企業の成長を成功させるためには、企業は製品とサービスの相乗効果を活用しなければならない。このような積極的な波及効果がなければ、株主価値の増加は実現しないことは研究によっても示されている。Conduent社は2018年時点では営業赤字である。２つの新会社によって、ゼロックス社がもう一度自らを改革できるかどうか、今後に注目したい。

（出典）Chesbrough（2010）、Fang et al.（2008）、『ファイナンシャルタイムズ』、『ウォールストリートジャーナル』、およびゼロックス社「アニュアル・レポート」による。

2-1 サービスの成長要因

経済のサービス化は最近になって始まったことではない。すでに40年以上前に、ハーバード・ビジネス・スクールのマーケティング教授、セオドア・レビット（Theodore Levitt）は、米国の主要製造業グループが自社製品に関連するサービスを開発している事実を指摘し、自社がサービス・プロバイダーであると認識すべきだと指摘している。レビットは、製品中心の企業も、生き残りのためにはサービスを提供しなければならないことを、この時点ではっきり示していたのである[14]。

B2B市場では、製造業は製品販売のためのサービスを多数提供している。例えば、業務用冷凍装置のメーカーならば、現場での設置・修理サービスを提供しない限り、小売チェーンに商品を買ってはもらえないだろう。プロのバイヤーは、故障に迅速な対応をしないサプライヤーは選ばない。製品中心の企業といえどもこのようなサービスはこれまでも提供してきた。しかし、今ほど役員会でも肌で感じられるほどその緊急度が高くなったことはない。サービス化という課題は、過去数年間で企業戦略の中で経営陣が最優先する種類のものになってきた。激しい競争市場における新たな戦いは、伝統的な製品の競争ではなく、サービスによる売上げとマージン向上の競争なのである。

ボーイング社（Boeing）[15]のケースを取り上げてみよう。ボーイング社

図 2-1　なぜサービスなのか？　サービス成長の主要な動機

市場外部要因	企業内部の要因
●コモディティ化 ●顧客からの圧力 ●競争の激化	●製品と技術に関する専門知識の活用 ●顧客関係性価値の獲得 ●新たな市場機会の開拓

はシカゴを拠点とするジェット旅客機、戦闘機、ロケット、衛星を製造する1兆ドルの航空宇宙会社である。CEOのデニス・マレンバーグ（Dennis Muilenburg）は、「サービスの成長が我が社の戦略の核である」と述べている。民間旅客機および防衛産業の市場で、サービスの割合は10%未満であるため、そこには十分な成長の余地がある。浮き沈みの激しい航空機販売から脱して、航空機の数十年間にわたる製品寿命全体を通じたサービスを提供することができれば、安定した高い収益を獲得し続けることができる。ボーイング社では、2015年の約150億ドルから2025年には500億ドルへと10年間で3倍以上のサービス売上げの増加を目指している[16]。

製品中心の企業がサービスの成長を求めるのには2つの動機がある。第1に防衛戦略。既得権を守り、現在のビジネスを堅固にすることである。第2は成長戦略。サービスを積極的な武器として、新規顧客を獲得し、競合の顧客基盤に割り込み、より多くの収益量と高マージンを取ろうとするものである。これらの動きは、図2-1に示したビジネスの基本的なトレンドによって加速している。

2-2 市場環境と結びついた外部要因

サービス化を促進する外部要因について次に説明しよう。図2-1のとおり3つの要因、すなわち、製品のコモディティ化、顧客からの圧力（顧客の専門性の高まりに対応したアウトソーシングの増加）、競争の激化、である。

●コモディティ化

現在、コア製品の需要の飽和に直面している業界が増えている。設置済み製品はもはや増やせない。これは、需要の停滞もしくは減少によって、企業がもはや未開発分野への投資をほとんどしなくなった成熟市場で顕著である。代表的な例は、パルプ・製紙業界である。欧州と北米では長年にわたって、パルプ・製紙メーカーの工場は閉鎖され、生産能力が縮小されてきた。同時に、大規模メーカーはブラジルや中国などに投資をしている。北米ではパルプ・製紙産業は1990年代半ばには成熟市場となり、それ以降、供給能力への新規投資はほとんど行われず、500台を超える大型製紙機械が段階的に廃棄された。ヨーロッパでも同様の変化が起こっている。一方で、サービスへの需要は増加しており、製紙産業のマーケットリーダーであるフィンランドのバルメット社（Valmet）[17]のような企業はその恩恵を受けている。1990年代以降、バルメット社のサービス収入は3倍以上に増加した。メンテナンス、製紙ラインの再構築、パフォーマンスの最適化などのサービスは同社の最重要開発目標であり続けるだろう[18]。サービスを通じてより大きな売上げと利益を獲得することは、既存設置製品数が新規の製品販売数をはるかに上回る状況では特に重要である。多くの市場で、製品の既存設置数は年間新規販売数の10倍以上になっている（表2-1参照）。オーチス社（Otis）[19]は年間10万台のエレベーターとエスカレーターを新規に販売する一方で、既存の190万台以上のメンテナンスを行っている。同社の130億ドルの収益の大部分はサービスから得られている[20]。近年、多くの業界で商品のコモディティ化が加速し、機器販売の利益率はますます薄くなり、材料処理の機器やATM機械のメーカーは、製品販売からは何の利益も得られなくなっている。

製品の購入が価格のみによって決定され、メーカーの変更が容易な場合には、結果としてメーカーのマージンは下落する。例えば、韓国のATM機械の設置密度は世界で最も高く、100万人当たり2,907台である[21]。ロシアのリテール銀行は、韓国メーカーからロシア国内メーカーよりも安い価

表2-1　新規販売台数と既存設置台数の関係

業界	(1) 年間 新規販売台数（台）	(2) 既存設置台数 （台）	(1)：(2)
X線画像診断機器[1)]	160	7,000	1：44
エレベーター[2)]	100,000	1,900,000	1：19
高圧変圧器[3)]	920	15,500	1：17
フォークリフト[4)]	12,500	159,000	1：13
ATM[5)]	2,750	20,038	1：7
NC工作機械[6)]	4,420	237,299以上	1：54

（注）1）全国売上高（2010年）
2）会社別グローバル売上高（2014年）
3）グローバル売上高（2010年）
4）・5）全国売上高（2009年）
6）全国売上高（2014年）

格でATMを購入している。世界中のATM機がコモディティ化する中で、サービスで成功を収めているのが、日本のアクトプロ[22]である。同社の外貨両替機「スマート・エクスチェンジ」は、12カ国の通貨の両替が可能であり、訪日する外国人旅行客をターゲットにして急速にシェアを伸ばしている。日本国内の観光地を中心に開業から約3年間で400台を設置し、現在業界トップである。成功の鍵は同社のサービスにある。設置場所の保有者に対し、1台当たり500万円程度のATM機をフランチャイズ型で販売し、毎日の為替レート変更やキャッシュの詰め替えなどの運営管理はすべて同社が行う。日英音声ガイダンスや10カ国語対応のコールセンターを設置し、設置先のホテルやコンビニに対しては遠隔監視システムによるサポートを導入している。また事故があった場合の保険も整備されている。

コモディティ化に直面した企業が最もよく犯す間違いは、変化する市場環境を理解できず、その場その場の状況に受け身で反応してしまうことである。特に、高価格帯の製品を提供している企業は、これまでとは違う激

表2-2　製品事業から得られるマージンとサービスから得られるマージン

業界	製品事業から得られるマージン	サービスから得られるマージン	マージン比（=サービスから得られるマージン/製品事業から得られるマージン）
工作機械	1～12%	5～15%	1.3
冶金設備	▲3～6%	15～20%	3.3
製紙機械	1～3%	10～15%	5.0
電力設備	2～5%	15～20%	4.0
鉄道	3～6%	8～10%	1.7

（注）表中のマージン比は、製品事業、サービスとも高マージンの値から算出されている。
（出典）Henkel, Bendig, Caspari, and Hasagic（2004）.

しい競争市場の局面に入っているにもかかわらず、従来の製品中心の利益の方程式にとらわれがちである。

サービス化が効果的なコモディティ化対応戦略の1つであることを証明するのがマージンである。業種横断的なある研究によれば、サービスから得られるマージンは製品事業から得られるマージンの2倍から5倍になる（表2-2を参照）[23]。エレベーター業界などのように、比較的製品マージンが維持されている産業においても、新しい機器を設置する事業から得られるマージン10%と比較して、保守サービスから得られるマージンは25～35%とされる[24]。

コモディティ化からの脱出にサービス化は有効な戦略である。

●顧客からの圧力

顧客の専門性の高まりは、メーカーへの圧力を高める。顧客は1つのメーカーにより多くのサービスを求めたり、外部委託をしようとしたりする。多くの顧客は取引メーカーの数を減らし、残ったメーカー（サプライヤー）に、より完全な製品サービスの品揃えを期待するようになる。専門の購買部門を持つ顧客は、メーカーに対して生産コストの削減と生産性向上のためのサポートを期待するうえに、より良い顧客サービスを提供するためのサポートさえもメーカーに求めている。こうした顧客からの圧力は、メーカーの市場戦略を考え直させるものだ。すなわち、コモディティに徹するのか（コスト削減の圧力に屈して利益率を下げる）、あるいは差別化を追求していくのか（顧客のビジネスプロセスに役立つ付加価値サービスやハイブリッド製品のビジネスを積極的に構築する）である。

20年以上にわたって、アウトソーシングは多くの業界で主要なビジネストレンドとなってきた。アウトソーシングの効果には、ベンチマークやその他のパフォーマンス測定の裏打ちがあったからである。メーカーに対する継続的なコスト削減の要求、生産設備への柔軟なアクセス、技術開発の必要性は、多くの新しいサービスビジネスの開発を促し、チャンスを提供してきた。企業は中核ではないプロセスを外部に委託し、設備投資（CAPEX）[25]を運用のための支出（OPEX）[26]に変えることによって、コスト構造を改善できるし、特に危機的な状況の時には柔軟な戦略変更が可能になる。市場で重要な存在であり続けるためには、メーカーは、アウトソーシングをしている企業から多数のサービス担当者を引き取ったり、サービス・パートナーと協力したりするなど、適切な時期にいつでもチャンスを逃さないようにしておかなければならない。

また、製品やサービスを購入するのではなく、製品の実際の使用量に対応した支払いを好む企業が増えている。例えば車両運行では、利用量や運転距離に応じて料金を払う形態は古くからあり、今も増えている。ロンドンのノーザン・ライン（Northern Line）はヨーロッパで最も利用されている地下鉄路線であり、1日当たり80万人以上の乗降客が利用する。1890年に開設されたこの路線は、100年を経た今日では、常態化した遅延のために一般に「ミザリーライン：misery line」と呼ばれていた。1995年に古い車両を交換するタイミングで、ロンドン地下鉄は新規に鉄道車両を購入するのではなく、サービスに対するフィーを払うことを選択した。サービス契約の条件は、25年間にわたって毎日、96台の車両が利用可能でなければならず、遅延を発生させた場合には、遅延距離と足留めされた乗客数に応じて罰金を支払うというものだった。総合鉄道システムのグローバル・プロバイダーであるアルストム社（Alstom）[27]はこの機会を逃すことなく契約を獲得した。この要件を満たすために、アルストム社では106台の車両を製造し、ローカル・メンテナンス会社を設立した。今日では、こういった契約は製造業でよく見られるものになっている。

●競争の激化

伝統的なビジネスに携わっているメーカーが、サービスへの移行に挑戦するにあたっては4つのタイプの競合がある。製造業の経営者は、これらの脅威の違いについて理解しておく必要がある。

第1のタイプの競合は、業界内のライバル企業との直接的な競合である。競合が製品中心のままであり、自社への対抗というかたちでのみサービスに投資する場合には、実際の脅威は大きくない。しかし、競合が積極的にサービスビジネスを拡大して、自社の顧客基盤に侵入しようとしている場合には、脅威ははるかに大きなものになる。しかし、このような競争は激しいものであるかもしれないが、プレイヤーやゲームのルールは既知のものだ。

この点で、新興市場から競争相手が現れる第2のタイプの競合は、予測不能であり、対応が難しい。これらの競合は低コスト戦略をとるため、必然的に製品マージンは低下する。また、サービスと革新を通じて競争が起こる場合もある。

ディストリビューター、コンサルタント、純粋なサービスプレイヤーは、製品メーカーが直面することになる第3のタイプの競争相手である。これらの競合は、特に彼らがサービス市場のチャネルを上手に管理し、顧客との日常的な関係を築いている場合には、対応が難しい。これらの競合はメーカーの強み（第Ⅲ部第8章で議論する）を持たない一方で、地元の市場状況を把握し、より身軽で、サービス化の基盤を備えている。また変化する顧客のニーズに対応することで、戦術サプライヤーから戦略サプライヤーのポジションに移行することができる。例えば、顧客がサービスのオペレーションをこれら第3のタイプの競合に委託する場合には、彼らが顧客を握ってしまい、製品メーカーは彼らの下請け業者になってしまうことになる[28]。

しかし、多くの業界で最も脅威となるのは、伝統的な業界の枠組みの外の破壊的なイノベーターである。我々がインタビューした世界トップの製造企業の現職幹部も、上記の3タイプの競合のことは気にしていなかった。彼女が警戒するのは、アマゾン社（Amazon）がデータ分析機能とAWS（Amazon Web Services）プラットフォームを利用して市場に参入することである。デジタル化は最も変化のない産業に対してさえも大きな影響を及ぼしはじめており、COVID-19感染拡大はこの流れを加速させた。今では、多くの製造業がこうした懸念を共有している。そして、サービス化へのリーダーシップが欠如していたり、サービス化のための明確なロードマップがなかったりする企業ほどこのリスクは大きなものになっている。

2-3 企業内部の要因

外部要因と同様に内部要因も、企業をサービスに向かわせる。企業内部の要因は3つのカテゴリーに分類できる。既存の製品と技術の専門知識を活用すること、顧客関係からより多くの価値を獲得すること、新しい市場機会を開拓することである。

●製品と技術に関する専門知識の活用

メーカーは、工学技術の専門知識を活用することによって、製品の機能維持や改善のための新しいサービスを提供することができる。リモート監視などのサービスは、製品の価値を拡張するための戦略的武器になる。それによって、メーカーは価値の増加に対応した料金を追加して請求することが可能になる。ドイツ（現在はイギリス）のリンデ・グループ（Linde）[29]は、顧客が産業用ガスを製造プロセスでどのように使うのかについて他社にはない知識を持ち、それを活用している。リンデ社はこの知識を使って食料品の保存性を高めたり生産工場の排水中のpH値を一定化したりしている。アセチレン、酸素、水素ガスなどの産業用ガスはコモディティ商品とみなされており、それらに料金を課すには、企業の知識を使って競合と差別化できるサービスが必要だ。それによって持続的な競争優位が確立できる。

ある企業幹部によれば、競合の機器サービスを妨害するために製品が体系的に設計されるケースもあるという。また、サービスに適合した製品を設計するためには、製品開発プロセスのごく早い段階でサービスの要素を同時開発することも試みられている。顧客はもはや過剰な技術を組み込んだ製品にではなく、製品、サービス、ソフトウェアがシームレスに統合された、潜在能力を最大限に活かせるハイブリッド製品を望んでいる。製品の総開発コストにソフトウェアの占める割合は増加しており、自動車などでは大きな部分を占めるに至っている。「愚かな鉄の塊」と見なされるような製品でさえも、スマート・デジタル・デバイスに変わりつつあるのだ。設置された機器から製品使用および顧客プロセス・データを取得し、分析し、解釈することによって、製品開発およびサービス業務の両方にフィードバック・ループを組み込み、相互に強化・補強する好循環を作り出すことが理想である。多くの業界でデジタル化が進み、それが新しいサービスを提供し、デリバリー・コストを削減していることは明らかである。それは、データとその分析結果をマネタイズする新たな道筋を開くことにもなる。

●顧客関係性価値の獲得

サービスは、顧客関係性という資産から価値を創造・獲得するために不可欠な手段である。顧客との関係を強化し、緊密で持続的な関係を構築する機会を提供するのである。サービスは本質的に、密接な顧客とのインタラクションを必要とし、顧客の戦略、業務、組織を深く理解し、組織の様々なレベルを結合させるのに役立つ。例えば、機器メーカーであるスウェーデンのアトラス・コプコ社（Atlas Copco）[30]の44社の国内子会社を対象とした調査では、メンテナンスなどのサービスによって顧客との関係を強化している子会社ほど、製品販売も拡大することがわかった[31]。

さらに、企業が提供するものの範囲、すなわち、製品やサービス、およびそれらの統合範囲が広がるほど、顧客はメーカーに緊密な関係性を求めるようになる。その結果、より戦略的なビジネス・パートナーになれる機会が増える。新規顧客を獲得するよりも、既存顧客を維持・発展させる方が長期的にみた収益性は高い。サービスの収益効果を正しく理解するためには、顧客生涯価値（LTV：ライフタイム・バリュー）という概念を理解することが必要だ。サービスは顧客生涯価値を向上させる絶好の機会を提供するのである[32]。

・顧客生涯価値とは、関係性を通じて顧客から企業が得る純利益のことである。ある顧客から得られる年間利益とその顧客との関係性を維持・発展させるコストとの差を計算し、将来価値を予測する。既存顧客および潜在顧客の生涯価値の合計を割り引いて現在価値を計算することによって測定できる[33]。

顧客とより近い関係を築くことは、顧客満足度を向上させたり、顧客生涯価値を向上させるだけでなく、新しいサービスの成長機会を見つけることにも役立つ。サービスは既存製品を守るだけではなく、顧客の購入シェアを高めて自社のプレゼンスを上げ、新ビジネスに関わるチャンスを高める。サービスは、設置、保守、修理、検査、改修、調整など製品ライフサイクル全般を通して絶好の機会を提供する。コンサルティング・サービスのように製品に依存しないサービスを開発したり、他社との競合上でサービスを活用したりすることもできる。自社が顧客の工場の産業用ガスの消費申請プロセスの管理責任を負っているならば、競合を徐々に排除することもできる。あるガス会社の顧客担当マネージャーの言葉はこれを裏付けるものだ。

「顧客を対象としたサービスを発展させればさせるほど、私たちの存在は顧客にとって不可欠なものになりました。時間が経つほど顧客の信頼は高まり、まるで結婚したカップルのようになったのです。これは、後から参入しようとする他のメーカーにとって大きな障壁となりました。」

サービスは新規顧客を獲得するための武器にもなる。これは他の手段ではなかなか得られないものである。メーカーが他社製品も含めて顧客の所有製品のメンテナンス全般に責任を負うサービス契約をしている場合、そのメーカーは競合メーカーの機器を徐々に置き換えることができる。サービスはトロイの木馬なのだ。

「顧客が当社製品を購入してくれない場合でも、競合製品に対してサービスを提供することはできます。当社のサービスの質がよければ、将来的には当社製品を購入してもらう機会を作ることができます。サービスは、顧客との関係を構築する強力な方法です。」

第3に、サービスはキャッシュフローを安定させ、さらに増加させることさえできる。特に景気変動に敏感な業界では、サービスは安定剤として重要な役割を果たす。新製品には投資をしない顧客でも、設置済み製品へのサービスは必要だし、アップグレードの可能性はある。フォルクスワーゲン・グループ（Volkswagen Group）の一員であり、「トラックのロール

図 2-2　スカニアのトラック事業とサービスの売上高

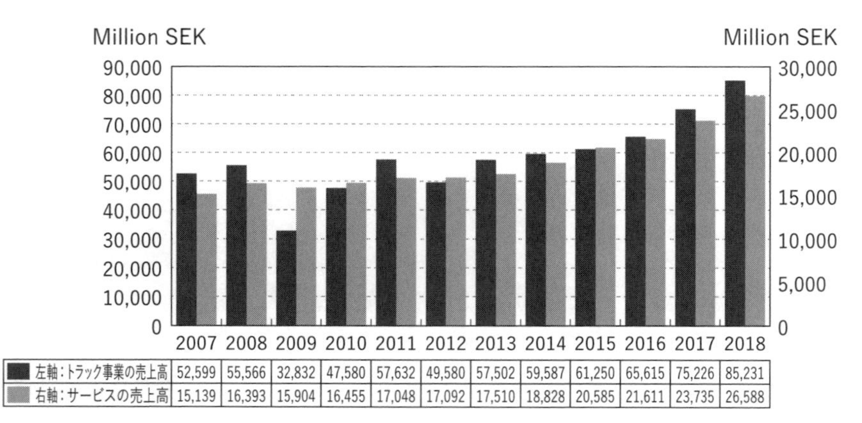

	2007	2008	2009	2010	2011	2012	2013	2014	2015	2016	2017	2018
左軸：トラック事業の売上高	52,599	55,566	32,832	47,580	57,632	49,580	57,502	59,587	61,250	65,615	75,226	85,231
右軸：サービスの売上高	15,139	16,393	15,904	16,455	17,048	17,092	17,510	18,828	20,585	21,611	23,735	26,588

（出典）スカニア社の「アニュアル・レポート」（2007年～2018年）による。

ス・ロイス」と称されるスウェーデンのスカニア社（Scania）[34]がその一例である。2008年～2010年の世界的な金融危機の際には、自動車産業は深刻な打撃を受け、同社の売上げも急落した。しかし多くの企業で製品がまったく売れなくなった2008年後半から2009年においても、同社のサービスはかなりの下方耐性を示した。多くの輸送業者が2009年には倒産したりトラック車両を削減したりした。それでも、スカニア社の2009年のサービスの純売上高の減少はわずか3％であり、その後も現在に至るまで緩やかながらも安定した成長を示している。一方、トラック事業の売上高は2009年に41％減少した後、2011年までは完全に回復しなかった（図2-2）。

●新たな市場機会の開拓

企業はまったく新しいサービス・ビジネスモデルに挑戦し、新しい価値星座[35]を構築することによって、より多くの価値を得ることができる。この新たな市場機会は、当初の段階では、企業内部や業界内のビジネスルールに混乱を引き起こす。だからこそ革新的なサービスと複合的な提案を投入することによって、企業は競合が真似できない永続的な差別化要因を生み出すことができる。英国の航空機エンジンメーカーであるロールス・ロイス社（Rolls-Royce）のソリューションである「トータルケア（Total Care）」はその代表だ。これは航空機エンジンに対して飛行時間に課金するという仕組みで、リスクはロールス・ロイス社が負う。1997年にアメリカン航空（American Airlines）への提供で始まったトータルケア・サービスは、航空機エンジン市場を完全に変えるものになった。この洗練されたメンテナンス・サービスは、航空機エンジンのライフサイクル全般におよぶ同社の予測可能性と信頼性に基づいたものである[36]。GE社（General Electric）やプラット・アンド・ホイットニー社（Pratt & Whitney）[37]のような競合も、すぐにそれぞれ同様のサービスをリリースしたものの、ロールス・ロイス社のビジネスモデルの模倣は容易ではなかった。

オランダのテクノロジー企業フィリップス・ライトニング社（Philips's Light、現在はシグニファイ社に改称）が、Pay-as-you-goモデル[38]として、新たな価値星座を構成するサービスを提供している[39]。照明ソリューションの世界リーダーである同社は、2015年、スキポール・グループ（Schiphol Group）、エンジー社（Engie、旧Cofely）[40]と、アムステルダム・スキポール空港のターミナルビルの照明設備に関してパートナー契約を結んだ。フィリップス社は、売上高700億ユーロのフランスの電気事業会社エンジー社とチームを組んで、スキポール・グループが照明設備の使用量に基づいて支払いを行うというパフォーマンスベースの契約の共同責任を負うこととなった。新契約の下では、フィリップス社はすべての照明設備の所有権を保持しており、エンジー社は最適な照明量を維持するため空港に24時間駐在して管理する。このビジネスモデルは、スキポール空港の「世界で最も持続可能性の高い空港の1つになる」という目標に沿ったものであり、フィリップス社とエンジー社は照明設備のリユースとリサイクルの責任も負う。スキポール・グループの最高経営責任者（CEO）であるネイハイス（Jos Nijhuis）は、この契約に関して「一切妥協せず、枠を超えたイノベーティブなソリューションを導入することにした」と言っている。

COLUMN

「日本の製造業1,000社調査」――経営層のサービス化への取り組み

図2-3は、「日本の製造業1,000社調査」[41]から、日本企業の経営層がどの程度サービス化に積極的であるかを聞いた質問への回答結果である。「そう思う」・「ややそう思う」で41.7%であり、「そう思わない」・「あまりそう思わない」の26.4%を15.3ポイント上回っている（図2-3を参照）。日本の製造業の経営層の相当数がサービス化に高い意欲を持っていると考えられる。その一方で、約3割が「どちらともいえない」と態度を決めかねている点にも注意が必要である。

業種別で見た場合は、経営層のサービス化意向が高いのは、「機械」・「電機」で50%を超える経営層がサービス化に積極的である（図2-4を参照）。次いで「印刷・パルプ・木材」・「化学」・「金属」・「飲料・食品」業種へと続く。ここまではサービス化に「ポジティブ」な経営層の割合が、「ネガティブ」な経営層の割合を上回っている。最も低いのが「輸送用機器」で、「ネガティブ」が40.6%と、「ポジティブ」の30.8%に対し10ポイントも高くなっている。これは、日本の輸送用機器業界が垂直的で、自動車部品のサプライヤーは基本的には巨大な自動車会社の戦略に従うという構造になっているためであると考えられる。トヨタ自動車がサービス化に向かう戦略（MaaS[42], CASE）を明示したのが2019年である。下請企業にとってはまだその戦略が自社のビジネスにどのように関係するのかが理解されていない、または、理解されたうえでも下請けの自社には関係がないと認識されているのかもしれない。

図 2-3　自社の経営層はサービス化を積極的に推進している
（回答者の８割が経営層のため、自身の積極性を聞く質問となっている）

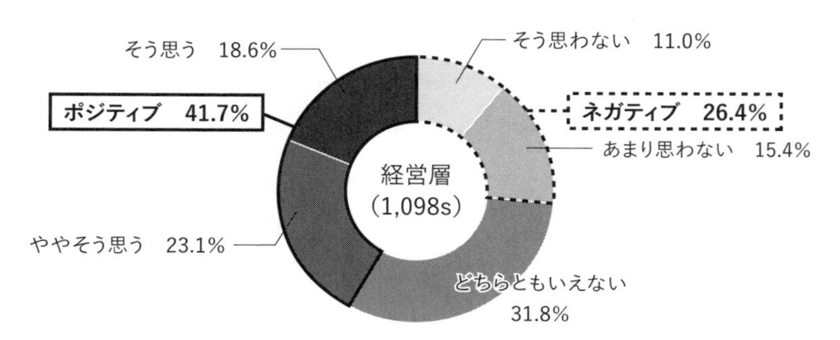

（注）Q.経営層はサービス化を積極的に推進している（1そう思わない〜5そう思う、5段階、SA）。
カッコ内は有効回答数。
（出典）「日本の製造業1,000社調査」。

図 2-4　自社の経営層はサービス化を積極的に推進している（業種別）

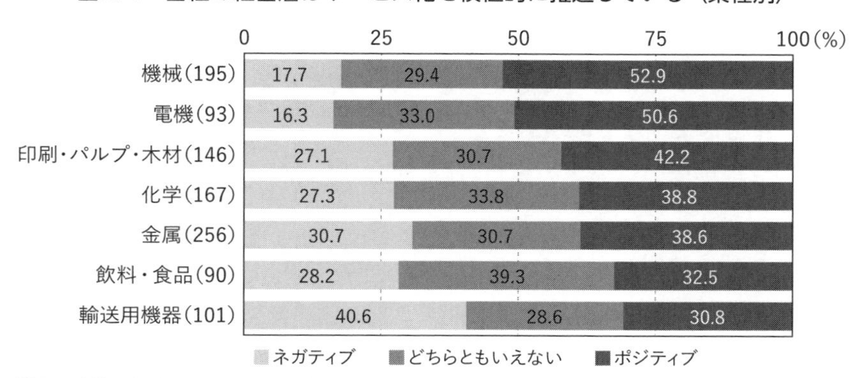

	ネガティブ	どちらともいえない	ポジティブ
機械(195)	17.7	29.4	52.9
電機(93)	16.3	33.0	50.6
印刷・パルプ・木材(146)	27.1	30.7	42.2
化学(167)	27.3	33.8	38.8
金属(256)	30.7	30.7	38.6
飲料・食品(90)	28.2	39.3	32.5
輸送用機器(101)	40.6	28.6	30.8

（注）Q.自社の経営層はサービス化を積極的に推進している（1そう思わない〜5そう思う、5段階、SA）。
カッコ内は有効回答数。
（出典）「日本の製造業1,000社調査」。

各章の最後に、サービス化に関してマネージャーが自社を評価することができる10個の質問を示した。全章でこれらの質問に答えることによって、マネージャーは自社の現状を包括的に把握し、サービス化の基礎を築くことができる。

サービス指針に関する10の重要な質問

1. 自社製品の中で、最も激しい競争にさらされている製品は何か？
2. サービスは、製品ビジネスを守るためのものか？　新しい成長分野を創造するために積極的に用いられる武器か？
3. 自社の製品・サービスのビジネスにおいて、低コスト競争とコモディティ化はどの程度進んでいるか？
4. サービスを通して、いかに売上げと利益を増やし、キャッシュフローを安定させることができるか？
5. 顧客のニーズや自社への期待の変化は、自社のビジネスにどのように影響しているか？
6. 直接競合している他社（業界内の既存企業と新興企業）およびサード・パーティによってもたらされる、現在そして将来の主な脅威にはどのようなものがあるか？
7. 旧来の業界の境界線の外からの、破壊的イノベーターによってもたらされる主な脅威とは何か？
8. 自社製品に関するサービスの構築にあたって、工学・技術の専門知識はどのように活用できるか？
9. 顧客との関係性から価値を創造・獲得するために、サービスは、どのように役立つか？
10. 新しいサービス・ビジネスモデルは、差別化の機会創出やビジネスルールを書き換える可能性を持っているか？

第 II 部

サービス化戦略

第3章

真のサービス文化の構築のためのマイルストーン

以前の私たちは街中の自転車屋と同じ考え方をしていた。顧客が問題を抱えたり、スペア部品を必要としたりした時に、私たちの店に来てくれるのをただ座って待っていた。我々はこの考え方を変え、より営業やサービスに軸足を移さなければならなくなった[1]。

——オリバー・リーメンシュナイダー（Oliver Riemenschneider）、ABBターボチャージング代表

本章では、最初にB2B分野におけるサービスとはどのようなものであるかを説明する。次に、多くの製品中心の企業にとって悩ましい課題である、「サービス文化をどのように育てるか？」という問題に目を向ける。強いサービス文化は、サービス化の重要な成功要因となるからである。具体的には、サービス文化とは何かを定義し、製品中心の企業とサービス中心の企業との違いについて説明する。次に、製品中心の企業から真にサービス中心の企業に転換するにあたって鍵になる、4つの重要なマイルストーンを示す。最後に、サービスに近視眼的な企業の7つの大罪を取り上げ、サービス文化を浸透させ、サービス化を推進するための重要な考え方を整理する。

●ビジネスサービスとは？

これまでもサービス・マネジメントの専門家たちは、より詳細なサービスの定義を試みてきた。B2B分野におけるサービス（いわゆるビジネスサービス）とは、ビジネス顧客の資産、事業プロセス、オペレーションに

おいて、求められる成果を出すための活動であり、それらを通して、関係者の専門知識やスキルを活用・拡大することである[2]。つまりB2B分野におけるサービスは、顧客のオペレーション遂行やビジネス成果の達成を支援するために存在する。例えば、顧客の工場で変圧器を修理することで、顧客は安定的な生産を維持することができる。また、省エネ監査をすることで、顧客は製造プロセスのコスト削減をすることができる。これらは、ビジネス市場において、製品とサービスの両方によってもたらされる。しかし、製品中心のビジネスモデルからサービス中心のビジネスモデルへ移行するには、乗り越えなければならない多くの課題が存在する。そのため、サービス化戦略を実行するにあたっては、工業製品を扱うメーカーのみならず、消費財メーカーや流通も含めすべての製品中心的なマインドセットを持った企業で、企業文化の変革が必要となる。

3-1 B2B企業におけるサービス文化とは？

企業は製品中心の文化を脱し、サービス中心の文化を築く方法について理解する必要がある。強い組織文化は、従業員の行動を一貫したものに変え、新しい従業員が企業文化に馴染めるようにする。企業文化は、サービス化の過程に対して、良くも悪くも影響する。サービスは人が中心のビジネスであり、顧客との対話が何よりも重要である。顧客と向き合う従業員の行動や態度は、企業の経営・実務レベルの双方の成果に大きな影響を与える。旧来のコア製品ビジネスを超えてサービスに乗り出そうとする企業は、ある矛盾と向き合わなければならない。それは、製造分野での強い専門性や伝統は、付加価値サービスを構築するうえでも健全な土壌となりうる反面、そうした組織（企業）文化自体が企業の変革の阻害要因にもなりうるということである。この矛盾について説明する前に、まず組織（企業）文化とサービス文化とは何であるかを明らかにしておこう。

・組織（企業）文化とは、組織（企業）の構成員に仕事の意義と組織内の行動規範を与える、共通の価値観や考え方である[3]。
・サービス文化とは、良いサービスとは何かを正しく理解・評価することができ、また良いサービスを内部顧客や外部顧客[4]に提供することを、組織の全員が当然のこととして受け止め、かつ最も重要なことであると考える文化である[5]。

企業文化は、組織としての企業の歴史の帰結である。共通の価値観を備えた企業は3つの特徴を有している。

・経営者は、共通の価値観の構築・強化に多くの時間をかけている。
・共通の価値観は、従業員に深く根ざしている[6]。
・共通の価値観は、業務の明確な指針となっている。

メーカーは通常、継承してきたものづくりへの誇りに基づく強い企業文化を持っているものだ。共有された製品中心の価値観や信念に基づく企業文化は、高い製造能力や製品リーダーシップの実現には有効に働く。しかし、市場環境が変化し、長期的な競争優位性を築くためにサービス化が必要な場合には、その企業文化が、必要な変化を阻害することがある。成熟したエンジニアリング重視の企業は、事業の屋台骨が揺らぐ状況になるまで、浸透している製品中心の信念、規範、価値観といった企業文化を変えたがらない。経営層も、これまでの投資を捨てることを躊躇するし、製品中心からサービス中心へとイノベーションを加速させるための研究開発に投資することを拒んだりする。さらに、共通の価値観は以下の理由から問題になることがある。

・共通の価値観がいつのまにか時代遅れになっており、現在の企業戦略やサービス分野に向けた事業方針とは合わなくなっていることがある。

・共通の価値観が変化への抵抗を生み出し、組織が外部環境の変化に適応し、サービス関連の事業機会をつかむことを難しくすることがある。
・従業員が共通の価値観に縛られてしまい、企業文化を変化させることを期待して異なる考え方を持つ新人を採用しても、簡単に既存の企業文化に飲み込まれてしまう[7]。

●「単なるサービス提供」ではないサービス文化

真のサービス文化とは、単にサービスを提供する意思を持っている、ということではない。サービス文化は、組織の持つ価値観、信念、規範そのものである。企業がサービス志向の人材を集め、サービス文化を育てなければ、サービス化は失敗する。単に中核製品のポートフォリオにサービスを付け加えるだけでは、企業の製品中心の考え方を変えることはできない。読者は消費者として、あるいは仕事の中で、サービス企業が提供するサービスに不満を感じたことがあるに違いない。ある企業がサービスを提供しているからといって、サービスの品質や提供能力を大事にしているとは限らない。サービス提供企業の中にも製品中心の考え方を持っており、販売後の顧客に本当の意味での関心を持っていない企業は少なからずある。第2章でとりあげたペットスマート社（PetSmart）の前会長兼CEOのフランシス（Philip L. Francis）は、サービスの提供は顧客との信頼関係を高めるが、失敗した時の損害は大きくなると述べている。顧客は、サービスの失敗には寛容ではないため、あらゆるサービス化への取り組みはサービス文化の構築と並行して進めていく必要がある。

●製品中心の企業とサービス中心の企業の違い

表3-1は、製品中心の企業とサービス中心の企業の主な特徴を示している。サービス中心の企業は本質的に顧客志向であり、製品を売ることよりも顧客に資することを基本理念としている。そのような考え方は、伝統的な製品中心の企業の文化とは異なるものである。したがって、サービス中

心の価値観や規範を浸透させようとすると、製品中心の考え方が強い企業では、当然、抵抗が生じる。

サービス文化の定着とあわせて、経営層は製品分野の伝統や文化の利点と、サービス文化の利点とうまく組み合わせる方法を学ぶ必要がある。必要な企業文化の変革を起こすことは経営層の責任である。これまで自社に成功をもたらしてきた、手塩にかけた既存の企業文化の利点は維持しつつ、新しい価値観と統合することはけっして不可能なことではない。

再び、ロールス・ロイス社（Rolls-Royce）の例を見てみよう。コスト管理と製造効率の改善は、同社のDNAである。ある時、ロールス・ロイス社では旧来の自社製品のアフターサービス・モデルが十分には収益を生み出せていないことに気づいた。皮肉なことに、同社製航空機エンジンが競合の製品と比較してほとんどアフターサービスを必要としていなかったためである。しかし、このことは、同社のサービス化にとっての新しい機会となった。ロールス・ロイス社は、同社製航空機エンジンがプロセス委任サービス[8]の基盤となりうることに気づいたのだ。同社はエアライン事業者と新しい「power-by-the-hour」サービス[9]の契約を開始した。今ではこのプロセス委任サービスは、航空機エンジンの主要な契約形態の1つとなっている。同様の事例として、医療機器分野において日立メディコ（現在は日立製作所の一部門）がMRI等の高額な検査機器の従量課金リース・サービスを立ち上げている。

表3-1にあるように、サービス文化は顧客中心、顧客との関係志向の考え方を取る。しかし、それだけでサービス文化が実現するわけではなく、新たな専門性や能力が必要となる。サービスでは、サービス品質や顧客の課題を先取りした対応等が重視される。多くの企業はいまだに既存の製品の観点からのみ顧客を見ており、顧客の仕事を支援しようとするのではなく、自社で作った製品を顧客に販売することしか考えていない。

クレジット会社であるアメリカン・エキスプレス社（American Express）はかつて、顧客中心主義と称して、顧客の購買行動やデモグラ

表 3-1　製品中心の企業とサービス中心の企業の主な特徴

	製品中心の企業	サービス中心の企業
全体的な目標（基本理念）	製品を売ること	顧客に資すること
差別化要因	優れた製品機能、製品品質、標準化された製造プロセス	優れた顧客経験、サービス品質、標準化されたサービスプロセス
価値創出のあり方	価値の蓄積：価値創出は連続的で一方向である。バリュー・チェーン思考	価値共創：価値は顧客との協働で生み出される。価値星座思考
売り手・買い手の関係	トランザクション志向：営業は取引を成立させることに注力	関係志向：営業は全体のパイを広げることに注力
メンタルモデル	発散型：「この製品をどのぐらい買ってもらえるか？」	収束型：「この顧客に最も貢献できる方法は何か？」
組織の視点と組織構造	内部視点＝製品中心：製品別プロフィット・センター、製品マネージャー、製品営業チーム。営業とマーケティングが顧客を「有している」	外部視点＝顧客中心：市場／セグメント別プロフィット・センター、顧客担当マネージャー、顧客チーム。全員が顧客を「有している」
評価尺度	製品ポートフォリオ：製品イノベーション、製品の収益性、製品／ブランド別市場シェア	顧客ポートフォリオ：カスタマー・ウォレット・シェア*、顧客満足・ロイヤルティ、顧客エクイティ／生涯価値
戦略的資産	有形資産の重視：設備、在庫、工場等	無形資産の重視：人材、ブランド、知的財産

（注）*カスタマー・ウォレット・シェア：ある製品やサービスに費やす金額が、顧客の財布の中でどれくらいの割合を占めているかを表す数値のこと。
（出典）Bowen, Siehl, and Schneider (1989:75-95); Galbraith (2002:194-207); Shah, Rust, Parasuraman, Staelin, and Day (2006:113-124).

フィック情報[10]を分析して、カード加盟店舗の商品の販促を行い、大きな批判を浴びたことがある[11]。サービス中心の考え方をするならば、顧客はクレジットカードを使って購買する時にはどのような価値判断をするのか、顧客のより良い買い物をお手伝いするためにはどうすればいいのか、といった問いを立てるべきだったのである。それによってはじめて、単に製品を売る以上の価値提案ができる[12]。今日、あまりに多くの金融サービス企業が、真に顧客に資するという目的を追求するのではなく、金融商品を押し付けて販売することばかり考えている。

サービス中心の考え方を基盤とすることで、顧客接点での活動に対する考え方とアプローチは変化する。営業部門やサービス部門が、顧客の電話を待つというような受け身の体制から、問題が起こる前に予測し、顧客にそれを教え、行動する体制にと変化する。プロアクティブなサービス・マネジメントへの変化である。問題が起こる前の予防処置と顧客教育の2つは、製品パフォーマンスに直接影響する。

上記のような変化を計画的に実現することによって、「火消しサービス文化」や「残業ヒーロー」のメンタリティを脱し、全組織で共有されるサービス文化へと移行することができる。「火消しサービス文化」のもとでは、単なる契約の不備のために、担当するガスタービンに不可欠な部品を従業員がアメリカから南アメリカに運んだり、新しいガスシリンダーを顧客のシステムにつなぐためだけに技術者がクリスマスイブに顧客の工場に向かって雪道を急いだりするようなことが起こる。従業員は、それがサービス志向の行動であると思っている。しかし実際には、こうした事態は組織にサービス文化が十分に浸透していないことの表れでしかない。このような致命的な事態を事前に避けるためにも、先んじて対応を行うという企業風土を醸成することは必要不可欠である。

事例3-1　コニカミノルタ：製品中心からサービス中心の企業文化へ

コニカミノルタは、企業文化を製品中心からサービス中心へ転換した企業のひとつである。

光学機器・電気機器メーカーであるコニカミノルタでは、複合機、大型プリンター、ヘルスケア機器、その他測定機器などを製造している。2003年に、カメラ・写真用フィルムメーカーであったコニカと、光学機器を中心として事業を展開していたミノルタの2社が経営統合して発足した。コニカミノルタでは2006年に、祖業であるカメラ事業および写真用フィルム事業を終了したこともあり、収益事業の立て直しが急務であった。そのような中で同社は、複合機事業にサービスを組み合わせて付加価値を高め、収益性を向上させる方針を打ち出した。経営統合前の両社は、光学精密機器メーカーや化学メーカーとして卓越した技術力を持ち、その技術力に裏付けられた製品性能で競争していた。典型的な製品中心の企業文化だったのである。日本における複合機事業は大手3社（富士ゼロックス、キヤノン、リコー）による市場占有率が高かったため、コニカミノルタは国内中小企業や海外市場をターゲットとした。それまでも、製品買い換え時に同社製品を選択してもらうために、メンテナンス・サービスを提供していたが、これをIT管理やワークフロー支援ソリューションなどを組み合わせたサービスに転換し、収益性を向上させたのである。それに先立って、サービス中心の企業文化に切り替えることが必須と考えたコニカミノルタは、外部からリーダー人材を招き、複合機事業のサービス化の実現のために全権を委任した。新リーダーの指揮の下に、企業文化のサービス化に向けた様々な社内講演会やワークショップが実施された。海外では、サービスを展開している中小企業を戦略的に買収するとともに、その企業に国内本社社員を一定比率で派遣し、サービスについて学ばせた。さらに、事業の売上げが製品に起因するか、サービスに起因するかを切り分けて、サービスの売上高比率を可視化した。5年以上におよぶこうした地道な活動の積み重ねにより、同社のサービス中心の企業文化は着実に醸成されていった。近年では、オフィス家具メーカーとの連携により、オフィスの生産性向上サービスの提供にまで拡大している。日本国内での売上高規模こそ大手3社には及ばないが、より高い収益率を上げている。

サービス中心の企業は、顧客の様々なプロセスや業務内容について顧客自身よりも詳しくなることがあり、この知識が生産性向上サービスのような新しいサービスを提供するうえでの基礎となる。サービス中心の企業は、サービスの失敗や想定外のビジネス環境の変化により素早く対応し、より良い問題解決法を提案することができるのである。強いサービス中心の文化を備えた企業は、顧客の生産能力の強化やコスト削減を通じて、顧客により良い価値をもたらすことができる。タイヤ・メーカーの役員の下記のコメントについて考えてみよう。

「車両マネジメント・ソリューションを成功させるために、我々はリスク評価を正確に行うための深い知識を得なければなりませんでした。各顧客（トラック会社）の保有する車両のタイヤの管理責任を負うこと、タイヤ・マネジメントのリスクを複数の顧客間に分散させる方法について学ぶこと、個別契約のマージンを維持しつつ顧客の期待に叶うソリューション契約を提案すること、などについての知識です。これらがどれ程カルチャー・ショックだったか、想像してみて下さい。わが社はDNAの深い部分でいまだにメーカーでした。新サービスを実現するためにはまったく異なる能力と考え方を持った人たち、保険数理の専門家をわが社に連れてきて、これらのリスクを評価し、リスクを受け入れる方法について学ばなければならなかったのです[13]。」

3-2　サービス文化を構築するための4ステップ

企業のマネージャーは一歩下がって、自社の組織文化を評価しなければならない。現在の企業文化のままでサービス化は可能だろうか？　サービス文化の実現には何が必要だろうか？　この過程で不可欠なマイルストーンは何だろうか？　図3-1は製品中心文化のB2B企業が真のサービス文化創出に至るまでの4段階のステップを描いたものである。製品中心の企業

図 3-1　サービス文化と成長を達成するための 4 段階のステップ

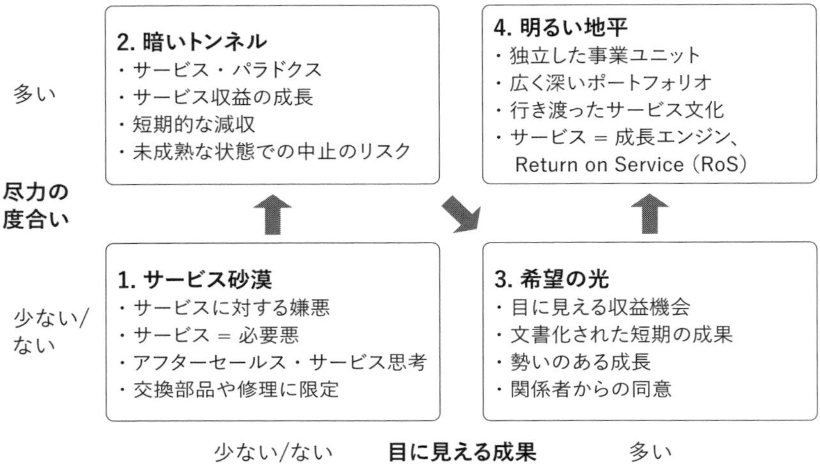

2. 暗いトンネル
・サービス・パラドクス
・サービス収益の成長
・短期的な減収
・未成熟な状態での中止のリスク

4. 明るい地平
・独立した事業ユニット
・広く深いポートフォリオ
・行き渡ったサービス文化
・サービス ＝ 成長エンジン、
　Return on Service（RoS）

多い

尽力の度合い

少ない/ない

1. サービス砂漠
・サービスに対する嫌悪
・サービス ＝ 必要悪
・アフターセールス・サービス思考
・交換部品や修理に限定

3. 希望の光
・目に見える収益機会
・文書化された短期の成果
・勢いのある成長
・関係者からの同意

少ない/ない　**目に見える成果**　多い

文化からの脱却は簡単な道程ではない。その道程は、製品中心の企業文化に深くとらわれた、サービスに対して近視眼的な企業にとっては特に困難なものになる。この変革を実行するためには、経営層の関与とコミットメントが不可欠である。

①サービス砂漠

サービスに対して近視眼的な多くの企業は、我々がサービス砂漠と呼ぶ段階にいる。

オランダのASML社[14]は半導体メーカーのためのリソグラフィー[15]機器と関連ソフトウェアの世界的メーカーである。よくメンテナンスされたリソグラフィー・システムは数十年間にわたって使用可能である。ASML社によれば、1984年の創立以来、出荷された全システムのうち、90%が現在も使用されている。リソグラフィー・システムは半導体工場で長年利用された後に、他のメーカーで第2の人生を過ごすことになる。例えば、加速度計、ジャイロスコープ[16]、シリコンマイク、無線通信用モジュール、ハードディスクの薄膜ヘッド、LED等の機器を製造する企業で利用される。このことはASML社に、製品ライフサイクル・サービス[17]、改修サービス、大量生産時のコスト削減コンサルティング等のサービスを提供する機会をもたらしている。

サービスが中核の事業ではなかったとしても、どの企業もある程度はサービスを行っている。しかし、ASML社とは異なり、多くの企業は「サービスについて考える」ことがなく、結果として、付加価値サービスやソリューションを提供する多くの機会に気づいていない。これらの企業はいまだにサービスを、製品を販売するための必要悪とみなしている。興味深いことに、製品中心文化の企業のマネージャーは多くの場合、製品販売にサービスは「必須」であると考えている。これが、アフター・サービスという言い方がいまだに多くの企業で使われている理由である。サービスを「製品販売の後に行うこと」と呼ぶ背景には、サービスは製品販売という「本当に」大切な事業の後にただ付随しているもの、という感覚がある。サービスは企業にとっては、できればやめてしまいたい、あるいは中間業者に委託してしまいたい類の、コストのかかる活動として扱われている。収益源は部品交換や修理だけで、残りのサービス活動は収益の流出源と考えられているのである。旧態依然とした企業体質のメーカーの役員たちに、サービスから生じる利益率を尋ねてみればわかる。製品の売上げから自然に発生する部分をサービスの売上高（例えば交換部品の売上高）から差し引いてもらうと、その答えは10パーセントに満たないだろう。例えば、ある製造業メーカーでは、経営者が自信ありげに、35億ドルの全グループの売上高の20%がサービスの売上げだと答えていた。そこから単純なサービス、すなわち、特段の努力をすることなく製品の売上げから自然に得られるサービスの収益を差し引いてもらうと、実態は4%だった。

②暗いトンネル

サービス砂漠から抜け出しはじめた企業は、今度は暗いトンネルと呼ばれるものにはまり込む。この段階では、企業はサービス固有のインフラや新しいサービスの提供、人材に投資を開始する。しかし、その成果はすぐには表れない。短期的には収益がマイナスになるサービス・パラドクスと呼ばれる状態に陥り、サービス化への投資とコミットメントにそぐわない、実にゆっくりとしたサービスの成長という苦い薬を飲むこととなる。

サービスへの投資の開始から、サービスの収益化を待つ間の時間は悩ましい問題だ。これまでの研究では、サービスのためのインフラと人材への投資のため、一度マージンは減少してから、損益分岐点を超えるとされている[18]。サービス化のプロセスでは、短期目標に目を奪われフラストレーションを感じた役員たちが、担当マネージャーに長期的な視点を犠牲にさせることがよくある。経営層は、サービス化の利益を享受するためには、サービスの売上げが一定水準以上になるまで待たなければならないことを理解し、役員の短視眼を抑える必要がある。企業全体がサービス文化を持たなければ、サービス化は成功しないのだ。

③希望の光

サービス・パラドクスを乗り越えた企業は、希望の光、最初の明るい変化を目にすることになる。サービス・パラドクスの暗いトンネルを経験することなく、将来に期待を持てる短期の成果を得られる企業も中にはある。この「短期の成果」をあげるためには、3つの点に注意が必要である。第1は、短期の成果はわかりやすい売上げに変換されなければならない。第2に、短期の成果によって、企業が利益を生み出せることを、説得力をもって示さなければいけない。第3に、短期の成果は文字どおり素早く実現すべきである。変化に勢いをつけるには、時間をかけないことが重要である。短期の成果は様々なかたちで実現される。例えば、無償で提供されていたサービスを有償に変えることがあげられる。短期間での素早い成功は、「やればできる」という気運を企業内で作り出すことに役立つ。ベスト・プラクティスとなる行動や成果を見せることは、企業全体のサービス化へのモチベーションとなる。

④明るい地平

最後に、サービス化の最終地点として明るい地平がやってくる。この段階では、企業は相応のリソースをサービスのためのインフラや人材に割り当てるようになる。サービスがプロフィット・センターとなり、企業の成長エンジンとして貢献する[19]。サービスの売上げは、「仕方なく行う」サービスを超えた、幅広いサービス提供の組み合わせによってもたらされる。サービスあたりの利益（Return on Service, RoS）は組織全体で可視化される。この段階の企業では、大多数の関係者がサービス中心の考え方に変わっている。

3-3 サービス化をどのように推進するか

サービス化を達成するためには、企業の構成員全員のサポートが必要である。

サービス化戦略をトップダウンで押し付けると、強い抵抗にあうことは避けられない。同様にボトムアップのサービス化の取り組みもそれだけでは十分ではない。経営層のコミットメント、ビジョンを持ったマネージャーのリーダーシップ、草の根の努力、という三者が一体となることによって、サービス中心の企業文化への変革を確実なものにすることができる。

経営層はサービス化のスピードを過剰に見積もることが非常に多い。多くの他の戦略的取り組みがそうであるように、サービスの導入もS字カーブを取る（図3-2参照）。経営層は、サービス化戦略をうまく前進させるために、企業内で頼れるのが誰かを知っている必要がある。

企業内の関係者はサービス化について様々な考えを持っているので、無条件の支援から徹底的な抵抗まで、個々人の対応は異なったものになる。

図3-2　サービス化に向けた取り組みの効果

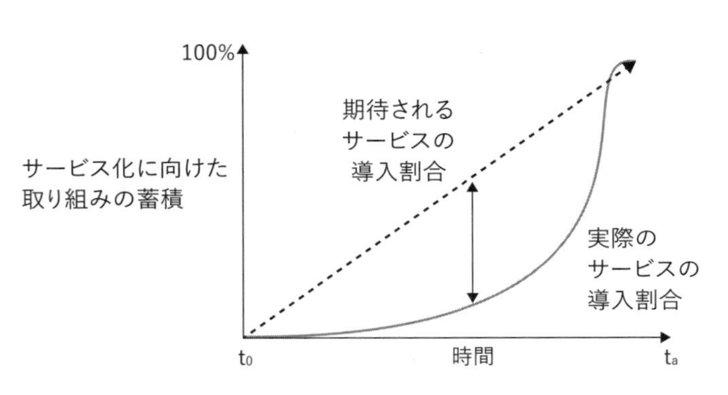

彼らの態度や行動は、サービス化の取り組み全体の成功や失敗に影響を与えるだけでなく、サービス化のスピードにも影響を与える。したがって、サービス化に対して、個々人がどのようなスタンスを取っているか知り、キーパーソンに影響を与え、サービス中心の企業文化をすべての組織階層で進めるための基盤なのだ。図3-3は、サービス化に対して、企業内の関係者が一般に取る9つのポジションを表している。重要な意思決定者が採っているポジションを理解することは、取り組みを成功させるための鍵となる。

3つの組織階層（経営層、中間管理者層、現場の従業員層）を縦軸に、内部の利害関係者による態度を横軸においた。

●経営層の取り込み

経営層の支援は、企業文化を変革するための必須条件である。どのような企業であれ、その企業文化を変革するためには、サービス化戦略を実行し、体現する経営層の人材を必要とする。ある企業では、5年間でサービスからの収益をゼロから10億ユーロに成長させることを目標とした。この野心的な目標を実現させるために、組織全体に対して、サービス化が自社の最優先事項であることを知らしめるべく、企業戦略とサービス化を担

図 3-3　サービス化における３つの関係者層が取る９つの典型的なポジション

組織階層	さかんな反対	中立	積極的な支援
経営層	**役員レベルの批判者** サービスは収益性を悪化させると考えている。サービスが企業のDNAの一部にはなっていない。	**役員レベルの傍観者** サービスの成長に向けた役員の意思決定に応じて、どのような方向にも揺れ動く。	**サービス化の伝道師** サービスを万能薬と信じ、無条件にサポートする。
中間管理者層	**あからさまな妨害者** 地位を利用してサービス化を妨害する。製品をサービスの上に位置づけようとする。	**中途半端な追随者** 傍観主義的なアプローチを取る。確たる信念がないままに方針に従う。サービス化の目標を突き詰めようとはしない。	**熱心なサービス化の支持者** サービス化の成功に向けて、すべての力を投じて経営層を説得し、従業員を動機づける。
現場の従業員層	**頑固な抵抗者** 製品の売上げを確保するためには、サービスを無料で提供する。サービスは必要悪とみなす。サービスが収益や費用にもたらす影響を考えていない。	**無関心な従業員** サービスを試してみたいと思っているが、すぐに効果が見えなければやる気を失う。	**サービス化の推進者** もともと持っている動機によって、サービス化を推進する。「とりあえずやってみる」姿勢は、他者の行動の手本となる。

サービス化戦略に対する態度

うバイス・プレジデント職を新たに設けた。

サービス化の伝道師（図3-3の右上）は、サービスの導入に無条件の支持を示す役員である。そのような支持者は、サービス化とサービス文化を浸透させるうえで欠かせない。一方、注意すべきこともある。それは、サービスを万能薬と考えてはならないということである。経営層が、内包する複雑さを表層的にしか理解せず、組織内部の抵抗やサービス化に必要な労力や時間を甘く見積もり、サービス化に突き進んだ結果、失敗するという事例は多い。サービス化の取り組みが失敗し、特に企業が図3-1に示したサービス砂漠、あるいは暗いトンネルに戻ってしまうと、経営層のこれまでの無条件の支援が逆風に変わる可能性がある。

経営層の2つ目のカテゴリーである、役員レベルの傍観者は、サービス化について特に強い意見は持っていない。サービス化に関する役員会の意思決定について、どちら側にでも傾く可能性がある。したがって、役員レベルの傍観者は組織内部で支援を取り付けようとする時や、サービス化に向けた連携構築を行う際には欠かせない存在である。

最後に、サービス導入にさかんに反対する役員レベルの批判者がいる。彼らは、サービス化が、企業全体の収益性に対しては明らかなリスクであり、企業の中核製品事業に対する脅威であると考えている。役員レベルの批判者はしばしばサービスを企業のDNAの枠外とみなし、サービス化に向かおうとするあらゆる戦略には反対しなければならないと考えている。

●中間管理者層のコミットメント

サービス化を推進する経営者は、中間管理者層の熱心なサービス化の支持者を重用する必要がある。中間管理者層は、ボトムアップのサービス化の取り組みを支援するよう直属の上司を説得することと、サービスを販売・提供している部下のモチベーションを高めることの両面で不可欠だ。経験豊富で熱心なサービス・マネージャーは取り替えがきかない、数少ないリソースだ。このようなリソースや能力は、あらゆる努力を払って確保し続けるべきだ。

2つ目のカテゴリーは中途半端な追随者である。彼らはサービスに対して無干渉の態度を取る。サービスを「誰かがやらないといけないこと」として、確たる思いはなく指示に従っている。相反する目標を与えられている時にはサービス化の目標に従わないことも多い。中途半端な追随者はサービス・マネージャーにすべきではないタイプの人間だ。

最後に、中間管理者層にも第3のグループがいる。あからさまな妨害者は、サービスの導入に積極的に反対する。彼らはサービス化に反対するために自身の地位を利用する。このような中間管理者層の下では、サービス化は無残に失敗する。妨害者が組織の内部で強い影響力を持っている場合には、サービス化の取り組みは彼らの影響範囲から遠く離れたところで行うべきである。

●現場の従業員層の主体的な取り組み

特に驚くことではないが、現場の従業員層では、非常に協力的なサービス化の推進者がよく見つかる。このカテゴリーの人々は、サービス化を推進する新しいアプローチやツールを難なく使いこなす。新しいサービスを提供する、あるいは現場の情報を営業スタッフに伝える機会のあるサービス技術者はこのカテゴリーに所属する。同様に、顧客にサービス内容を説明し、無料のサービスを有償に変える新しい取り組みを行っている営業スタッフもサービス化の推進者と考えられるだろう。

2つ目のカテゴリーである無関心な従業員は、一般にサービスを試すことには前向きである。しかし、同時に、効果が出ない場合にはすぐにその取り組みを諦める。そのため、マネージャーは、サービス化の推進者をお手本として示すなど、こうした従業員のモチベーションを高める努力をする必要がある。

最後のカテゴリーである頑固な抵抗者は、サービスは日々の厄介ごとであり、製品を販売するための必要悪であると考えている。製品が売れさえすれば、そのためにサービスを無償で提供することもいとわない。頑固な抵抗者は通常は、自身の行動が企業の収益やコストに与える影響にそれほど関心を持ってはいない。例えば、サービス提供プロセスでデジタル化が必要でも、彼らは、スマートフォンやタブレットのようなツールをあっさりと拒否する。これは多くのサービス現場で見られる問題である。

これらの9つの典型的なポジションについて十分に理解しておくことは、企業内部の抵抗に対処し、サービス化を推進するうえで重要だ。第Ⅱ部第5章でリーダーシップについて議論をする際、このフレームワークに改めて立ち返る。

COLUMN

「日本の製造業1,000社調査」——経営者と従業員のサービス化に対する認識ギャップ

「日本の製造業1,000社調査」では、「経営層は、サービス化を積極的に推進している」という問いに対し、ポジティブ（そう思う・ややそう思う）な回答比率は41.7%であった（第2章参照）。一方、「自社で働いている人たちはサービス化が必要だと考えている」という問いに対しポジティブ回答は35.5%であった（図3-4）。この調査の回答者は8割が経営層である。すなわち経営者は、自身はサービス化を積極的に推進しているのに対して、従業員がついてきていないと思っている状況が窺える。

図3-4　サービス化の必要性に対する認識の違い

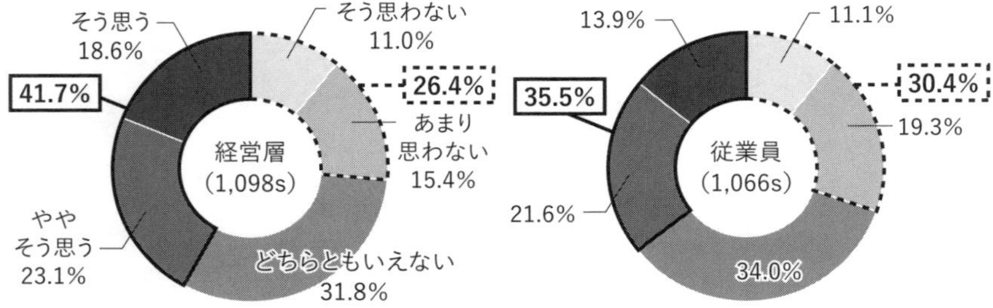

（出典）「日本の製造業1,000社調査」。

3-4 サービスに近視眼的な企業の７つの大罪

サービスに近視眼的な企業は、サービス化に立ちふさがる価値観、信念、行動を有している。経営層が認識しておくべきものとして以下を7つの大罪としてまとめた。

①サービスを必要悪とみなす

サービスは企業の戦略や成長にとっては二次的なものであり、製品販売後の必要悪である、と考えていることが第1の大罪である。経営者は、サービスの収益・利益の可能性を明確に示す必要がある。多くの産業にとって、サービスから得られる潜在的な収益・利益は、製品販売から得られるそれをはるかに上回る可能性がある。サービスは企業の戦略上も最優先であるべきであり、組織の内外に対し、サービス化の目標は繰り返し語られるべきである。

②サービスを販売店に丸投げする

ある種のサービスを販売店などの中間業者に業務委託するのは、意味のあることではあるが、そのような企業戦略上の意思決定は、単に短期のコスト削減や企業内の能力の制約だけで決められるべきではない。このような業務委託は、自社の市場における位置付けを、販売店の視点からも顧客の視点からも弱めることになる。つまり、サービスを丸投げすることによって、企業は顧客との接点も失いかねないのだ。

戦略上重要なサービスに関して、企業はサービスを提供するチャネルをコントロールし、その活動を自ら調整するべきである。その際、真にサービス中心の企業はチャネル・パートナーと積極的に協力する。販売店などの中間業者をただ排除しようとするのではなく、明確なチャネル戦略を構築し、戦略的なチャネル・パートナーを選び出し、サービス化に向けて、Win-Winとなるアクション・プランをともに作らなければならない。

③サービスを無償で提供する

サービスを無償で提供することが常態となっている企業は、3つ目の大罪を犯している。サービスが単に製品販売のための活動ならば、サービスに課金をしないことは、取引を成立させる方法としてはとても魅力的である。もちろん、企業が無償サービスを提供したくなるような状況はあり、相応の理由も存在する。しかし、無償サービスはしばしば顧客と従業員の双方に誤ったメッセージを送ることになる。顧客は無償サービスに慣れ、次はもっと多くのサービスを求めるようになる。従業員は、無償でサービスを提供することをたいした問題ではないと考えるようになる。

この問題には、どのように対応すればよいだろうか？　第1に、顧客にサービスによって提供される価値の大きさを理解してもらう必要がある。第2に、従業員はサービスに課金しないことでどれだけの費用が浪費されているのかに気づく必要がある。無償サービスは結果的に顧客の収益に損失をもたらす。なぜなら、顧客は無償サービスと引き換えに、何らかのリターンを失っているからだ（例えば、大量購入をしぶしぶ認めたり、よりコストのかかるサービスを受け取れなくなったりしている）。サービスの価格設定については第Ⅲ部第9章で再びとりあげる。

④サービスを製品のように扱う

サービスに対して近視眼的な企業は、サービスを金太郎飴のように考えている。経営者はサービスに対しても製品と同じレシピを適用し、同じプロセスを用いようとする。

サービスのイノベーション、価格設定、営業には、固有のやり方があることを認識する必要がある。そのためには、研究開発（R&D）組織やサービス専門の営業部門のように、サービスに特化した組織構造を作り、人材を集めなければならない。また、製品の研究開発組織とサービスの開発組織は同じ希少な人材リソースを奪い合うことがある。だからこそ経営者は、サービスに対して固有のリソースをうまく配分しなければならない。

⑤サービス化の取り組みを戦略を持たずに進める

経営層が、サービスが企業の次の成長エンジンであることをよく理解している場合であっても、サービス化戦略の構築と実践を中間管理者層に丸投げしてしまっていることは多い。これは経営層が、サービスを戦略課題ではなく、業務担当やサービス担当の次長クラスで対応すべき実務的問題であると考えているということだ。企業がサービス中心のビジネスモデルへの移行を成し遂げるうえでは、放任主義はもっとも取るべきではないアプローチである。サービス化戦略の実践には、経営層のサービス化の伝道師、中間管理者層の熱心なサービス化の支持者、現場の従業員層のサービス化の推進者の三者による強力な推進が必要なのである。サービス化の戦略的取り組みは、事業ユニットを横断して実施されるものであり、事業ユニットやスタッフ間では衝突が起こる。例えば、サービスの収益は製品から収益を奪ってしまうことがあるし、サービス部門の営業スタッフは製品部門の営業スタッフとは異なる目標を目指すことがありうる。避けられない多くの問題には仲裁者が必要であり、こうした仲裁は経営層しか行うことができない。

⑥サービスをバリュー・チェーンとして捉える

何十年もの間、経営層はすべての事業はバリュー・チェーンでつながっていると教えられてきた。価値はバリュー・チェーンで作られるという考え方は伝統的な経営学の中で根強い。原材料のサプライヤーは部品メーカーに原材料という価値を提供し、部品メーカーは機械メーカーに部品という価値を提供する、といった具合である。バリュー・チェーンの最後には消費者がいる。消費する（to consume）という動詞はラテン語の“consumere”、「食べ、噛み砕き、飲み込む」に基づいている。つまり、価値はバリュー・チェーンの一端で作られ、もう一端の消費者によって浪費（破壊）される、と考えられている。このような価値創出と消費の考え方は、サービス化にとっては有益な考え方ではない。経営層は、価値は顧客と共創するものであるという見方を受け入れなければならない。顧客の考え方やサービス・イノベーションのアイデアを集合知として取り入れる新しい方法を考え、顧客と共創を行う必要がある。企業内だけで、次のサービスのアイデアを考えないことが重要だ。

⑦口ばかりで行動しない

サービスに対して近視眼的な企業の最後の大罪は、設定された目標と実際の行動の間のギャップである。サービス化の取り組みは、投資家や顧客、外部の関係者に向けた中身のない口約束に留まっていることが非常に多い。経営層は半信半疑で取り組んでおり、そこには企業文化を本気で変えようという思いがない。本社ではじめられたサービス化の取り組みについて、単に口先だけのこととして話している事業部門のリーダーや地域支社長がよく見られる。真に変わろうとする企業は、サービス化の道からは撤退する可能性がないことを、これ以上にはないほど強調する。最悪の経営上の誤りは、経営者がほんの少しの逆風にくじけて、元の状態に戻してしまうことである。もし、サービス化を進むべき道であると考えているならば、その道から逃げ出すことを選択肢には置かないことだ。そうしなければ、抵抗勢力に格好の口実を与えることになる。

一方、2017年と2018年の調査に連続して回答した286社について分析したところ、サービス化段階の状況に大きな変化が見られた（図3-5）。2017年の調査で「第1段階」であった企業のうち45.5%が2018年には「サービス提供なし」に後退した。同様に、「第2段階」であった企業のうち27.6%が2018年には「第1段階」または「サービス提供なし」に後退した。さらに、「第3段階」あるいは「第4段階」であった企業も、2018年にはそれぞれ、55.1%、66.7%が「下位段階」または「サービス提供なし」に後退した。これは身の丈を大きく越えるようなサービス化戦略を実行しようとしてうまくいかなかった結果の表れとも考えられる。時にはサービス化段階を引き下げることも必要ではある。しかしながら、サービス提供

図 3-5　サービス化段階の後退

回答度数：286

		2018年					
		サービス提供なし	第1段階	第2段階	第3段階	第4段階	合計
2017年	サービス提供なし	70.1%	18.4%	4.6%	4.6%	2.3%	100.0%
	第1段階 45.5%	45.5%	23.6%	12.7%	5.5%	12.7%	100.0%
	第2段階 27.6%	15.5%	12.1%	43.1%	12.1%	17.2%	100.0%
	第3段階 55.1%	20.7%	17.2%	17.2%	27.6%	17.2%	100.0%
	第4段階 66.7%	17.5%	8.8%	15.8%	24.6%	33.3%	100.0%

サービス化段階が後退した回答者の割合

（出典）「日本の製造業1,000社調査」による。

なしへの後退は戦略の一貫性、経営層のコミットメントという意味では残念な数字である。

経営層はサービスに対して近視眼的になっているこれらの7つの兆候が見られないかを、じっくり検討して欲しい。もし多くの兆候が見られるようであれば、サービス化に向かう以前に、企業文化の真剣な見直しが必要であろう。

サービス文化に関する10の重要な質問

1. 自社の売上高のうち、サービスの売上げの割合はどの程度か？　部品や修理等、製品の売上げから自然に発生する単純なサービスの売上げをすべて除いたら、どの程度が残るか？
2. 自社はサービス文化と成長を達成するための4段階のステップのどこに位置しているのか？　自社は製品中心の企業か、サービス中心の企業か、あるいはその中間の企業か？
3. サービス化の取り組みを遅らせる障害は何か？　支援者と敵対者は誰か？

4. サービスを必要悪とみなしていないか？
5. サービスを販売業者に丸投げしていないか？
6. サービスを無償で提供することが常態化していないか？
7. サービスを製品のように取り扱っていないか？
8. 経営層はサービス化の取り組みを中間管理者層に丸投げしていないか？
9. 価値はバリュー・チェーンで創出されるととらえていないか？
10. 経営層はサービス化の取り組みを口先だけでなく、行動で示しているか？

第4章 組織目標との整合性

サービスを成長させよう、サービスは将来の波だ。
市場は想像以上に大きい。
しかし、1つだけ確かなことがある。
我々は「製品」を拡張し、作り続ける。製品がなければ、終わりだ。
――ジャック・ウェルチ（Jack Welch）

サービス化戦略を構築・実践しようとするすべての経営者があらかじめ考えておくべきことは、組織目標との整合性である。本章ではそのガイドラインを提供する。サービス化戦略は、企業が規定する自身の事業のあり方と強い関係がある。サービス化に求められる変化は大きなものであり、その戦略を構築・実践するプロセスの起伏は激しい。経営者は、企業の状態を構造的に把握する方法を知る必要がある。

4-1 サービスへの戦略転換か、サービスの導入か

現状のビジネスモデルへのサービスの統合は可能か？　ビジネスモデルを変えるべきか、もしそうならばどの程度変えるべきか？　変革は急ぐべきか、それとも時間をかけるべきか？　これらのほかにも、サービス化戦略を決定し、サービス・ポートフォリオの構築に乗り出す以前に、十分に議論して明確な回答を用意しておくべき問いが多数ある。

サービスの重要性に対する関心の高まりから、製造業はサービス企業に転換すべき、という単純化した議論が起こりがちである。しかし、図4-1の製品－サービス・スペクトルで表されているように、企業におけるサービスの相対的重要性は様々である。なぜ、またどのようにサービスを拡張

図 4-1　製品－サービス・スペクトル

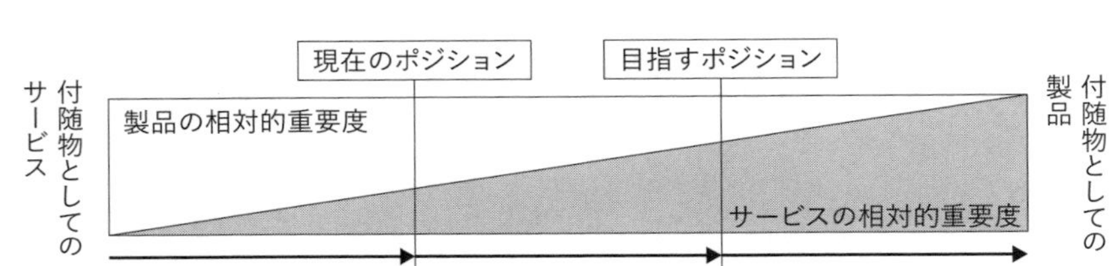

（出典）Oliva and Kallenberg（2003：162）に基づく。

したいのか？　狙うべきポジションはどこか？　サービス化を進めるべきでないのはどのような場合か？　それぞれの課題について経営層は答えを用意しておく必要がある。そのためには、まず、下記の3つの質問に答えることが求められる。

- 自社は、製品－サービス・スペクトル（図4-1）上のどこにポジションを取るべきか？
- その変革は段階的に行うべきか？　迅速に行うべきか？
- 変革を進めるうえで最も困難なことは何か？

図4-1のスペクトルの左端は、メーカーにとってサービスは付随物、あるいは必要悪とする見方である。無償の顧客サービスやサポートのように、製品を売るために必要な最低限のサービス、という考え方だ。他方、右端は製品単体での販売はしない、製品はサービス提供の手段である、という考え方である。こうしたポジションを取る企業とその顧客にとっては、製品やハードウェアは二次的なもので、重要なのは、提供物から生み出される価値である。そういった企業は自社製品と比べて同等の品質で安い、あるいはその顧客により適したサービスを提供できる競合製品があれば、そちらを使うべきだと考える[1]。これは、製品中心の企業ではありえない考え方だ。

実際には、この両極端のポジションのいずれか一方を採用するメーカーはほとんどない。体系的にサービスに取り組んでいない、あるいはサービス自体で成長しようとしていないとしても、多くの企業が少なくともいくつかのサービスを提供し、課金している。例えば、最終的に製品を販売する前に、顧客の業務内容を分析するサービスを行う。顧客が競合製品を購入した場合は、その分析サービスに課金を行う。自社製品が購入された場合には、その分析サービスの料金は製品価格に含まれる。とはいえ、製品が二次的なものであり、伝統的な製品事業を守ることには、ほとんど、あるいはまったく価値がないと考えているメーカーは極めて少ない。その意味でIBM社は稀有な例である。IBM社は意図的にサービスへの転換を行い、他のサービス事業者を次々と買収し、製品を有機的に組み合わせて成長を実現している。

事例4-1　IBM社：サービス分野への戦略転換

IBM社はサービス分野への戦略転換を果たした事例として最も頻繁に取り上げられる企業の1つだ。同社は、中核事業だった製造を外注し、大規模な企業買収を通じて、サービスとソフトウェア事業を拡張した。1985年のIBM社はStandard & Poor's 500株式インデックス企業の株式総額の6.4%を占める、疑う余地のない勝ち組企業であった。しかし、1992年に約50億ドルの巨額損失を出して以降は、大規模なレイオフが実行され、従業員の士気の低下に苦しんだ。サン・マイクロシステムズ社（Sun Microsystems）やコンパック社（Compaq）などの新興企業との激しい競争が原因であった。当時、投資家たちはIBM社がもう一度自力で事業を再建できるのかを疑っていた。

力を失った製品ポートフォリオを前にして、IBM社はIT事業の未来はコンピューターそのものには無いと悟った。サービスへの転換は、IBM社の戦略上大胆なものだった。企業内部からの強烈な抵抗にもかかわらず、IBM社ではCEOのルイス・ガースナー（Louis Gerstner）のリーダーシップの下に、1990年代初頭から事業の戦略的立て直しが行われた。2005年には、中国のレノボ社（Lenovo）にPC事業を17.5億ドルで売却、さらに2014年にはローエンド・サーバー事業を同社に23億ドルで売却する等、血の滲むようなプロセスを経て、製品の製造・販売から、ICTビジネスサービスとソリューション提供への事業転換を果たした。競争に勝つことを事業目的とするのではなく、顧客のニーズを理解し、付加価値ソリューションを提供することによって、顧客を支援することを目指すものであった。

今日のIBM社は37万8,000人の従業員と急速に成長するサービスユニットを有する、世界をリードするICTビジネスサービスのサプライヤーとなった。IBM Global Servicesの収益は、2000年は45億ドルであったが、2015年には、490億ドルを超えるまでとなった。現在、IBM社では、

IBM社のサービスへの転換の主なマイルストーン

1991年	専門のサービスユニットである Integrated System Solution Corporation（IBM Global Services の前身）と IBM Consulting Group 立ち上げ
1993年	最初の全社的な包括的なサービス化戦略の構築
1996年	IBM Service Businesses と IBM Consulting Group を統合し、IBM Global Services を設立
2000年	ストレージのホスティング・管理を、ネットワーク経由のサービスのポートフォリオに追加
2002年	コンサルティング企業である PwC 社（Pricewaterhouse Coopers）を40億ドルで買収
2008年	ビジネス・インテリジェンス企業である Cognos を50億ドルで買収
2014年	クラウドサービスに特化した、IBM Watson Group を設立

サービスビジネスモデルを伸展させるコグニティブ・ソリューション[2]とクラウドプラットフォーム提供企業への転換を図っている。

（出典）『フィナンシャル・タイムズ』、『ニューヨーク・タイムズ』、Fischer et al. (2012)、Spohrer (2017)、およびIBM社の「アニュアル・レポート2015」による。

GE社（General Electric）やシーメンス社（Siemens）は、製造中心の企業文化に背を向けたIBM社のような道をたどることはないだろう。サービス化は、全体的にサービスへ戦略転換するというよりも、部分的にサービスを導入するというかたちを取ることが多い。いわば、既存の提供物の拡張である。BT Industries社（現在のToyota Material Handling Europe）は、製品とシームレスにつながるサービスを導入することに成功した企業である（事例4-2)。製品事業への関心を損なうことなく、かつてなく成長するサービスに大きく投資し、製品とサービスをイノベーティブに融合したハイブリッド提供を実現している。同社のサービスの導入は段階的なものではあったが、それでも本社、現場の双方で経営層の支援が必要であった。

事例4-2　BT Industries社：サービスの拡張

フォークリフトメーカーであるスウェーデンのBT Industries社は、強力な中核製品を維持しつつも段階的、有機的にサービスを発展させてきた。1946年に創業された同社は、1954年に最初のサービスセンターを設立した。同社は1960年代にイギリスでの買収や欧州での支社の展開を通じ、海外での販売・サービス組織の構築をはじめた。BT Industries社は、当時、倉庫トラックの世界最大のメーカーであったが、カウンター・バランス・トラック[3]で当時世界1位の豊田自動織機に2000年に買収された。それから5年後、豊田自動織機はBT Industries社と資材運搬事業部をToyota

Material Handling Groupに統合させるという、長きにわたる取り組みを開始した。BT Industries社は優れたサービス組織を持つことでさらに製品・サービスを差別化し、サービス・ポートフォリオの構築とサービスの改善に積極的に取り組んだ。

数年後、BT Industries社はアメリカのレイモンド社（Raymond）を買収するなど、製品ラインナップの拡張と並行してサービスの拡張を進めた。資材運搬を外注したい顧客からの受託が増加しており、そういった顧客の新たなニーズを知ることが、サービス導入の主な推進要因となった。2人の上級役員が同社の段階的なサービス導入プロセスの方針を決定した。「ドラマティックな変化の連続だったとは言えません。延々と続く小さな調整の連続でした。我々は、自社のポートフォリオや新しいアプローチを毎年何かしら変えたり導入したりしてきたのです。（上級役員）」「我々の産業は成熟しており、多くの顧客が、我々の製品をコモディティとみなしています。ハードウェアで差別化を行うのは非常に難しい。我々はソフトウェア、ソフトプロダクトによってイノベーションを行うしかなかったのです。成熟した我々の市場では、イノベーションは大きな一歩というよりも、小さく段階的な変化でした。（レンタル事業ディレクター）」

スウェーデンにおけるBT Industries社のレンタル事業の最初の主要顧客は、1960年代に契約を行った製紙工場だった。メンテナンスを含む同社のレンタル事業は、様々なサービス提供の形態を模索しつつ、段階的に構築された。製品事業とサービスとの間でシナジーを得られるようになるにつれて、サービス契約から得られる利益は次第に大きなものになっていった。レンタル市場は過去20年間に大きく成長し、いくつかの市場では、新しいトラックの半数以上でレンタル契約が結ばれることになった。顧客は資材運搬ソリューションとしてトラック、ファイナンシング、メンテナンス、交換部品、ドライバーのトレーニングを1つのセットとして月極めの固定料金で契約する。サービスのリーダー企業としての強力なコミットメントは、同社の事業戦略に織り込まれており、従業員の半数はサービスに従事している。

（出典）Kowalkowski et al. (2012).

IBM社やBT Industries社の事例が示すとおり、サービス化には、製品とサービスの有機的な結合による段階的な拡張から、事業買収・売却を通じた急進的なものまで様々あるが、いずれにせよ大きな変化を伴う。企業がどのようなサービス化のプロセスを取るかに関わらず、明確なサービス化戦略と経営層の強力なコミットメントは必須である。

●経営層の主な役割

サービスを成長の手段として構築することは、製品ラインの拡張のような小さな話ではない。多くの企業にとって、それは事業基盤に大きな影響を及ぼすことになる事業戦略の大きなシフトだ。したがって、経営層の役割は、サービス分野におけるブレークスルーを実現するか、あるいは、そもそもサービス分野に投資しないか、という決断をすることになる。

エネルギー・マネジメントとその自動化の世界的な企業であるシュナイダー・エレクトリック社（Schneider Electric）[4]の例をみてみよう。フォーチュン・グローバル500（Fortune Global 500）にも名を連ね、欧州産業界のリーダーとも言われる同社は、経営者の役割を明確にし、サービス化を成功させている。同社は、企業戦略の立案にあたり、新しい成長分野を見出すために、すべての事業を精査した。コスト削減と非中核事業のアウトソース化を進めた後に、サービスやハイブリッド提供によるイノベーションを来たるべき将来の中核事業と見定めた。この目標を実現するために、サービス化戦略・開発部門のバイス・プレジデントを任命した。この人事が発するメッセージは明確なものだった。彼はグループマネージャーの活動に対して継続的にリソース投下を行った。2004年に積極的な成長戦略を打ち出して以来、シュナイダー・エレクトリック社のサービスは、他事業をはるかにしのぐ、一貫した成長を示してきた。サービスやハイブリッド提供がもたらす収益は今や全収益の43%にのぼっている[5]。

4-2 企業のミッションの再定義とポジショニング

サービスが単に製品販売を強化するための活動なら、企業戦略と組織の本質的な見直しをする必要はなく、比較的小規模な変更で事足りる。しかし、より積極的なサービス化と広範な事業転換を目指すならば、経営者は企業のミッションとポジショニングを根本から再定義する必要がある。

●企業のミッションの見直し

サービス化を実現するために、なぜ事業ミッションの見直しがそれほど重要なのだろうか？　近代的マネジメントの父といわれるピーター・ドラッカー（Peter Drucker）は、1973年時点ですでに、企業のミッションに対する誤った考え方が、事業の挫折や失敗の最も大きな原因であるとしている。多くのメーカーは、現在製造・販売している製品に基づいて企業のミッションを設定している。当然、ミッションには、サービスは言及されていない。別の言い方をすれば、サービスが自社組織のDNAとして埋め込まれていないのだ。様々なメーカーのウェブサイトをチェックしてみてほしい。顧客や投資家、その他のステークホルダーに向けた情報から、強い製品志向が見てとれるはずだ。

事業の目的と企業の本質は、ミッション・ステートメントに示されているべきである。ミッション・ステートメントとは、次のようなシンプルな問いの解になるものである。我々は何者か？　我々の主な強みは何か？　我々の顧客は誰か？　我々の提供物のどこに価値を見出せるか？　我々が継続的に発展を続けるためにはどうあるべきか？　これらの質問は極めてシンプルではあるが、経営層が答えなければならない、最も難しい質問でもある。言い換えれば、ミッション・ステートメントとは、組織の未来への答えである。ミッション・ステートメントは、以下のように定義できる。

・ミッション・ステートメントは、組織の目的、ならびに長期的・持続的成長の意思を規定する。

自社の既存製品にこだわってミッション・ステートメントを定めることは、サービス化戦略の構築と真のコミットメントを実現するうえで、大きな障害となる。ミッション・ステートメントを見直すことによって、経営層は組織に必要な戦略的・文化的変化の基盤を築くことができる。再定義されたミッションは、企業内部はもちろん、顧客や他の関係者に対しても、その企業が目指すサービス化の方向性を強く発信する。また、サービスへのコミットメントに対する判断基準にもなる。

建設機械メーカーであるコマツは、従来より建設機械そのものの品質で他社を凌駕することを中核ミッションに据え、操作性、省エネ性能、強靱性などにおいて技術的競争力と製品性能競争力に軸足を置いていた。同社では、1990年代後半に建設機械の位置を遠隔監視できるサービス「KOMTRAX（コムトラックス）」を顧客や販売代理店向けに提供しはじめた。これが建設機械単体の性能とは異なる顧客価値を生み出したことが、同社の事業ミッションに変化をもたらした。同社のサービス化、およびソリューションパートナーシップへの転換は、2019年の中期経営計画にも明示されている[6]。従来の製品性能による「ダントツ商品」から、KOMTRAXを軸として顧客の機器稼働を支援する「ダントツサービス」の時代を経て、次の段階として「ダントツソリューション」を目指すという。その内容は、デジタル土木工程管理との連携や自動運転を絡めて顧客の施工安全性や生産性向上を実現するというものだ。単に建設機械単体の性能向上に注力するのではなく、それを基盤としたサービスによるインテリジェントソリューションを提供する。それによって、顧客である建設施工会社のソリューション・パートナーに転換することを決めたのである。

また、化粧品メーカーの資生堂では、創業当時から「『美と健康』を通じてお客さまのお役に立ち、社会へ貢献する」ことを企業としての目標に掲げてきたが、1989年に改定された企業理念では、「顧客価値」や「文化の創造」に力点を移している。同社はさらに事業の国際化に合わせて、グループ全体で共有する企業理念として「Our Mission, Values and Way」を2011年に提案している[7]。最新のミッションでは、「美でこの世界をよりよくするためのイノベーション」が加わった。このように、事業環境の変化に合わせたミッション・ステートメントの変更も重要である。

企業のミッションの再定義は、これまでの事業活動を超えて成長する新しい機会を生み出すものである。しかし、経営層は、サービス分野への取り組みを口先だけで終わらせないよう注意しなければならない。近年、メーカーからサービスまたはソリューション・プロバイダーにミッションを変える企業が増えている。例えば、「我々はポンプを売らない。コスト効率の良い液体運搬サービスを売るのだ」、あるいは「我々はトラックを売らない。運送ソリューションを売るのだ」といった具合である。残念ながらこれらの企業の多くが、長期的なコミットメントや戦略的集中も行わず、サービスを表面的に行っているだけである。ミッションの再定義は、企業のサービス化に向けた第一歩と考えるべきである。

●企業の競争ポジショニングの見直し

企業のミッションを再定義できたら、次に経営者は市場におけるポジショニングを徹底的に見直さなければならない。自社のサービスは、どのような顧客のニーズに応えられるか？　どんなビジネスモデルを選ぶべきか？　競合に対してどのような差別化を行うべきか？　各顧客セグメントに対して、どのような価値を提案するべきか？　これらの選択は、企業のサービス・ポートフォリオに本質的な影響を与える。

第Ⅰ部第2章で、産業分野に関わらず加速する製品のコモディティ化について述べた。この、おそらくは巻き戻せないであろう潮流は「コモディティ・マグネット」と呼ばれている[8]。これまでの成功企業と言えば、競合製品に対して技術的に差別化された特別な製品を提供するサプライヤー、というポジションを獲得した企業だった。こうした製品差別化戦略のみが、より高価格を可能にすると考えられてきた。例えば、ATM機器やキオスク端末[9]のメーカーは顧客に対して、機器の技術的特徴（例えば、1秒間に発行可能なチケット枚数）を強調して交渉を行っていた。コンタクト先は、ほとんどの場合に、顧客のIT管理部門だった。コンタクト先の狭さは、サービス市場に参入しようとする際には不利に働く。サービスには、顧客組織内での彼らのビジネス全体と彼らの顧客に関するより深い知識を持ち、より重要な意思決定ができる人々との接点が必要になるからだ。

製品リーダーシップを持つ企業は、短期的にはサービスについての戦略的対応を考える必要はない。低価格戦略を取る競合に対して、製品の技術的優位性によって顧客を惹き付けていられる間は、コア事業に注力していればよい。ATM機器や他のキオスク端末のサプライヤーは長年にわたりそうしてきた。市場からの要請がない限り、顧客である銀行に対して、革新的サービスの開発やハイブリッド提供をする必要はなかったのだ。しかし今日、製品差別化による競争優位は崩れ去ってしまった。

顧客の関心が、より良い製品から自社のプロセスやその成果の改善に変わった現在、価値提供のあり方を変える必要性が高まっている。ヘルスケア産業では、全体的な安全性や生産性・効率性が、技術的な問題や製品に関する問題よりも重要だ。ワークフローの最適化や病院全体のプロセスに影響する設備の統合、ヘルスケア・データマネジメントの方が、昔ながらの製品機能より価値があるのである。このような顧客の関心の変化は、顧客内の若い意思決定者に顕著に表れる。サプライヤーはこのようなキーパーソンを特定し、その思考を理解しなければならない。ATM機器の例で言えば、サプライヤーは銀行の委託先管理を行うディレクターまたはマーケティング・ディレクターと交渉する際、ATM機器を銀行全体のカスタマー・リレーションシップ・マネジメントの一部としてうまく機能させる方法を探らなければならないのだ。

いずれにせよ、企業をコモディティのポジションにと追いやるダウン・スパイラルから逃れることはできない。図4-2には、コモディティ・マグネットによって、優れた技術で差別化された特別なポジションにあった製品が、いかにコモディティへと追いやられるかが示されている。この動きは、図の左上から右下に向かう矢印⓿で示される。何もしなければ、製品中心の企業はこの道筋を辿ることになる。

どうすれば、企業はコモディティ・マグネットから逃れられるのだろうか？　あるいは少なくとも対抗することができるのだろうか？　コモディティ・マグネットに打ち勝つための戦略は2つある。最初の戦略は図4-2の左下に向かう矢印❶に相当する「ノンフリル製品[10]」と呼ばれるローコスト・ポジションを採ることである。この場合には、サービスは最小限となり、コストは圧縮され、この種の市場セグメントの期待に適うように価格は低く抑えられる。ライアンエアー社（Ryanair）のようなノンフリルの格安航空会社（LCC）や100円ショップのようなビジネスモデルは、この例である。同じような例は、B2B市場でも多数存在する。ガス業界では、ドイツのウエストファーレン社（Westfalen）[11]やイタリアのソル社（Sol）[12]のようなローカル企業が基本的な製品ラインナップを、付帯サービスを絞って提供することによって競争力のある価格を実現し、エア・リキード社（Air Liquide）[13]やリンデガス社（Linde Gas）[14]といったマーケットリーダーに攻勢をかけている。日本では、オリックスのようなリース企業が低価格の自動車のサブスクリプション・サービスを個人向けに展開し、トヨタ自動車等の既存の自動車メーカーのビジネスモデルに影響を及ぼしている。注意したいのは、低価格であることが必ずしも低マージンではないということだ。欧州では、ライアンエアー社やイージージェット社（easyJet）はルフトハンザドイツ航空（Lufthansa）やエールフランス-KLM社（Air France-KLM）のような従来の航空会社と比べて高いマージンを持続的に実現している。

図 4-2　コモディティ・マグネットに対抗する市場ポジションの取り方

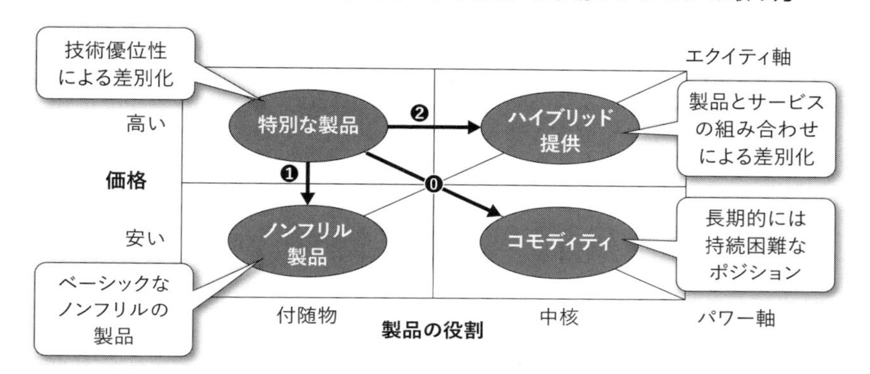

（出典）Rangan and Bowman（1992：217）に基づく。

こうした戦略の転換を実現するには、企業はあらゆる付加サービスのコストや課金方法を検討したうえで、ビジネスモデルを変革し、市場チャネルを再構築しなければならない。しかし、安定した企業は、そのような変化は急進的すぎると考えがちである。そのため、コモディティ・マグネットに対抗し利益率を維持する方策として、従来の航空会社はLCCとコードシェア契約を結んだり、あるいは自前の低コスト・エアラインを設立したりする方法をとったのである。

もうひとつの戦略は、顧客がより高い付加価値を求める場合に適用できる。この場合、最良の戦略は、図4-2の右上❷にあたる、製品とサービスの組み合わせにより差別化を実現する「ハイブリッド提供」に舵を切ることだ。この方向に向かう企業は、これまで以上に賢く顧客をセグメント化し、個別の製品・サービスではなくイノベーティブなハイブリッド提供を通じてより高い価値を顧客に提供する能力を身に付ける道を探ることになる。特別な製品からハイブリッド提供への転換は、顧客との関係の再構築によって実現される。

低コストとハイブリッド提供の両方を目指す企業もある。ミシガンに本拠を構えるダウコーニング社（Dow Corning）[15]はこのアプローチをとっている。2000年代初頭、シリコン製品の世界的リーダー企業であるダウコーニング社（Dow Corning）は、主に新興市場で加速する厳しい価格競争に悩まされていた。加えて、ちょうど40年前のコンピューター業界と同様に、多くの経験豊富なシリコン製品のユーザー企業は技術サービスを必要としなくなっていた。大量のシリコンを付加価値サービスなしの低価格で購入しようとする顧客が増える一方で、他の顧客は、ダウコーニング社のハイブリッド提供を必要としていた。市場は二極化していたのである。

同社はこれらの相反するニーズに対応するために、成熟したダウコーニング・ブランドとは異なる、ザイアメター（Xiameter）ブランドというノンフリルの標準化製品の提供を2002年に開始した。オンラインのみの販売チャネルで厳選したコモディティ製品ラインナップを展開し、ザイアメターは大成功を収めた[16]。ダウコーニング社は2つの根本的に異なるビジネスモデルを同時並行で運用している。こうすることによって、ダウコーニング社は収益と利益率の両方を拡大することができたのである。

4-3 経営者の視点から見た、サービス化に向けた主な課題

我々は経営者の観点から見たサービス化の成功・失敗の主要因を理解するため、3年の間、欧州のメーカー250社に対し詳細な調査を実施してきた。

事例4-3 欧州のメーカー250社：サービス化戦略の研究

本調査は、対象企業が実践したこと、成功または失敗に影響した要因、そしてサービス化によって得られた成果について知ることを目的とした。調査は、2段階で行った。まず、抽出した22社の主な意思決定者にイン

タビューを実施した。主に、伝統的なコア製品事業からサービス化に成功したリーダー企業を対象とした。業種はケーブル製造、医療機器、航空産業のためのモーター・電気設備、資材運搬、産業用塗料、オフセット印刷、製造資材・エネルギーの流通、特殊な化学材料、そしてボールベアリング製造である。インタビュー対象者は、サービス・ディレクター、セールス・ディレクター、事業開発マネージャー等の、サービスに関する要職についている人たちだ。第2段階として、欧州のメーカー250社にアンケート調査を行った。この段階では、第1段階のインタビューの結果で得られた知見を深め、その妥当性を定量的に検証した。

この調査からは、主に2つの知見が得られた。第1は、サービスの成長を同じように目指していても、その収益・利益は企業によって大きく異なるということである。いくつかの企業がサービスを真の成長エンジンや収益源に変えることに成功していた一方で、利益を生み出すのに苦しんでいた企業も多かった。第2は、経営層のコミットメントが極めて重要な役割を担うということである。経営層のコミットメントの有無は、サービスの成長戦略の成否に関わってくる。それぞれの知見について、より詳しく見てみよう。

●サービスに課金することの難しさ

調査結果から、提供するサービスに課金することが非常に困難だと感じている企業が4分の1に及ぶことがわかった（図4-3（a）と（b）を参照）。また、多くの企業が、無償で提供していたサービスに新たに課金することは特に難しいと考えていた。ある企業では、2、3年前まで、顧客の要求に応じて技術製図を無償で提供するために、本社の1フロアを占めるほど多くの技術者を雇っていたという。無償で提供されているサービスは、基本的な技術支援やソフトウェアのインストール、産業ガス・ボンベの接続やフォークリフト・トラックのバッテリー充電に対する請求業務にまで及

図 4-3　欧州のメーカー 250 社のサービス化戦略の調査結果

(a) このサービスに課金を行うことができる
(1 したことがない/4 時々している/7 いつもしている)

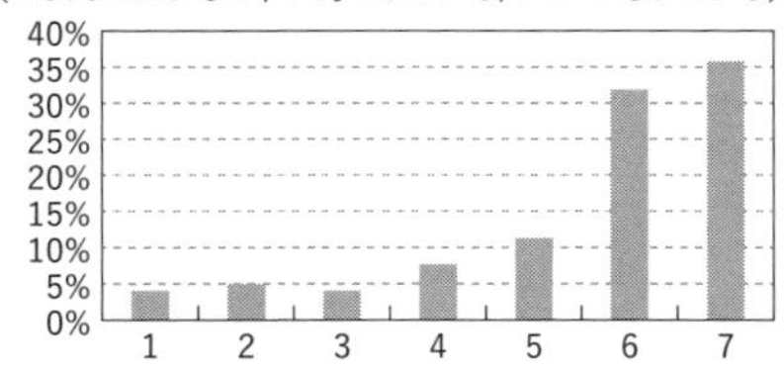

(b) 顧客はこのサービスに対して喜んで支払いする意思がある (1 全くない/4 時々ある/7 いつもある)

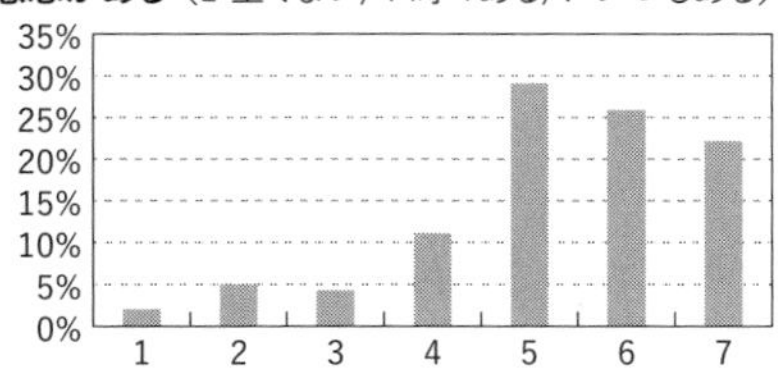

(c) サービスのマージンをどう評価しているか
(1 不採算/4 収支とんとん/7 高収益)

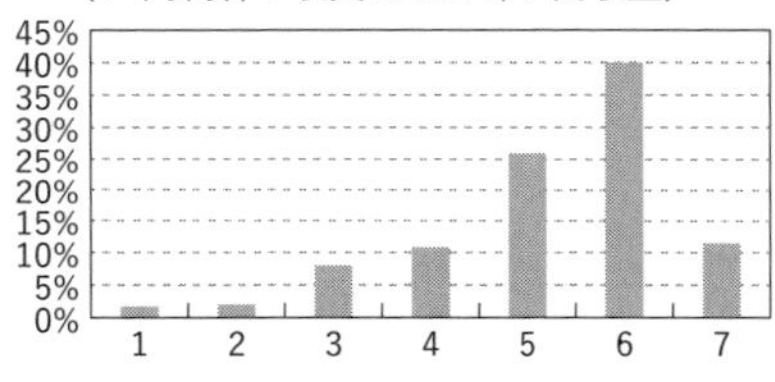

(d) 我々の期待に対し、マージンは
(1 ずっと低い/4 同程度/7 ずっと高い)

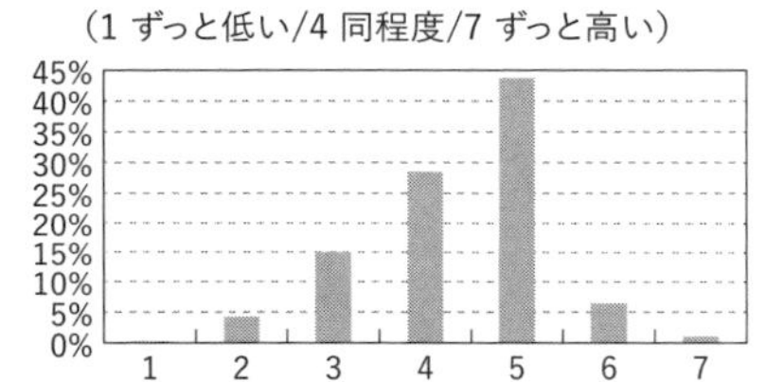

(e) 我々の部門・部署は明確なサービス化戦略を持っている (1 強く同意しない/4 どちらとも言えない/7 強く同意する)

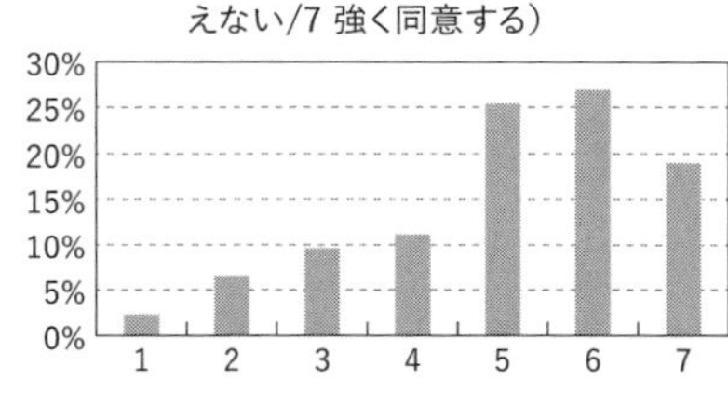

(f) 経営層は我々の部門・部署のサービス化戦略に明確にコミットしている (1 強く同意しない/4 どちらとも言えない/7 強く同意する)

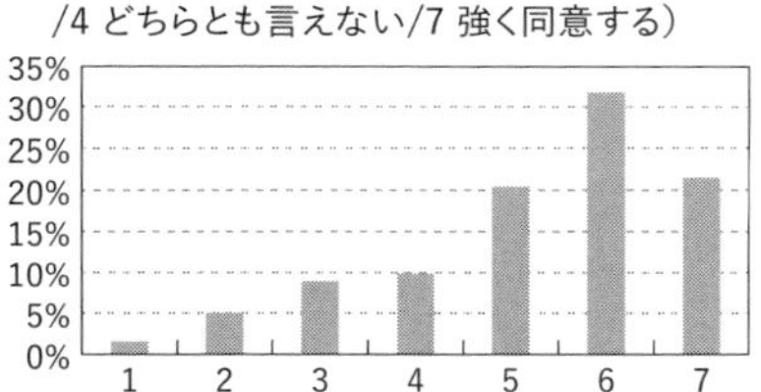

んでいた。

インタビューでは、サービス活動から得られるマージンに不満が出ていた。定量調査によれば、対象企業の5分の1で、サービスから利益が得られてはいなかった（図4-3（c）を参照）。また250社のうち半数の企業では、得られたマージンは当初の期待と同じか、それを下回るものだった（図4-3（d）を参照）。

本調査からは、経営層の支援とサービス化戦略の実現との間には強い相関があることもわかった。経営層が単に口先だけでサービス化を唱えている場合、もしくはサービス化の方針を簡単に変えてしまうような場合には、サービスの成功はありえないということである。

我々がインタビューを行ったある経営者の経験は、経営層のコミットメントのゆらぎが何をもたらすかを示している。

> 「当初、私は、低コストの国々との競争に対応するためにサービスに注力する、との指示を出しました。単に『裸の』製品を売り、競合に打ち負かされるのではなく、顧客の問題に包括的に対応することの必要性に気づいたのです。顧客にとっては、我々の製品を購入すること自体が目的ではなく、自社の機械のパフォーマンスを向上させることが目的です。結果として、新しく構築したサービスビジネスは、力強い成長を見せていました。しかし経済危機が我々を直撃した時に、我々のリーダーの関心は別の目標、すなわちコストカットと短期的な成果の実現へと移ってしまったのです。その影響はほとんど一瞬で起こりました。中間管理職はどこへ向かってよいかがわからなくなり、サービスは真っ先に損害を受けました。」

調査対象の3分の1の企業の経営者は、自社が明確にサービス化戦略を定義していないと答えている（図4-3（e）を参照）。そのうえ、4分の1は経営層の十分な支援を受けられていないと答えている（図4-3（f）を参照）。サービス化戦略を明確に策定することと、それに関して従業員とコミュニケーションを取ることが経営層の非常に重要な役割であることがわかる。

COLUMN

「日本の製造業1,000社調査」——日本企業のサービスの有償化の状況

図4-4に「日本の製造業1,000社調査」による、業界別のサービスの有償化割合を示す。業界間で有償化の有無の差が大きいことが見て取れる。メ

図 4-4　業界別のサービスの有償化割合

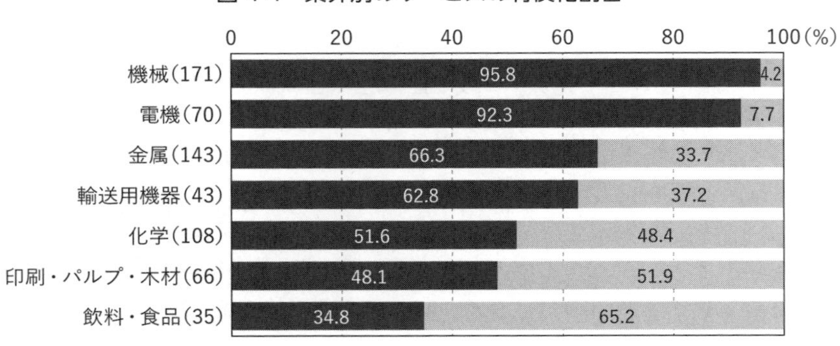

(注) 売上最大業種のうち、“その他”を除いた回答、かつ、サービス化段階設問に回答・サービス提供ありの回答を分析対象とした。
カッコ内は有効回答数。
(出典)「日本の製造業1,000社調査」による。

ンテナンス等のサービスが必要な機械や電機業界では何らかの有償サービスが進んでいるのに対して、飲料・食品業界のサービスの有償化は3割強に留まっている。

●時間という因子

本章では、サービス化に乗り出すうえで、企業はミッションと市場ポジションの双方を見直すべきであると述べてきた。このような変化は一朝一夕に起こるものではない。しっかりした計画と長期にわたるコミットメントが必要だ。長期間サービス化プロセスを継続できる手立てを講じ、損益分岐点を超え、サービスの成長を確実にすること、成長を支える背景要因を理解すること、これらは経営者が配慮すべきことである。

特に、サービス化における時間という因子の存在は大きい。すぐに十分な経済的利益が得られなくても、根気よくサービスが損益分岐点を超えることを目指すことが必要である。ドイツの機械メーカー513社に行った別

図 4-5　全売上高にサービスの占める割合と企業価値の関係[19]

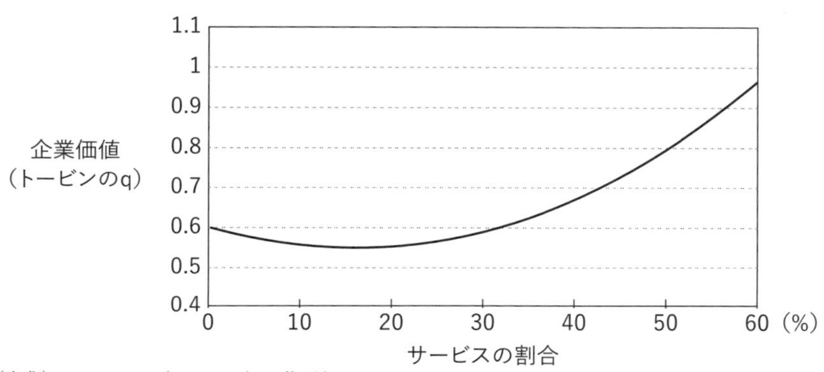

（出典）Fang et al.（2008：11）に基づく。

の調査の結果では、サービス化に伴う大規模な変革には相応の時間が必要であることが示された。サービス化戦略の導入後、初期コストを回収し、利益の増加が見込めるまでは、通常、利益率は低い状態となる[17]。1990年から2005年の様々な産業におけるアメリカの企業477社を対象にした調査でも、サービスの売上が企業の全売上の20%～30%以下の状態では、サービスは企業価値に大きな影響を持たないことがわかっている。サービスの売上げがこの水準を上回ると、正の効果が急速に大きくなるのである（図4-5参照）[18]。

サービス化戦略に関する10の重要な質問

1. サービスにおいて我々が達成したい理想や目標は何か？
2. 我々は明確なサービス化戦略を持っているか？　企業内の人々は、どれだけその戦略に基づいて動いているか？
3. サービスは我々のミッション・ステートメントに入っているか？もし入っていないならば、どのようにすれば組み入れることができるか？

4. サービス化における最も大きな障害とは何か？
5. サービスと製品事業はどのように有機的に統合できるか？
6. 企業の事業部門の買収・売却によるサービス化は可能か？
7. 既存のビジネスモデルにサービスを導入することはできるか？ もしできないならば、どうすればビジネスモデルを変える、または新しいサービス・ビジネスモデルを構築することができるか？
8. コモディティ・マグネットに打ち勝つための、市場における自社の再ポジショニングとはどのようなものか？
9. サービスから得られるマージンは期待どおりか？　もしそうでないならば、利益目標の達成には何が必要か？
10. サービス化戦略を追求するうえでの長期的なコミットメントを有しているか？

第5章

組織変革に向けたビジョンとリーダーシップ

巨象も踊る。

——ルイス・ガースナー（Louis V. Gerstner, Jr.）

サービス化を成功に導くには、企業変革が欠かせない。サービスを事業ポートフォリオに追加したり、現状のオペレーションや慣行をサービス向けに調整したりするだけでは不十分だ。経営層は、企業のビジョンとミッションに合わせてサービス化戦略を策定し、その実行のために、社内のリソースと能力を確保しなければならない。そして、企業変革に向けたビジョンとリーダーシップを示す必要がある。本章ではまず、チェンジ・マネジメントの観点から、サービス化への取り組みに対して起こりがちな反対意見について検討する。経営層は、これらの意見に説得力を持って対応しなければならない。後半では、コッター（John Kotter）の企業変革の8段階プロセスモデルに沿って、各段階におけるサービス固有の特徴と対応について説明する。

5-1 チェンジ・マネジメントの必要性

製品中心からサービス中心への旅に乗り出すということは、企業のDNAにまで及ぶ深い企業変革に挑むということだ。企業の戦略とミッションを再定義できたら、次に、企業文化の変革が必要になる。中途半端な取り組みや、現場の熱心なサービス化支持者に頼るだけでは、企業変革は難しい。このような企業変革に対する強い抵抗は、企業の外部からではなく、内部から生じることが多い。長年にわたりサービスに携わってきたあるプロダクト・マネージャーは、「直面している抵抗の強さは信じられないレベル」だという。企業変革プロセスでは、トップマネジメントが積極的に関与する。リーダーは、ビジョナリーで、企業変革を巻き起こせる人物でなければならない。しかし、すべての経営層やマネージャーたちが変革の推進に長けているわけではない。

フランスに本社を置く大手重電メーカーであるシュナイダー・エレクトリック社（Schneider Electric）では、サービス戦略担当のバイス・プレジデントを任命した際に、「サービスの成長が、同社の最優先課題である」という明確なメッセージを社内に発信した。通常、社内には変革に対する反対派が多いため、企業の上層部にこのようなサービス化推進者を置くことは非常に有効である。一般的に、製品事業を営む企業がサービス化戦略を展開する場合には、次のような反対意見が出ることが多い。

「サービスに手を出せば、収益性が下がる」 製品を販売する方が高マージンで収益を得やすく、成長の見込みもある。広く知られ、株主も理解している製品事業ではなく、サービスに投資をするということは、企業全体の収益性を危うくし、企業価値を損なう可能性が高まる。それは、株主と他の投資家たちの怒りを招くことになる。

「サービスには時間がかかり、従業員をいら立たせる」 サービスのために、雇用、教育、人材管理などに多額の投資をしても、十分な成果を得られない可能性がある。我々が活動している製品市場ははっきりしている。我々は十分に機能する流通ネットワークを持ち、顧客やその製品ニーズ、チャネル・パートナーの持つ販売スキルをよく理解している。予測可能な製品中心のビジネスに対し、サービスに関しては、ほとんど知識がなく、それを集める動機も持っていない、まったく異なる領域のビジネスだ。サービスは、製品と両輪というよりも、貴重な人的経営資源を奪う厄介な存在であり、両者の間で相乗効果が得られることはない。

「サービスの売上げは製品の売上げを侵食する」我々の販売するオフセット印刷機は数百万ドルの価値があるのに、なぜ、数千ドル程度の遠隔監視サービスを販売する必要があるのか？　顧客も、この種のサービスは、以前は無料だったのだから、「機器単体でも高価なのに、なぜ、サービスにまで料金を支払う必要があるのか？」と言うだろう。サービスは、製品事業の障害となり、その売上げを侵食することさえある。製品を販売するのではなく、製品使用に課金するサービス・ビジネスモデルは、顧客が製品を購入する必要性を減らす。フリート・マネジメント・サービス[1]では、顧客は、従来よりも少ない機械台数で効率的に作業できるようになるため、製品そのものの売上げは減ってしまう。

「サービスを販売するのは、我々の仕事の範疇ではない」サービスは自分たちの企業活動の範囲外だ。サービス化に向けてビジネスモデルを変更するには、ビジネス慣行や企業行動の変革が必要になる。サービス化戦略はカルチャー・ショックを与え、社内外に混乱、緊張、対立を引き起こしてしまう。

例えば、ミシュラン社（Michelin）[2]は1889年の創業以来、タイヤ・メーカーとして位置づけられてきた。同社がフリート・マネジメント・サービスを立ち上げるにあたっては、社内の混乱を招かないはずがなかった。企業変革を実行するためには、リスク共有契約や、サービス・パートナーからの請求処理に関する新しい専門知識とスキルが必要であった。ミシュラン社が持つ伝統的な能力とはまったく異なる専門知識とスキルが必要になったのである。そのため、フリート・マネジメント・サービスは、他社には真似のできない差別化につながる可能性があるのにもかかわらず、企業内の反対派たちは、フリート・マネジメント・サービスを批判し続けた。

タイヤ・メーカーとしての伝統的なポジションから逸脱するため、会社を危険にさらしてしまうとさえ主張した[3]。

5-2 組織変革のステップ

事業領域を製品からサービスへと拡大する場合、企業は、その変革プロセスに細心の注意を払わなければならない。特に製造業では、組織慣性[4]が働いて社内からの抵抗が生じる可能性が高い。変革の勢いを維持するためには、プロセスの各段階を慎重に計画して実行する必要がある。

サービス化に向けた企業変革を行うためには、リーダーシップと変革の指導者として知られているコッター（John Kotter）の8段階モデル[5]が適用できる。

一部の企業では、サービス化による恩恵を早い段階から享受できている。大半の企業で、短期的にはそうした成果は得られていない。前章でも述べたように、サービスから得られる収入が株主価値にプラスの影響を与えるのは、一般的には、その割合が、売上高全体の20%～30%に達した後である[6]。そうなるまでは、企業内部の激しい抵抗に対して、リーダーは粘り強く対応しなければならない。ここでは、変革の8段階（表5-1）を概観し、それぞれの段階におけるサービス化に固有の特性と対応について見ていきたい。

実際の企業変革に際しては、必ずしも直線的に8段階をたどる必要はないが、どの段階でも細心の注意を払い、サービス志向が企業文化として定着するまでは勝利宣言をしないことが重要である。

●ステップ1 — 危機意識を高める

目の前にある大きなチャンスをつかむために危機意識を抱き続けることは、企業全体の変革プロセスを築く基盤となる。そのためには、組織のトップがまず危機意識を持ち、チェンジ・リーダーとして戦略的変革の目

表 5-1　サービス化に向けた企業変革のステップ：コッターの8段階プロセス

ステップ	考え方	サービスへの適用	サービス特有の落とし穴
1. 危機意識を高める	現在ある危機を特定し、議論する。もしくは、失われる好機について検討する。	製品部門や経営層全般にも危機意識を持たせる。	大多数の人は、今でも製品事業には大きな利幅があると考えている。危機意識は、サービス部門だけが感じている。
2. 変革推進チームを作る	変革をリードする十分な力を持ったグループを作り、維持する。グループが、チームとして協力することを奨励する。	サービスの拡大を強く支持している人、さかんに反対している人を特定する。サービス戦略に応じた、変革推進チームが必要となる。	すでにサービス化に向けて活動し、希望している人だけを支援する。サービス提供がディーラーに依存しているのに、ディーラー陣営がチームに参加していない。
3. 適切なビジョンを掲げる	変革を方向づけるためのビジョンを作成する。そのビジョンを達成するための戦略を策定する。	製品事業が脅かされていると感じないようにする。	ビジョンをサービス部門にしかアピールしない。あるいは、ビジョンが漠然としており、サービスの考え方を具体的に示していない。
4. ビジョンを周知徹底する	あらゆる手段を使って、新しいビジョンと戦略を伝える。変革推進チームが先頭に立ち、新しい動き方を示す。	反対派にも賛成派にもなりうる傍観者的従業員を、納得させる必要がある。	企業のリーダーが、サービス戦略を支持していることを示せない。サービス化に関して、口先だけで行動が伴わない。
5. 自発的な行動を促す	変革に対する障害物を取り除く。ビジョンを大きく損なうような制度や構造を変更する。リスクをおかすことや、これまでにないアイデア、活動、行動を奨励する。	サービス志向の評価基準を導入する。サービスに適合していることを確認する。	サービス化に向けた個人の心理的障壁を過小評価する。役員レベルの批判や中間管理職の妨害行為に対処していない。
6. 短期的な成果を実現する	目に見えるパフォーマンスの改善を計画し、実行する。改善に携わった従業員を明確にし、表彰する。	サービス化戦略の利点を示し、疑いを持っている従業員を説得し、士気を高める。	定量化しやすい短期的なサービス目標がない。サービスによるパフォーマンスの向上箇所を、特定して伝えることができない。
7. さらに変革を進める	変革を統合する。ビジョンに合わない制度、構造、ポリシーを変更する。新しいプロジェクトと変革推進チームによってプロセスを再活性化する。	サービスのビジネスモデルと一致しない製品中心の慣行を変える。サービス志向を持つ従業員を雇用し、昇進させ、育成する。	サービス推進派が自信過剰で、早すぎる勝利宣言を出す。サービスが（まだ）有望なキャリア・パスとはみなされていないため、人材が不足する。
8. 変革を根づかせる	戦略的変革を企業文化の中で制度化する。新しい動き方と企業の成功とを明確に関係づける。リーダーシップの育成と継承を実現できる手段を構築する。	新しいリーダーもまた、サービス文化を体現しなければならない。	昇進の要件は変わらないままで、製品中心の行動が報われる。継承者となるリーダーの決定は、サービスの変革について詳細に理解していない取締役会で行われる。

的を明確にすることが重要だ。CEOは、会社全体に危機意識を確立し、変革のプロセスで中心的な役割を果たさなければならない。特に大規模な多国籍企業では、部門単位または事業単位での変革が必要である。その場合には、CEOと並んで組織のマネージング・ディレクターの動きが鍵となる。

理想的には、サービス化は、企業の業績が好調な時期に開始すべきである。なぜならば、その方が短期的・長期的な企業変革のためのリソースと時間を確保しやすいからだ。一方、差し迫った危機がなければ、チェンジ・リーダーは、変革の必要性を従業員に納得してもらうのに苦労することになる。製品事業が安定的に遂行され、市場内で居心地の良いポジションにいる企業ほど、サービス化は現状のビジネスに大きな混乱をもたらすと考える。したがって経営層は、競争上の地位、製品の利幅縮小、市場シェアの低下、破壊的イノベーション、新興企業との競争などの目の前の課題や戦略的な課題について、社内の関係者と率直に議論する必要がある。また、顧客、コンサルタント、アナリストなどの企業の外部の人間も招き、悪いニュースを社内に伝えることによって危機意識を高める必要もあるだろう。

もし企業が、差し迫った危機の真っただ中にいるわけではないならば、チェンジ・リーダーは、市場機会をつかみとるために危機意識を生み出さなければならない。例えば、大口顧客のサービス・アウトソーシング・パートナーとなる機会があったとしても、そうした機会をつかもうとしなければ、システム・インテグレーターなどの競争相手が市場に入り込んでくるだろう。市場の空隙が占有されてしまった後では、どんなに巧妙なサービス施策を打ち出しても、参入は困難になる。チェンジ・リーダーは、将来の課題と機会の両方に焦点を当てて変革に取り組む必要がある。

社員を奮い立たせるための有名な試みの例として、当時、世界最大の携帯電話メーカーであったノキア社（Nokia）[7]のCEOスティーブン・エロップ（Stephen Elop）が2011年に従業員に宛てたメモ「Burning Platform

（燃え盛るプラットフォーム）」がある。メモは、石油プラットフォームで働くある男の話から始まる。「現場の作業員が大きな爆発音で目を覚ますと、そこは火の海だった。そのまま石油プラットフォームに留まって炎に飲まれるか、氷の海に飛び込むか、判断するにはほんの数秒しかなかった。彼は、氷の海に飛び込み、最終的には助かった。差し迫った危機が彼の行動を大胆なものにし、状況に劇的な変化をもたらした。」エロップはノキア社が直面している状況につなげて話を続けた。「我々は、今、燃え盛る石油プラットフォームに立っている。しかも、爆発は1カ所ではなく複数の火元から激しく炎が燃え上がっている。競合他社の脅威が、我々の予想をはるかに超える勢いで迫ってきている。しかし、我々は、燃え落ちようとするプラットフォームに自らガソリンを注ぐ深刻なミスを犯してしまった。差し迫った危機が男の行動を変えたように、我々は、大胆かつ勇敢な一歩を踏み出さなければならない[8]。」このようなドラマティックなメッセージは、マネージャーや従業員の注意を引きつけ、危機意識を高めることだろう。しかし、ノキア社のケースに見られるように、このようなメッセージを出さなければならない状況では、既に手遅れという場合もある。実際、当時のノキア社の衰退は急速であり、危機意識を高める時期が遅すぎた。携帯電話（スマートフォン）市場において、競合は、あらゆる角度から容赦なくノキア社に集中砲火を浴びせていた。アップル社（Apple）はハイエンド市場を牛耳り、グーグル社（Google）が築きあげたアンドロイド（Android）勢は中価格市場で勝利した後に、急速に低価格市場に拡大していった。ノキア社は、氷の海に飛び込んだが、新しいプラットフォームを構築することはできなかった。

危機意識を高める必要があるのはいつだろうか？　Kotter（1995）は、自身がチェンジ・マネジメントに取り組んだ経験から、「今現在、すでに75％の企業が、現状を維持することが不可能な状況にある」といった。

サービス化のための企業変革を推進するためには、サービス部門の従業員の危機意識を高めるだけでなく、サービス部門以外のゼネラル・マネージャーや関係者も巻き込む必要がある。特に企業がグローバルにサービス志向のビジネスモデルを構築しようとしている場合には、企業内のすべての部門を関与させる必要がある。

●ステップ2 ― 変革推進チームを作る

8段階プロセスの2段階目においては、サービス化戦略を積極的に支援する各組織階層のメンバーによって変革推進チームを編成することが重要である。チームは、最初はコミットメントを共有する少人数で構成し、そのメンバーは企業変革のプロセスを成功させるために活動する中で、自ら成長していく。小規模な企業であれば5人～10人、大企業であれば20人～50人のメンバーが必要になる。一方、規模にかかわらず、メンバーは、企業内の各部門を代表し、その地位は同列にするべきである。場合によっては、チームに、重要顧客や労働組合からの代表が含まれることもあるだろう。変革推進チームは、勢いがあり、評判が高く、経験と専門知識を持つメンバーによって構成され、結束が強くなければならない。

チームのメンバーを選考する際には、Kotter（2012）は、メンバーを募集して、自ら手を挙げた中から選出することを勧めている。また、オフサイトの交流場[9]での活動も、チームがコミットメントを共有するのに役立つ。変革推進チームは、通常の組織階層から外れた状態で活動できた方が良いのである。そうすることによって、変革を組織に浸透させるスピードを速めることができる。

会長、CEO、または各部門のゼネラル・マネージャーが、企業の変革に積極的に関与することは非常に重要ではあるが、経営層全員を含めないほうがよい。理由は単純だ。一部の人間は簡単には変革に賛成しない。第Ⅱ部第3章で説明したように、役員レベルの批判者は、サービスをビジネスの脅威とみなし、大規模なサービス化の施策に対して抵抗する。重要なのは、関係者全員を最初から参加させることではなく、まず変革を生み出し、それを定着させるのに必要な人間を最小限確保して活動することだ。

図 5-1　変革推進チームによるメンバー活性化のステップ（図 3-3 を再掲）

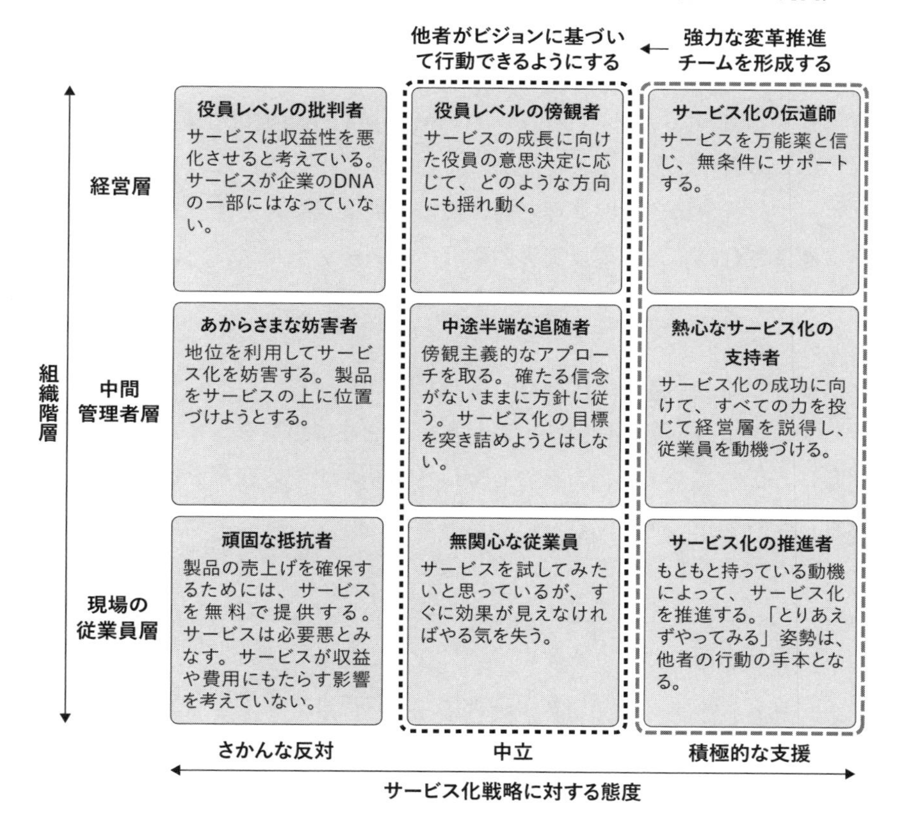

その企業が、製品の販売やサービスの提供を行うにあたってディーラー・ネットワークに依存している場合には、ディーラーの役員たちも参加させるべきである。そうしなければ、変革推進チームは、現場の協力を得ることができない。また、チェンジ・リーダーは、すでにサービス化に向けて活動し、希望の光を見ている人たちだけを支援しようとしてはいけない。

変革推進チームを編成する際には、チェンジ・リーダーは、社内で起きる抵抗の原因を考えなければならない。このフェーズで失敗するとしたら、企業の変革を推進する難しさを過小評価している場合だ。特に製品中心的な企業では、文化革命と呼ぶほどの変革が必要となる。そのため、誰が、どのような理由でサービス化に抵抗する可能性があるのかを、体系的に評価する必要がある。具体的には、従業員が、サービスをどのように見ているのかを分析するためのツール（図5-1参照。第Ⅱ部第3章の図3-3を再掲）に立ち返って考える必要がある。企業固有の条件に合わせて、様々なグループ（経営層、中間管理者層、現場の従業員層）でサービスがどのように認識され、また主要な利害関係者（ステークホルダー）にどのように影響を与えるかを分析する。

●ステップ3 — 適切なビジョンを掲げる

ビジョンは、市場の機会や、差し迫った危機に焦点を当てる必要がある。同時に、伝わりやすく、人々の心を揺さぶり、企業の変革を促すものでなければならない。またそれは、従業員だけでなく、顧客や株主にもアピールできる現実的な目標を示した未来像であるべきだ。最初はぼんやりしたものであっても、変革推進チームが数カ月をかけて検討した後には、そのビジョンは明確でわかりやすいものになっているはずだ。

ビジョンを策定する際に変革推進チームは、その事業をどのように実現するのか、基本的な方向性を示す必要がある。第Ⅱ部第4章で議論したサービス化戦略を策定する際の課題、例えば、製品からサービスに転換すべきか、あるいは、両方のリソースと能力を活用・拡大してハイブリッド提供を実現すべきか、を従業員に示す必要がある。新しいビジョンを達成するための戦略は複雑なものかもしれないが、ビジョン自体を伝えるのには5分以上の時間をかけるようではいけない。

変革推進チームは、特に、サービス化によって製品事業が脅かされると考えている人たちの否定的な反応に対処しなければならない。不確かさへの不安、無力感、成功見込みの低さ、価値あるものを失いたくないという彼らの思いは、特に差し迫った危機に直面している企業においては、よく見られる感情的な反応である。これらの感情は、従業員の思考を停止させるだけでなく、敵対的な立場に追いやってしまうことさえある。そのため、ビジョンと戦略は、楽観、信頼、透明性、そして好機をつかみ取るための強い決意などの肯定的な感情を植え付けるものでなければならない。どのような形であれ、「死」のような恐怖を連想する言葉は避けるべきだ。ビジョンは、恐怖心を与えるものではなく、希望を湧き起こすものでなければならない。

フォーチュン・グローバル500（Fortune Global 500）にも名を連ねるある大手企業の調査部門のディレクターは、「社内政治はとても重要であり、サービス化においては、非常にデリケートな問題です。我々は、“サービス・プロバイダー”や“ソリューション・プロバイダー”になるという言い方をする代わりに“プロダクト・サービス・システム”という言葉を使って、サービス化への取り組みについて社内の関係者を説得しました」という。プロダクトという単語から始まることによって、ハードウェアが依然として最も重要であるかのように解釈されるかもしれないが、これは、慎重な言葉の選択であったと言えよう。チェンジ・リーダーと変革推進チームは、不必要な騒動を避ける本能も持ち合わせていなければならないのである。

●ステップ4 — ビジョンを周知徹底する

チェンジ・リーダーと変革推進チームが社内で支持者を集めるには、ビジョンと戦略を確実に広めることが不可欠だ。あらゆる使用可能なコミュニケーションの手段、ミーティング、スピーチ、ニュースレター、イントラネットやソーシャル・メディア（SNS）などを使って、メッセージを送るべきである。コミュニケーションによって、ビジョンや戦略に対して、従業員からは賛同、さらにはコミットメントが得られるようになるはずだ。

例えば、ボルボ・グループ（Volvo）[10]では、サービス化戦略に関するビジョンを発表するにあたって、「7年以内に収益の50%をソフト・プロダクトから得られるようにする」という、明確でわかりやすい目標を設定した。またトヨタ自動車は、2018年に、「車を作る会社」から「モビリティカンパニー」へとトヨタをモデルチェンジすると宣言した。「モビリティによって、すべての人に移動の自由と楽しさをお届けすること、“Mobility for All”を目指すことこそが、自動車会社がやるべきことだ」と、豊田章男社長は、社内外に向けてそのビジョンを語っている[11]。

その一方で、バックオフィスの自動化や、その他のサービス生産性の向上によって仕事がなくなるなどの、従業員にとって痛みを伴う犠牲が生じる場合には、ビジョンの周知徹底は非常に難しくなる。多くの製品中心的な企業では、長年にわたってサービスを軽視してきたために、サービス化を実現するには、人員配置の見直しが必要なことも多い。サービス化が成功すれば、その先は何年間にもわたって大きな雇用を創出することができる、と言われたとしても、もはや必要とされない人々にとっては意味がない。従業員の中に生じるこれらの否定的な感情には、良識ある態度をもって対応しなければならない。

やってはいけないコミュニケーションがある。先程ノキア社（Nokia）のスティーブン・エロップ（Stephen Elop）の2011年の従業員へのメッセージを危機感醸成の好例としてとり上げたが、逆に彼が2014年に書いた「Hello there（こんにちは）」メモは最悪の例である。エロップは、2011年から2014年までノキア社のCEO（最高経営責任者）を務めていた。彼のメモは、2014年にマイクロソフト社（Microsoft）がノキア社の携帯電話事業を買収した時に、従業員に宛てて書かれたものである。同社の再生戦略の必要性に関する熱弁が、専門的なマネジメント用語や抽象的な言葉を連ねて延々と続いた後に、最後に「この買収により、1万2,500人の従業員が削減される計画だ」と伝えている[12]。『フィナンシャル・タイムズ』のLucy Kellawayは、「このメモは、コミュニケーションに関する経営者の指定教材にすべきだ。ハイエンド事業の経営者が、ビジネスメッセージを、意味不明な戯言として届けた完璧な例としてふさわしい。このように書いてはいけない、このように考えてはいけない、このように企業をリードしてはいけないという見本だ」と痛烈に非難している[13]。

適切な形でコミュニケーションを実現するためには、多大な労力を要するものの、コミュニケーションは、少なすぎるよりは多すぎるほうがよい。また、企業の変革をリードするマネージャーがビジョンと矛盾した行動を取れば、サービス化への取り組みは簡単に失敗する。マネージャーが「有言実行」できず、7つの大罪（第Ⅱ部第3章参照）を犯してしまえば、コミュニケーションの内容に対する信頼は低下し、従業員はより懐疑的になってしまう。チェンジ・リーダーの立場にある経営者やマネージャーは、自らが行動することによって、企業文化の変革の象徴にならなければならない。サービス・マネジメントや問題解決のための新しい仕事のやり方を意図的に導入し、それに従って行動する必要がある。また、従業員の多くは、もともとはサービス化に向けた取り組みに対してあまり熱意がないために、新しいビジョンを強く支持するか、あるいはさかんに抵抗するか、どちらの方向にも傾く可能性がある。これらの傍観者的な従業員を納得させるためには、変革推進チームのメンバー（経営層のサービス化の伝道師、中間管理者層の熱心なサービス化の支持者、および現場の従業員層のサービス化の推進者）はすべて、言葉と行動の両面から彼らとコミュニケーションを取らなければならない（図5-1参照）。彼らのサポートがなければ、サービス化に向けた企業変革への取り組みは維持できないからである。

●ステップ５ — 自発的な行動を促す

すべての組織階層の構成者（経営層、中間管理者層、現場の従業員層）がビジョンと戦略に賛同したら、次は、彼らがビジョンに基づいて自ら行動できるようにする。不適切な業務プロセス、組織構造、教育・研修、心理的な障壁などの障壁を取り除くのである。新しいビジョンを理解し、それにコミットしている従業員でさえ、内なる心の壁を乗り越えるのに苦労することがある。おそらく、取り除くのが最も難しい障壁は、変革に拒否反応を示す経営層であろう。役員レベルの批判者は、新しい取り組みに脅威を感じ、全体的な活動を弱体化させようとしたり、妨害しようとしたりする。特にその役員が、今後も社内で戦略的な役割を担い続ける人物である場合には、注意深く丁寧に扱う必要がある。

長年のキャリアを通じて製品を快適に販売してきた営業担当者は、新しいサービスを販売する自信を持てないかもしれない。そのような場合には、営業チーム内で成功している同僚から適切なアドバイスを受けることも一案である。また、サービス基盤が小さかったり、サービス技術者が不足していたりする場合には、マネージャーは、サービスの拡大をためらうことが多い。地域でサービスを立ち上げるためには、サービス技術者などの新規従業員が必要になる。これらの人材を確保できるようにするには、本社が課している厳しい人員制限は撤廃するべきである。マネージャーは自社の状況を把握して、サービス化に必要なリソースと能力を社内に確保しなければならない。必要なサービス提供基盤を備えていなければ、積極的にサービスを拡大したとしても、約束した成果を達成することはできず、サービス化は失敗に終わる。

同時に、製品志向の指標に基づいて業績を評価してしまうこともまた、大きな障壁となる。そのため、マネージャーは、従業員がビジョンに基づいて行動できるように、サービス志向の業績評価指標を部門横断的に設定する必要がある。

●ステップ6 — 短期的な成果を実現する

企業変革の勢いを失わないためには、短期的な成果をあげることが重要だ。そして、それらが達成される都度、称えるべきだ。マネージャーは、事業計画やシステムに年度目標を設定し、業績の改善を求め、達成した成果に対して報いる必要がある。変革推進チームは、短期的な成果の実現を妨げてしまうような評価基準や権限配分などのルールを設定すべきではない。短期的な成果が得られなければ、懐疑的な人たちは新たな障壁を築いてしまう。1年～2年の間に最初の成果を得られなければ、傍観者的な従業員は推進派から反対派に転じ、変革推進チームのメンバーでさえ、サービス化への取り組みに疑念を抱きはじめてしまう。

大規模な企業組織においては、サービス化に向けた移行には時間がかかることが多い。長期的な時間軸の中で、従業員は危機意識が低下したり独善的な行動を取ったりすることもある。それを避けるには、明確で曖昧さがなく、ビジョンと戦略に明確に関連づけられた短期的な目標を設定する必要がある[14]。具体的な短期的目標としては、サービス品質の向上やサービス単位の営業利益の向上、サービス技術者の対応時間や保守サービス中の装置稼働停止時間の短縮などがあげられる。7年以内に収益の50％をサービスから得られるようにすることを目標にするのであれば、年間目標を設定し、進捗状況を把握して、達成を祝う効果を測定しやすく、短期的な成果として伝えやすいのは、無料サービスを有料サービスに転換することである。

短期的な成果を見ることは、ビジョンとサービス化戦略を継続的にモニタリングし、分析するのにも役立つ。変革プロセスとサービス・パフォーマンスの関係を分析し続けることによって、必要な時に必要な説明や調整、改訂を行うことが容易になる。

●ステップ7 — さらに変革を進める

変革が勢いを保っている限り、文化的な抵抗や政治的な抵抗は抑制されているが、変革が停滞するとこれらの抵抗は再発する。Kotter（1995）によれば、大企業の場合、変革が浸透するには、5年～10年はかかる。不安定な状態では、得られた成果が逆転し、伝統的な製品中心の企業文化に回帰してしまう可能性もある。短期的な成果を達成したならば、その変革の勢いを維持するために、雇用、昇進、人材開発を行うことが重要である。そのためには、マネージャーは人的資源の配置に十分に注意を払い、適切な人材をサービス組織に配置しなければならない。

サービス化を担当するマネージャーは、サービス化の反対派と推進派のいずれもが、変革プロセスを早い段階で停滞させてしまう可能性があることも認識しておかなければならない。典型的な例に、外部コンサルタントと協力してサービス化戦略を策定するプロジェクトがある。2年後にプロジェクトが終了した時には、コンサルタントはその企業を離れ、変革推進チームのサービス化推進者は、短期的な進展の兆しに興奮して早すぎる勝利宣言をし、その後に変革の勢いを失ってしまうのである。例えばゼロックス社（Xerox）では、ソリューション・ビジネス開発の初期段階で外部のコンサルタントを雇った。同社の経営陣は、ソリューション・ビジネスへの転換は容易にできるものと考えていたが、当然のことながら、それは失敗に終わった[15]。ゼロックス社のケースは、けっして珍しいものではない。多くの企業が、サービス化戦略に適した人的資源のマネジメントを行うために、様々な課題に取り組み、悪戦苦闘している。

ある企業の課題は、従業員の異動率の高さであった。通常、中間管理職や専門職は2年～3年ごとに人事異動がある。本社ではこうした企業慣習が、サービス価格設定に精通した従業員など、サービス化に必要な人員の不足を招き、変革を企業内に定着させることをいっそう困難にしていた。その一方でひんぱんな人事異動の慣習のない同社の販売会社ではサービス化は順調に進んでいた。販売会社の変革担当リーダーは、マネージング・ディレクターを17年間務め、販売会社と本社の両方から尊敬されている人物であった。彼は、常に明確なサービス・ビジョンを持ち、時には本社より早く、新しいサービスの事業機会の獲得に動くこともあった。従業員や顧客が変革に懐疑的であったり、抵抗したりするようなことがあっても、彼は、従業員や顧客のモチベーションを高め、掲げたサービス目標を達成するために精力的に動いていた。

●ステップ8 ― 変革を根づかせる

変革を根づかせるためには、企業組織の血肉に一連の活動を浸透させる必要がある。経営者が、優れたサービスを提供することの意義を従業員と共有することによって、サービス中心的な考え方を定着させるのである。

特に、次の2つの要素が重要である。1つは、サービス化戦略とそれに基づく新しい行動や態度が、どのように業績を向上させるのかを、従業員に理解してもらうことである。典型的な落とし穴は、経営者がサービスの成果を会社全体の業績に混ぜ込んでしまうことだ。経営者は、サービスの実績を製品とは分けて示し、変革とそれによって達成された成果との間の因果関係を、従業員にわかりやすく説明しなければならない。もう1つは、次世代のリーダーとなる後継者もまた、サービス文化を継承しなければならない、ということである。後継者の人選を誤れば、10年以上の努力の結果を、そのたった一人が弱体化させてしまうこともある。企業変革の動きを停止させるには、新しい役員は、根強い反対派である必要さえなく、サービス化への取り組みに消極的でありさえすれば十分なのだから。

事例5-1　コクヨ：
後継者への事業の引き継ぎ

後継者への事業の引き継ぎに成功した企業としてコクヨ[16]の例がある。同社は、2015年に、それまでオフィス家具の製造・販売会社であるコクヨファニチャーの社長を務めていた黒田英邦氏をコクヨ本体の社長に任命した。黒田氏は、創業者一族で、2001年にコクヨに入社し、オフィス家具を扱う販売会社で経験を積んだ後に、2010年から5年間、コクヨファニチャーのトップを務めていた。コクヨファニチャーでは、「本当の顧客は誰か？」「顧客は何を求めているのか？」を追求することを旗印に掲げ、社長自らが積極的に動くことで製造部門と販売部門をつなぐ役割を果たし、業績の悪化していたオフィス家具事業を回復させた。そして2015年にコクヨの第4代社長に就任した黒田氏は、文房具のコクヨS&Tとオフィス家具のコクヨファニチャーをコクヨに統合し、商品だけでなく、サービスを提供する企業として、コクヨのビジョンとドメインを再定義した。黒田社長は、コクヨファニチャー時代からビジョナリーな視点を持って変革を推し進め、サービス志向を企業文化として定着化させたのである。2012年には、渋谷ヒカリエにコ・ワーキングスペース「Creative Lounge MOV（モヴ）」を、2017年には、千駄ヶ谷に“ライフとワークの境界を超える”をテーマにしたスペース「THINK OF THINGs（シンクオブシングズ）」を設けて、新しい働き方や暮らし方を提案するサービス事業を推し進めている。

COLUMN

「日本の製造業1,000社調査」――経営者のマネジメント・スタイル

本章では、サービス化に向けた企業変革に必要なビジョンとリーダーシップについて検討した。ここで、「日本の製造業1,000社調査」から、サービス化を推進している企業では、どのようなマネジメント・スタイルを取っている経営者が多いのか見てみよう。サービス提供「あり」と回答した企業の経営者のマネジメント・スタイルの平均値は、「人間志向」が4.00で最も高く、次いで「カリスマ的」が3.79、「参加的」が3.63であった（図5-2参照）。

またサービス化段階別[17]では、段階が上がるにつれて「参加的」なマネジメント・スタイルが高くなり、また、「カリスマ的」なマネジメント・スタイルは、第2段階では低くなるものの、それ以降では段階が進むにつれて高くなる結果となった（図5-3参照）。

これらから、サービス化段階が進むにつれ、本章で説明した「ビジョンを周知徹底する」「従業員の自発的な行動を促す」といったマネジメント・スタイルの有効性が見て取れる。

図 5-2　経営者のマネジメント・スタイル：サービス提供「あり」の企業

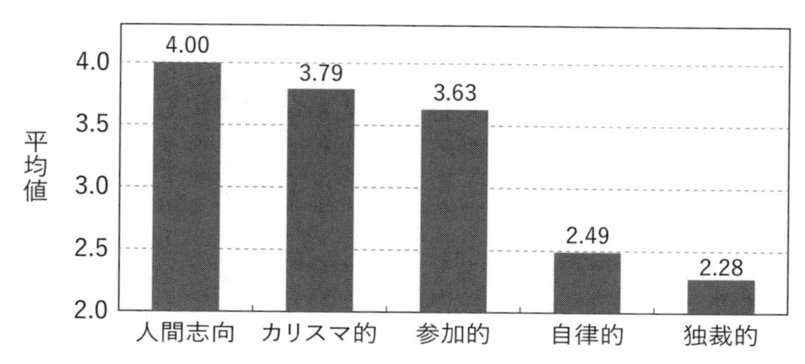

（質問）人間志向：Q1　部下のために時間やリソースを提供することを嫌がらない。
Q2　困っている部下の気持ちを察したり、状況を斟酌している。
カリスマ的：Q1　会社の将来に向けた強いビジョンと想像力を持っている。
Q2　ありうる将来の出来事を想定して、事前に準備をしている。
Q3　将来の目標を基準に計画を立てて行動を起こしている。
参加的：Q1　すべての人が平等で、皆が等しく権利と権限を持つべきだと強く信じている。
Q2　プロジェクトや業務に関する権限を部下に委譲することを嫌がらない。
自律的：Q1　仕事を人に頼らず独力で行う。
Q2　他人と距離を置き、近寄りにくい雰囲気を与えている。
独裁的：Q1　部下への指示の出し方が威圧的になりがちである。
Q2　部下が反対したり、疑問を呈したりすることが許せないことがある。

（出典）「日本の製造業1,000社調査」による。

図 5-3　経営者のマネジメント・スタイル：サービス化段階別

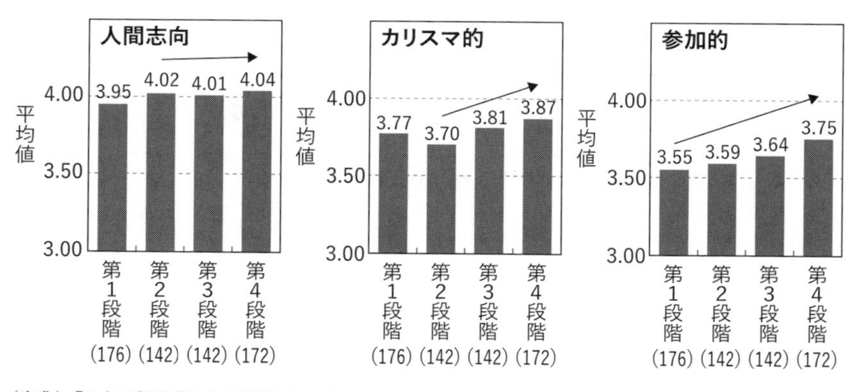

（出典）「日本の製造業1,000社調査」による。

ビジョナリー・リーダーシップとチェンジ・マネジメントに関する10の重要な質問

1. サービス化に対する組織内の最も強い反対意見は何か？
2. 従業員の危機意識を高められる最大の機会は何か？
3. 組織全体では、どのように危機意識やモチベーションを高め、変革を維持することができるか？
4. サービスの推進者、傍観者、抵抗者が誰で、彼ら／彼女らにはどのようにアプローチすればよいかがわかっているか？
5. 変革推進チームには、コミットメントを共有するすべての組織階層、およびディーラーを含むすべての関係メンバーが含まれているか？
6. 明確で、伝えやすいサービスのビジョンと戦略は、どのように作成できるか？
7. 取り除くべき構造的障壁、および心理的障壁は何か？
8. 目標におくべき、目に見える重要な短期的な成果は何か？
9. サービスに精通したマネージャーや従業員を、どのように雇用し、昇進させ、育成するべきか？
10. サービス化への変革は、企業のDNAとして定着するに至っているか？　それは企業文化を変えるに至っているか？

第6章

サービス組織デザイン

顧客にソリューションを提供すると主張している企業のほとんどが、組織、従業員へのインセンティブ、顧客との関係性において特別な施策を打ってはいない[1]。

——ランジェイ・グラティ（Ranjay Gulati）

企業がサービスから利益を得るためには、戦略と組織構造を合致させ、組織の中にサービスを真に根づかせる必要がある。

サービス化を成功させるためには、適切な組織構造を採用すること、そして組織間の戦略連携と相乗効果を促すことが重要だ。経営者は、本部のサービス組織と現場のサービス組織の関係、また製品を作る組織とサービスを提供する組織の関係を適確に把握しなければならない。そのうえで、組織の壁を越えてスムーズな意思決定と情報共有が行われるように、組織の統合と分離のバランス、本部と現場の意思決定のバランスを取る必要がある。本章ではまず、企業がサービス化を促進するためには、サービス組織をどのように構築するべきかを考え、次に、組織のサイロ思考の克服方法、サービス化によって生じる問題への対処の仕方を検討する。

6-1 サービス化に必要な組織構造

サービスに全面的に取り組み、その収益性を示すことができるように、サービス部門を独立させて、損益に責任を持たせている企業も多い。この分野の研究からは、サービス部門を独立させることは、サービスの業績にプラスの効果をもたらすことが明らかになっている[2]。

航空宇宙業界大手のボーイング社（Boeing）は、サービスの売上げを

10年間で3倍以上にするというサービス化戦略を実現するために、2016年にサービス部門を再編して、Boeing Global Servicesを創設した。同部門は、民間航空機、防衛・宇宙・セキュリティの2部門に次ぐボーイング社の第3の事業部門として、民間および防衛関係の顧客に幅広いサービスのポートフォリオを提供することになった[3]。

一方、独立したサービス部門の創設は、サイロ思考[4]を助長する傾向がある。サービス化を成功に導くためには、マネージャーは、組織のサイロを乗り越え、社内のリソースを有効に活用する必要がある。

●組織構造と組織変革のパターン

サービス化の進展に伴い、企業のサービス組織は、2つの軸に沿って変革を遂げる（図6-1)。第1の軸は、「製品ベース」か「サービスベース」かである。「製品ベース」では、サービスを提供する組織は、製品部門のSBU（Strategic Business Unit）[5]内に設置される。例えば、ある製紙・梱包製品メーカーでは、製品に特化した3つのSBU（産業用包装紙、板紙、印刷用紙）から組織が編成されており、サービスを提供する組織は、各SBU内に設置されている。一方、「サービスベース」では、製品部門とは別に、サービスに特化した部門が設置される。

第2の軸は、「地理ベース」か「顧客ベース」かである。「地理ベース」では、文字どおり、地理的にサービスを提供する組織が配置される。典型的な例は、世界の各地域に、サービス組織を内部に持つ販売会社が設置されている多国籍企業である。このような組織においては、現地の顧客、各国ごとの規制、文化の違いなどに対して、物理的に近くにいるサービス組織が対応できる点で有利である。一方、「顧客ベース」は、特定の顧客セグメントに対応するサービス組織を全社的に設置することによって、伝統的な「地理ベース」を補完する。

次に、「製品ベース／サービスベース」と、「地理ベース／顧客ベース」の2つの軸に沿って、企業がサービス化に向けて実現しようとする組織変

図 6-1　組織変革のパターン

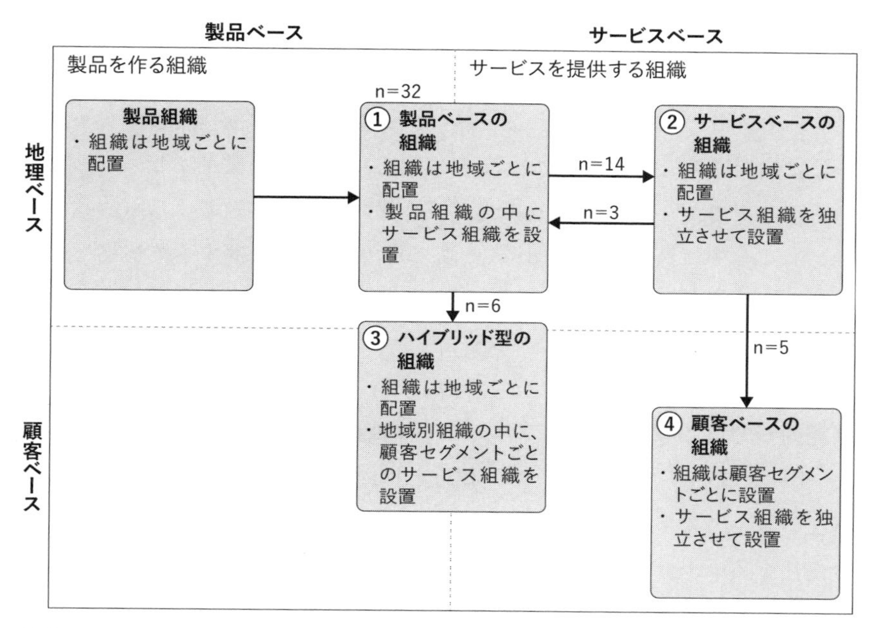

（出典）Gebauer and Kowalkowski（2012）に基づいて筆者編集。

革のパターン[6]について説明する。この考察は、欧州のメーカー32社の詳細な調査に基づくものである。図中のn＝の数字は、調査対象企業32社のうち、そのパターンに基づいて組織再編を行った企業の数である。

●組織デザイン①：製品ベースの組織

「製品ベースの組織」は、サービスによって成長しようとしている企業にとっては、適切な組織であるとは言えない。とはいえ、サービス化の第1ステップとして必要なのは、既存の製品部門内にサービス組織を設置することである。この時、サービス・マネージャーは、新しいサービスを立ち上げる責任の他にも、プロダクト・マネージャーと同じ意思決定権を持つようにすることが重要である。スイスのビューラー社（Bühler）[7]は、パスタやチョコレートなどの製粉技術、金型鍛造技術を有する産業機械メーカーである。同社の組織は、穀物加工、食品加工、先端材料の3つの事業部門で構成されており、サービス組織は、それらの部門それぞれに設置されている。しかし、このような製品ベースの組織では、社内のリソースを十分に活用することができない。そのため、大半の企業が、サービスの拡大を図る次のステップとして、サービス部門を独立させている（組織デザイン②：サービスベースの組織）。調査対象企業32社はすべて当初は組織デザイン①を採用しており、そのうち14社が、組織デザイン②への改変を行っていた。

●組織デザイン②：サービスベースの組織

「サービスベースの組織」への移行とは、専担のサービス部門を創設するということである。サービスベースの組織は、サービスの開発や運営に全責任を負い、サービス化に向けた活動に専念する。本部に専担のサービスの開発・運営部門を持ち、現場にサービスを提供する組織を設置しているケースが多い。ただし、組織構造のあり方は、市場の成長度合いによって大きく異なる。例えば、ある企業では、既存設置製品の規模が大きい成熟市場には「サービスベースの組織」を、多くの未開発分野のプロジェクトが進行している新興市場には「製品ベースの組織」を採用している。

フィンランドのバルチラ社（Wärtsilä）[8]は、海洋市場・エネルギー市場向けのライフサイクル・パワー・ソリューションの世界的リーダー企業である。同社は、よりサービスに力を入れて競争優位性を確保するために、独立したサービス事業部を世界規模で創設した。現在、同事業部は、従来からある部門（発電所事業部や船舶電力事業部など）よりも規模が大きくなっている。

一方、独立したサービス部門を持つのと同時に、製品部門を通じてサービスを展開している企業もある。これは①と②の中間ともいえる。ドイツのエンジニアリング企業であるフォイト社（Voith）[9]は、インダストリアル・サービス事業部という専担部門を創設したことにより、サービス化に向けて、経営者が社内外に十分にコミットできるようになった。また、買収によってサービスをさらに強化するとともに、コンセプトに適合しなくなったサービスを売却していった。それと同時に、3つの製品部門を通じてサービスを提供できるようにしている。

場合によっては、サービス部門が製品部門に再統合されることもある。対象企業調査では3社がこれに該当した。例えば、スイスの繊維機械メーカーであるザウラー社（Saurer）[10]は、「サービスベースの組織」から「製品ベースの組織」に戻した企業である。同業界全体が中国やその他のアジア市場での成長に依存するようになり、製品自体の価格が著しく低下していた。同社は、製品とサービスを組み合わせて提供することによって、他社と差別化を図る必要性があると考え、サービス部門を製品部門に再統合した（組織デザイン①）。他方、塗装・組立システムのメーカーであるデュール社（Dürr）[11]は、製品事業とサービスのシナジー効果を得ることができなかったために、創設した専担のサービス部門を売却し、残りのサービス部門を製品部門に再統合した。このように、逆戻りする場合もあるが、大多数の企業は、「サービスベースの組織（組織デザイン②）」を維持するか、さらには、「顧客ベースの組織（組織デザイン④）」に移行している。

●組織デザイン③：ハイブリッド型の組織

より顧客中心の組織とするために、「製品ベースの組織」の中にサービス志向と顧客志向の考え方をうまく取り込み、「ハイブリッド型の組織」を形成している企業もある。

大幅な組織変革を行うことなく、より顧客中心的なサービス提供を行うことを目指す企業にとっては、現実的な選択肢は、「ハイブリッド型の組織」になる。調査では、当初は組織デザイン①を採用していた32社のうち6社が、重要顧客や特定の顧客セグメント向けにフロントオフィス・

チーム（顧客に直接対応するチーム）を創設し、中規模の顧客志向的な組織を形成していた。例えば、高精度の金属部品加工ソリューションを提供するスイスのミクロン・グループ（Mikron Group）[12]は、製品ベースの組織であるオートメーション部門と機械加工部門のそれぞれに、バックオフィスとして、サービスを提供する組織を独立させて設置した。さらに、オートメーション部門の顧客セグメント（自動車部品、電気／電子機器、医療／パーソナルケア）を明確にして、「ハイブリッド型の組織」に再編成した。同部門は、各セグメントにおけるセールス部隊の専門性を高めることに注力した。

●組織デザイン④：顧客ベースの組織

先述の「サービスベースの組織（組織デザイン②）」には多くの利点がある一方で、欠点もある。明らかな欠点は、知識や専門技術が、組織のサイロ内に留まってしまうことだ。企業は、組織の壁を越えて自らの能力を活用したり、製品事業とサービスの間で相乗効果を発揮したりすることができにくくなってしまう。もう1つの欠点は、顧客との関係性の観点で見た時に、同じ顧客に対して、製品部門とサービス部門が連携しにくいことだ。このような連携の欠如は、顧客を混乱させるだけでなく、自社の組織内に曖昧さや敵対意識を生じさせる。また、独立したサービス部門を新たに創設した場合には、他の部門への権限や影響力が限定されてしまうこともある。よりサービス中心的になり、より顧客とのつながりを深めようとするならば、「顧客ベースの組織」の確立を急ぐべきである。調査によれば、「サービスベースの組織」を採用した14社のうち5社が、そのような組織変更を行っていた。「顧客ベースの組織」を確立するためには、製品とサービスの収益比率や、カスタマー・ウォレット・シェア[13]などのサービス中心のパフォーマンス指標をモニタリングできるようにしなければならない。

あるドイツの加工・包装サプライヤーの例を見てみよう。同社はマトリックス型の組織構造を採用しており、その組織は、マシン、システム、サービスを担当する3つの事業部門と、チョコレート製菓、医薬品の2つの顧客グループ別の部門から構成されている。2つのグループは、顧客ニーズ面で大きく異なっているために、それぞれにまったく異なった対応が必要である。例えば、チョコレート製菓の顧客グループでは、多くの新商品が投入されるために、その加工・包装プロセスは頻繁に変更される。一方、医薬品の顧客グループでは、製品ライフサイクルが長いために、その加工・包装プロセスは比較的安定している。同社の顧客対応部門は、製品部門やサービス部門と、価格設定、マーケティング、R＆D、人事、および事業運営面の役割を共有している。彼らは、どの製品とサービスを組み合わせて提案するかを決定する権限と、製品部門やサービス部門から示された推奨価格帯の中で、柔軟に適正価格を決定する権限を持っている。

「顧客ベースの組織」を採用している企業では、キーアカウントマネジメント（KAM[14]）が広く普及している。KAMは、サイロ化した企業組織を横断して、顧客により良いサービスを提供するうえで有効な手段である。KAMは、サービス提供価格の一貫性のなさから生じる問題を解決する手段にもなる。ある機器メーカーの例を見てみよう。同社は、顧客が複数の販売会社を競争させ、より有利な取引条件を要求してくることに対応しあぐねていた。各販売会社は、要望ごとに相対で値引き価格を提案していたため、結果的に社内で価格競争（商品・サービスの値下げ）が生じていた。こうした問題は、以前は、主に製品に関して起こることであった。しかし、最近では、遠隔サービスやグローバル規模での専門サービスなどにおいても大きな問題の1つとなっている。国や地域ごとに一貫性のない価格でサービス提供を行うことは、サービスの成長を脅かすことになりかねない。

過去15年間で、世界各国・地域に展開している企業でKAM導入が増加している。KAMは、大規模かつグローバルな顧客基盤を確立し、顧客との関係性からより多くの価値を創造しようとする企業の標準になりつつある。例えば、エネルギー・建設・自動車産業向けにシームレス鋼管、伸縮チューブなどを提供するフランスのバローレック社（Vallourec）[15]は、グローバルに顧客にサービスを提供するために、2013年にKAMプログラムを立ち上げた。また、フォークリフトや物流ソリューションの世界的な大手サプライヤーであるToyota Material Handling Groupも、「顧客ベースの組織」の中で長年にわたりKAMを運用し、成功を収めている。「顧客ベースの組織」をグローバルに実現するためには、どの地域でビジネスを行っているかにかかわらず、幅広いサービスを同じ品質水準で提供できる能力を持つことが必須である。

●フレームワークから実装まで

先述の2軸に基づく組織変革のパターンは、サービス化に向けて組織を再編しようとしている経営者にとっての手引きとなる。4つの組織デザイン（製品ベース、サービスベース、ハイブリッド、顧客ベース）のうち、いずれか1つの組織デザインを実装するためのアクション・リストは比較的容易に作成できる。しかし、組織変革の順序として、企業はまず、既存の組織を製品志向からサービス志向にするところからはじめなければならないことは言うまでもない。

一般的に、「地理ベース」は、地域間の特性に大きな差異がある時に有利に働く。一方、「顧客ベース」は、グローバル市場など、広範な地域において、同レベルのサービス水準と契約条件を適用しなければ、地域間で価格競争などの問題が生じる時に有利に働く。これまで多くの大企業では、製品カテゴリー別の部門や、国・地域別の販売会社のように、「製品ベースかつ地理ベース」が採用されてきた。サービスの経験がほとんどない企業は、有機的に成長するための第一歩として、通常は既存の「製品組織」の中にサービス組織を設置する。しかし、サービス化のためにはそのような組織構造は適切ではない。組織を広範囲にわたって変革し「サービスベースの組織」を独立させて設置する必要がある。顧客との緊密な関係性を通じてサービス化を目指している企業であれば、それでもまだ不十分であり、「顧客ベースの組織」を採用する必要がある。経営者は、図6-1のマトリックス上で、自社の取るべき組織のポジションを見つけ、現在の組織をどのように変革するのかを、よく検討する必要がある。

事例6-1　エリクソン社：ソリューション・サービスの実現に向けて歩んだ道

通信機器メーカーのエリクソン社（Ericsson）[16]は、1990年代半ば以降、サービス化に向けた新しい組織構造の導入と幅広い能力開発を行い、ハードウェア製造事業からシステム・インテグレーション事業、そしてサービス・オペレーション事業への戦略的な転換を図った。同社のテレコムサービスは、「ネットワーク・オペレーション[17]における、あらゆるマネジメント要素を簡素化する」というビジョンを持ち、同社の2つの基幹事業の1つを構成するまでになった。

エリクソン社は、1999年、それまで製品事業単位に設置されていたサービス組織を1つに統合し、エリクソン・サービス（Ericsson Services）という独立したサービス部門を創設した（組織デザイン②：サービスベースの組織）。そして2000年には、同部門を含むすべてのサービス部門をグローバル・サービス部門（Global Services）という新しい事業部門に統合した。エリクソン社の5大事業部の1つとなったグローバル・サービス部門は、バックオフィスとしてグローバルにサービスのポートフォリオの開発に責任を負うとともに、フロントオフィスを支援するスタッフの配置やその他のリソースの供給に責任を負うことになった。さらに同社は、2002年に2つの製品部門を統合して、システム事業部（Systems Unit）を創設した。同部門は、バックオフィスとして機能し、バージョンや基準の違う製品やシステムを標準化するプラットフォームを開発するとともに、フロントオフィスと協力し、主要顧客のニーズに合わせた製品のカスタマイズにも責任を負うことになった（組織デザイン④：顧客ベースの組織）。

エリクソン社は、2000年代初期から、顧客に対して一貫した通信ソリューションを提供するという明確な目標を掲げ、サービスの売上高を劇的に増加させた。サービス化に向けた変革の一環として、製造の大部分はアウトソーシングし、2003年には140カ国にあった120のローカル企業を28の市場単位に集約した。この組織変革は2010年まで続き、最終的にローカル企業は10の地域単位に集約された。また、エリクソン社は、各国・地域に顧客ごとのシングル・チャネルを持つCustomer-Facing Units（CFU）のグローバル・ネットワークを構築した。CFUが、フロントオフィスとして製品とサービスの提供に責任を負う一方で、本部に創設された戦略センターは、バックオフィスとして部門間の調整に責任を負った（組織デザイン③：ハイブリッド型の組織）。エリクソン社は、サービスを拡大するために戦略的な買収も行った。例えば、2012年には、米国でソフトウェアサービスを展開する企業テルコーディア社（Telcordia）を12億ドルで買収している。エリクソン社の当時のCEOであったハンス・ベストベリ（Hans Vestberg）は、これを「パーフェクト・フィット」と言い表している。

市場競争がいっそう激しさを増すなか、変化し続ける顧客の要求に応えるために、エリクソン社では、5G、IoT（Internet of Things）、クラウドに焦点を当てた「組織デザイン④：顧客ベースの組織」を2016年に導入した。同組織は、グローバル・サービス部門（Global Services）、および、顧客のタイプと事業のタイプに合わせた5つの事業部門（ネットワーク製品事業部、ネットワークサービス事業部、IT&クラウド製品事業部、IT&クラウドサービス事業部、メディア事業部）から構成される。ベストベリによれば、その組織構造は、製品事業とサービスを組み合わせた強みを活用・拡大し、そして、戦略実行による財務報告をより単純明快な方法で行い、徹底的な説明責任を果たすものだという。現在、同社のサービスは、

表 6-1　サービス化に向けてエリクソン社が歩んだ道

年	組織変革の内容	組織構造
1999年	製品事業単位に設置されていたサービス組織を1つに統合し、独立したサービス部門（エリクソン・サービス、Ericsson Services）を創設。	サービスベースの組織（組織デザイン②）
2000年	すべてのサービス部門を、グローバル・サービス部門（Global Services、新設）に統合。同部門は、バックオフィスとしてグローバル規模でのサービス・ポートフォリオの開発を担当。併せて、フロントオフィスを支援するスタッフの配置やその他のリソースの供給を担当。	サービスベースの組織（組織デザイン②）
2002年	2つの製品部門を統合し、システム事業部（Systems Unit）を創設。同部門は、バックオフィスとして標準化プラットフォームの開発を担当。併せて、フロントオフィスと協力して主要顧客のニーズに合わせた製品カスタマイズを担当。	顧客ベースの組織（組織デザイン④）
2003年～2010年	ローカル企業を10の地域単位にまとめ、各地域に顧客ごとのシングル・チャネルを持つCustomer-Facing Units（CFU）のグローバル・ネットワークを構築。同組織は、フロントオフィスとして顧客に製品とサービスの提供を担当。一方、本部に創設された戦略センターは、バックオフィスとして部門間の調整を担当。	ハイブリッド型の組織（組織デザイン③）
2016年	5G、IoT（Internet of Things）、クラウドに焦点を当て、グローバル・サービス部門（Global Services）および、5つの事業部門（ネットワーク製品事業部、ネットワークサービス事業部、IT&クラウド製品事業部、IT&クラウドサービス事業部、メディア事業部）により構成される組織を導入。	顧客ベースの組織（組織デザイン④）

（出典）Bessant and Davies（2007），"Managing Service Innovation," p.82、による。

従業員6万6,000人で10億人の加入者を扱っており、その売上高は、同社の年間売上高（2,470億クローネ）の44％にのぼる。さらにサービスとソフトウェア事業を合わせると同社の年間売上高の70％近くに及ぶ。表6-1には、同社の組織変革の経緯をまとめている。

新規部門の創設や既存部門の統合など、企業内の組織の変更は比較的短期間で行えるが、長期的課題である企業文化や従業員のマインドセットの

変革と同時に取り組まなければ意味がない。本章で考察してきた4つの組織構造はすべて、既存組織における権限や責任の変更を伴う。したがって組織変革は、関連する他の変更（例えば、インセンティブ・システムや財務的な指標の変更など）と合わせて実施しなければならない。これまで述べてきたように、広範囲にわたる組織変革は、社内の関係者からの抵抗を引き起こす可能性が高い。そのため経営層は、組織変革が社内に受け入れられるように、強力なリーダーシップを発揮し、関連するすべての部門を変革に関与させる必要がある。組織変革のプロセスでは、策定と実施の間で頻繁な検証が行われ、体系的かつ透明性のあるかたちで変更がフィードバックされなければならない。

6-2 組織デザインのバランス

独立したサービス部門を設置することは、サービスの業績にはプラスに働くが、組織の分離が進みすぎるとサイロ思考を助長することになる。例えば、顧客対応部門や実験的なサービス・プロジェクトを設置することは、サービス・ソリューションをカスタマイズしながら作り上げていくうえでは欠かせない。一方で、そのような組織に過度に自律性や柔軟性を持たせると、サービスが不均質になったり、サービス・オペレーションが非効率になったりする。サービスで成長しようとしている企業は、こうした組織デザイン上の課題のバランスを取り、サイロ思考を克服していくことになる。

●サイロ思考の克服

組織の中にサービス文化を根づかせるためには、リーダーは、サイロ思考に正面から立ち向かわなければならない。各部門が他の部門と情報や資源を共有したがらないとか、顧客の課題を互いに協力して解決しようとせず自部門の利益と権限を用心深く守ろうとするようなマインドセットは、企業がサービス化を進めるにあたっては大問題だ。

サービス化戦略に組織を適合させるためには、リーダーは、企業がサイロ思考に陥る根本原因を特定し、組織文化を変えていく必要がある。既存のサイロを取り払うには、企業内の組織を完全に刷新しなければならない場合もあれば、組織再編だけで十分な場合もある。一方でリーダーは、組織変革の規模にかかわらず、組織間の様々な関係性、従業員の行動を促すモチベーションやインセンティブの作り方などとのサービス化を実現するための課題を理解し、大局的な見地から物事を考える必要がある。

つまるところ、課題の多くは、前章でも説明したように、部門間の対立や経営層の弱みの中にあるといえる。危機意識のなさ、正当性を欠いた方針の下で動く変革推進チーム、サービス化戦略のビジョンに対するコミットメントの欠如などは、すべてがサービス化を進めるうえでは阻害要因となる。リーダーは、サイロ思考を取り除くために、主要な経営層メンバーから支持を得られるようにしなければならない。そして、新しい組織が、どのように企業に利益をもたらすのかを従業員に納得のいくように示し、経営層がコミットメントや説明責任を果たせる組織基盤を築く必要がある。また、評価基準、権限配分などのルールの策定や、より柔軟な部門間連携の促進も並行して行う必要がある[18]。

サイロ思考がCEOのサービス化戦略を破壊することになった事例がある。その企業の組織は、材料調達、精製、搬入ロジスティクス、部品製造、システム・インテグレーション、オペレーション、解体に至るまでの一連の組織機能を備えていた。ワンストップ・サービスのような総合的ソリューション事業を立ち上げることは、同社にとって非常に理にかなったものであった。同社は、サービス化に向けてイニシアチブを発揮するために、SBUを率いていた責任者をソリューション事業のバイス・プレジデントに任命したが、彼はすぐにサイロ思考の壁にぶつかった。すべてのSBUは、その事業のコンセプトや連携の方法について理解はしていた。しかし、会議の中で各SBUの利益分配が提示されるや否や、新しいソリューション事業の立ち上げは頓挫した。各SBUのディレクターたちは、共通目標の下でも、利益の分割、権限の変更、インセンティブの改訂に同意しなかったのである。

●分離と統合

企業が、独立したサービス部門を設置する時、バックオフィスとフロントオフィスとの間、また製品部門とサービス部門との間で、知識と経験に基づく組織学習の仕組みを確立する必要がある。特に、より顧客中心的な組織構造（組織デザイン③や④）では、部門間の調整に責任を負う本部組織を設置し、バックオフィスで標準化することと、フロントオフィスでカスタマイズすることの間でバランスを取る必要がある。例えば、シスコシステムズ社（Cisco）では、バックオフィスとフロントオフィスの間にマーケティング本部を設けて、サービスに技術統合がある場合の部門間調整に責任を負わせている。また、製品とサービスが組み合わされた高度なサービスを提供するために、マーケティング組織内に部門間を横断するソリューション・エンジニアリング・チームも設置している[19]。

部門間調整機能を持つ本部スタッフには、2つのゼネラリストとしての能力が求められる。1つは、複数のサービス（または製品）に関する経験と顧客ニーズに関する深い知識があること、もう1つは、組織の壁をまたいでサイロを取り除くことができるスキルがあることである[20]。

●本部組織による意思決定と現場組織による意思決定

サービス化に成功した企業は、どのようにしてサイロ思考を克服してきたのだろうか？　ある企業で大規模なデジタル・サービスへの変革を担当するシニア・バイス・プレジデントは、「サービス化の成功のためには、本部のサービスの責任者に、全社的な雇用や解雇の権限を持たせることが特に重要である」と指摘する。また、本部組織は、グローバルなITシステムやプラットフォーム、リスク評価ツールなどの開発をサポートしたり、サービスの収益性評価などを行ったりすることで、現場のサービス化推進を支援するという重要な役割も果たす必要がある。

Toyota Material Handling Groupが、欧州で保守サービス技術者向けにモバイル型の保守システムを導入した時には、組織の相互依存性を高めたことが成功の鍵となった。当初、地域の販売会社では、システムに投資する資金や、システムを導入・維持するためのリソースと能力が不足していた。そのため同社は、欧州本部でシステム導入プロジェクトを発足し、必要なリソースを現場に配分して、大手のソフトウェア・プロバイダーやハードウェア・プロバイダーと連携しながらシステムの開発を進めた。現場でのシステム導入を確かなものとするために、多くの販売会社が、自発的に時間とリソースを使ってフィードバックを行い、システム開発に積極的に関わった。その結果、プロジェクトは期待を上回るコスト削減と品質向上を実現し、大きな成功を収めた。その後もシステムは定期的に改定されており、新たな販売会社は、そのシステムを自主的に導入している。

それでは、本部と現場の意思決定権限の適切なバランスとは、どのようなものだろうか？　つまるところ、企業は、サービス化戦略に必要な要件を満たすように、自社の能力を向上させる必要がある。その目的が、規模を活かして効率を高めることにあるのならば、戦略とオペレーションの意思決定をより中央集権的にするべきだ。例えば、サービスのプロセス、モジュール、ポートフォリオに関する本部側の技術を製品プラットフォームに乗せたアプリケーションを開発・提供するようなケースである。一方、市場間の多様性が大きい場合には、地域や顧客のニーズの違いに対する感度がより重要になる。この場合には、過度に意思決定を中央集権化すると、敏捷性が低下し、新たなサービスの機会をとらえる能力も減衰してしまう。

ある大規模な調査研究によれば、企業が製品志向のサービス組織から顧客志向のサービス組織へ移行するにあたっては、意思決定権限をより顧客に近い組織階層に持たせる必要がある[21]。特に、製品とサービスが組み合わされた高度なサービスの提供を行う場合には、顧客に最も近いところにいる従業員に自律的に行動できる権限を持たせるべきである。

ある販売会社のマネージング・ディレクターは、以前に、先進的なアプリケーション・ベースのサービスを立ち上げようとした際、社内のIT部門の承認を得るために非常に面倒なプロセスを経なければならなかった。次に同様の案件が生じた際、彼は、上司と相談して先行者利得を失わないように、立ち上げを水面下で進めることにした。明らかに、同社の硬直した官僚主義的な意思決定プロセスは、現場のテクノロジー進化のスピードとそれを活用したサービス・イノベーションには適していなかったからだ。

もし、本部が、依然としてサービス砂漠で立ち往生しているとしたら、先頭に立つ現場組織の自主性を妨げないことが重要である。サービス化に向けてイニシアチブを発揮するのは、本部ではなく現場になる。いくつかの事例で見てきたように、先頭に立つ現場のサービス部門は、ベスト・プラクティスを促進し、本社・支社・関連会社にサービス志向を浸透させる触媒として活躍しうるのだ。

●本部組織と現場組織の連携の促進

一定の期間、本部と現場の間でマネージャーを人事異動させることによって、両組織間の意思決定の調和を図り、連携を促進することに成功した企業もある。現場の有能なマネージャーやスペシャリストを選抜して、本部のプロジェクトの中で新しい役割を与えたり、本部のサービス部門に異動させて、長期的な任務を与えたりするのである。このような、企業のサービス化に先駆けた人事異動は、押し付け感がなく、本部と現場の間の結束を高める。

本部と現場の間の連携や、バックオフィスとフロントオフィスの間の連携がうまく機能している場合であっても、販売会社などの独立したサービス組織に対しては、知識やサービスを移転するのが困難なことがある。新しいサービスがその地域の顧客特有のニーズに対応するというかたちで無計画に開発されていることは多い。うまくいけば、それらのカスタマイズ・サービスは、後に標準化され、公式化されて、より多くの顧客に提供される。しかし、先進的なサービス・プロジェクトで蓄積された経験や知識を、効果的に他の市場に適用するためには、本部の管理による、全社的に統一されたプロセスを確立するほうがよい。本部は、現場のサービス部門との間で、知識や情報の交換を促進したり、公式・非公式な連携を促進したりすることを通して、知識の仲介者としての役割を果たす。例えば、地域のサービス組織の代表が定期的に会うサービスフォーラムを企画するといった方法が考えられる。

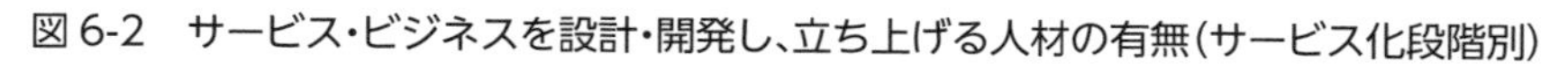

「日本の製造業1,000社調査」――サービス・ビジネスを設計・開発し、立ち上げる人材

サービス組織のデザイン（設計）では、必要な人材を社内にどの程度確保しているかが鍵となる。「日本の製造業1,000社調査」では、「新たなサービス・ビジネスを設計・開発し、立ち上げることができる人材がいる

図6-2　サービス・ビジネスを設計・開発し、立ち上げる人材の有無（サービス化段階別）

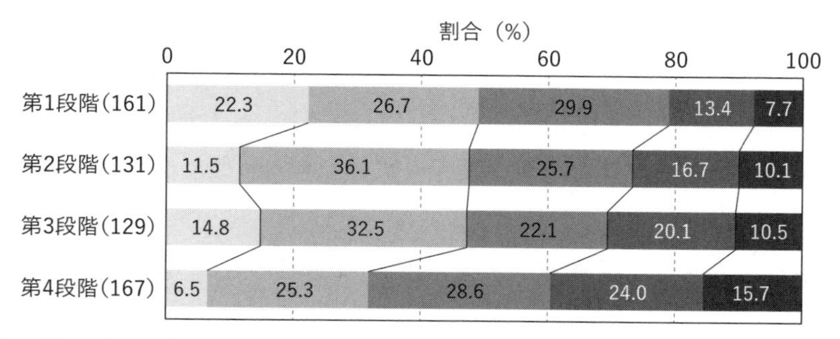

（注）Q.新たなサービス・ビジネスを設計・開発し、立ち上げることができる人材がいるか?（1そう思わない―5そう思う、5段階、SA）カッコ内は有効回答数。
（出典）「日本の製造業1,000社調査」による。

か？」という問いに対して、「そう思う・ややそう思う」と回答した企業の割合は、サービス化段階別[22]に、第1段階で21.1%、第2段階で26.8%、第3段階で30.6%、第4段階で39.7%である。サービス化段階が高い企業ほど、より多くの人材を有していることがわかった（図6-2参照）。サービス化段階が進むにつれて、社内に必要な人材が確保（または育成）され、サービス組織体制が強化されていることがうかがえる。

企業の組織構造に関する10の重要な質問

1. 現在の組織は、企業のサービス化戦略と合致しているか？
2. 本部と現場それぞれに、サービス化を妨げる最大の阻害要因は何か？　それは、どのように克服すればよいか？
3. サービス化を阻害するサイロ思考の根本原因を取り除くには、どうするべきか？
4. 自社の持つ幅広いサービス知識は、どのようにすれば活用できるか？
5. 顧客に最も近いところにいる従業員が、顧客のために自らが考えて行動できるように、権限委譲はされているか？
6. バックオフィスによる標準化の促進力と、フロントオフィスによるカスタマイズの吸引力のバランスは取れているか？
7. 企業内のサイロ思考を取り除く力を持つ顧客志向の従業員に対して、魅力的なキャリアパスを示しているか？
8. 現場をサービス化推進のために活動できる状態に本部が妨げになっていないか？
9. 本部のサービス部門と現場のサービス部門は、どのように連携できるか？
10. 製品部門とサービス部門を、どのように連携させることができるか？

第III部

サービス化への準備

第7章

サービス化の6つのハードルと4つのサービス・カテゴリー

サービス産業というものは存在しない。誰もがサービスを提供していて、サービスの要素が他の産業より大きいか、小さいかだけである。

——セオドア・レビット（Theodore Levitt）

製造業のB2Bサービスは、多種多様な製品とサービスによって構成されているが、市場で成功を収めるためには、様々なリソースと能力を必要とする。本章ではまず、製品中心的なB2B企業の多くが、なぜ、サービス化の実現に苦労しているのかを6つのハードルを示して説明する。そして次に、B2Bサービスを4つに分類するフレームワークを提案する。このフレームワークは、(1) すでに提供しているサービス、(2) 製品とサービスを組み合わせた新しいサービス、(3) 長期にわたりサービス・ポートフォリオを拡大する道筋、について理解を深めるための基礎となる。

COLUMN

「日本の製造業1,000社調査」——日本企業のシーズ志向

ニーズ志向が重要であると唱えていても、実際にはシーズ志向である企業は多い。「日本の製造業1,000社調査」から、日本のメーカーがどの程度シーズ志向なのかを見てみよう。図7-1にあるように、「シーズ志向であるか？」という問いに対して、「そう思う・ややそう思う」と回答した企業の割合は20.5%、「どちらとも言えない」と回答した企業の割合54.1%と合わせると、実に74.6%（約3/4）の企業がニーズ志向とは言え

図7-1　シーズ志向で活動している企業の割合

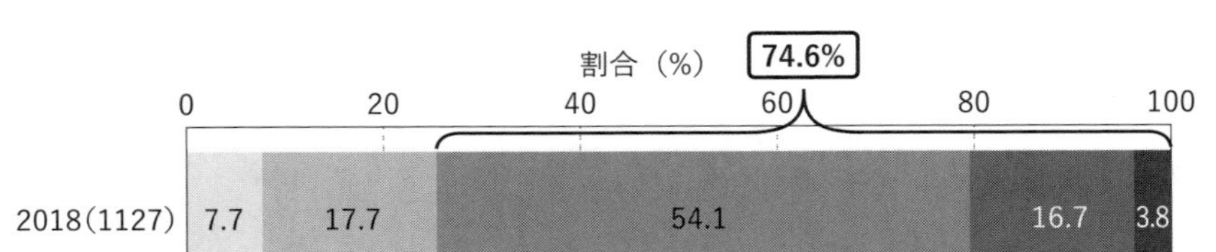

（注）Q.シーズ志向である（1そう思わない―5そう思う、5段階、SA）。カッコ内は有効回答数。
（出典）「日本の製造業1,000社調査」による。

ない状況にあることがわかる。製品中心的でシーズ志向の強い企業は、サービス化戦略の実行に苦しむことになる。なぜだろうか。サービス化の第1のハードルが製品中心的なマインド・セットだからだ。

7-1 サービス化の6つのハードル

企業がサービス化を実現するには、越えるべき6つのハードルがある（図7-2参照）。

●ハードル1：製品中心的なマインド・セットから脱却する

サービス事業の立ち上げに苦しんでいる企業は、閉鎖的で、製品志向が強く、テクノロジーによる差別化にこだわる傾向にある。ある企業のマネージャーは、「我々は、ものづくり企業だ。我々は、製品を作り、その製品を箱に詰めて世に送り出す。それが我々のDNAだ」と語る。実際、多くの企業には、製品の属性や機能ばかりを重視する文化が根強く残っている。こうした企業にとっての快適なゾーンは、資材調達、革新的な製品を生み出すための研究開発（R&D）、物品の製造、サプライチェーンの形

図 7-2　サービス化に向けて越えるべき6つのハードル

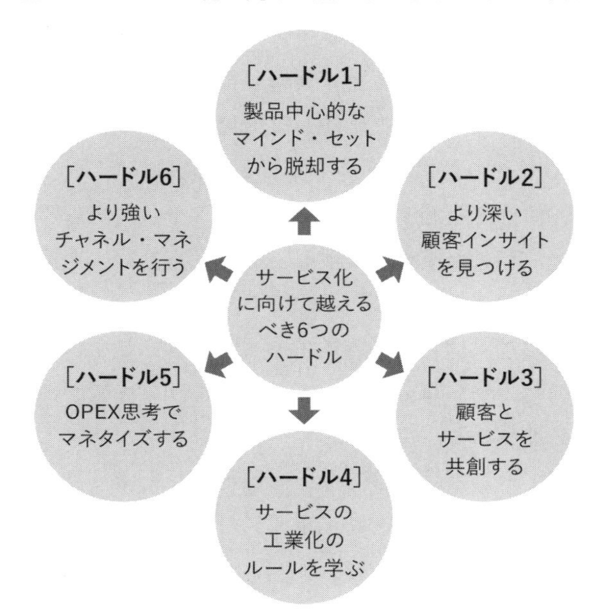

成などを、効率的かつ効果的に行うことである。こうした企業は、工場から出荷する前にすべての製品の品質チェックを徹底的に行う。そして、技術特性や製品優位性に焦点を当てた「機能重視のセールス」に注力している販売部門が存在する。サービスは、一般的にこれらとは正反対なものである。製品中心的な企業はサービス化に取り組み始めると、非常に違和感を覚えるだろう。

彼らがとまどうのは、第1にサービスは無形であるということだ。サービスは、そのかたちを特定して生産・販売することが困難である。

第2に、サービスでは、達成された成果が重要になることだ。これは、顧客にとっては、提供されるサービスの内容を可視的にとらえることが難しく、サービス提供者のパフォーマンスを評価したり、競合をベンチマークしたりすることが困難なためである。例えば、工場の省エネルギー監査のようなサービスは、契約が結ばれ、そのサービスが提供された後にしか、効果を評価することができない。

さらに、シニア・エグゼクティブ研修のように、サービスの提供者が十分なスキルを持っていることを信頼して提供を受けるようなサービスでは、提供後であってもその効果を評価することは難しい[1]。このようなサービスの場合には、研修を実施する企業のイメージや評判が重要になる。提供された価値や達成された成果を理解し、それを定量的に把握するというプロセスを作ることが非常に難しいためである。

しかし、信頼だけではサービスは事業として成立しない。顧客の懸念を払拭するためには、サービスによって、どのような価値が創造されるのかを顧客に示す必要がある。これは、オペレーション・プロセスに関して細かな知識を有しているとはかぎらない財務部長や上級役員などの意思決定者にアプローチする場合には、特に重要になる。例えば、フィンランドの大手電力会社フォータム社（Fortum）[2]は、顧客の意思決定者が耳を傾けるような価値提案を行っている。同社のサービス「Ecotuning」は、年間を通して発電オペレーションを徹底的に効率化し、エネルギー効率の向上と収益の増加（例えば、50万ユーロの収益増）の達成を保証する。もし達成できなかった場合には、サービスフィー（例えば、15万ユーロのフィー）を払い戻すというものである。

第3に、サービスへの移行は、製品の販売数量を減少させる可能性があることだ。既存の製品事業の売上げを侵食するおそれがある場合には、社内からの激しい抵抗にあう。企業は、こうした対立が起きることを想定して、変革プロセスをマネジメントする必要がある（第Ⅱ部第5章参照）。

●ハードル2：より深い顧客インサイトを見つける

「どのサービスが顧客にとって本当に重要なのか、わからない」という声をよく聞く。サービスの設計から提供までの全体を通して、顧客インサイト[3]や顧客の関心事に関する知見が欠如していることは、サービス化を妨げる主な要因となっている。サービス・イノベーションやサービスでの成長を実現するためには、独自に収集した顧客のデータの分析から顧客インサイトを発見することが重要である。しかし、このことに気づいていない企業は多い。顧客を見ない「内向き志向」の企業が行うセグメンテーションは、依然として製品の特徴や産業用途別でマーケティング的には役立たない。これらはセグメンテーションではなく、ただの表層的グループ分けにすぎない。つまり、顧客価値ベースのセグメンテーションに基づき、より深い顧客インサイトを発見するマーケティングを行おうとはしていないのである。また、多くの企業は、製品のセグメンテーションとサービス・セグメンテーションを同じスキームで行おうとする。このような企業は、一般的に、サービス市場の調査のために十分な投資をしない。ある企業では、マーケティング・ディレクターを採用し、顧客インサイト調査を実施してからサービスの販売を開始した。そして、サービスの牽引力が高まってきた段階で、マーケティング・ディレクターの下にサービス・マーケティング・マネージャーのポジションを設けた。それによって、サービスに対する顧客の要求をより理解し、提供するサービスの品揃えを増やすことができたのである。

●ハードル３：顧客とサービスを共創する

B2Bサービスの成功は、サービスの設計・提供プロセスにおける顧客の積極的な関与、もっと言えば、価値共創活動の度合いに依存する。B2B市場におけるサービスとは、棚から商品を取り出して売るようなものではなく、顧客の関与を必要とするものなのだ。例えば、タイヤメーカーのミシュラン社（Michelin）はフリート・マネジメント・サービス[4]を提供するにあたって、何千台ものトラックやトレーラーを有する顧客と密接に連携する必要があった。顧客とサービス提供者の双方のメンバーによって構成される専門チームを立ち上げ、提供するサービスの内容を明確にしたうえで、現在の使用状況をモニタリングするプロセスを確立した。さらに、

KPIの設定と合意、またドライバーが効率的かつ効果的に運転できるようにするための教育やインセンティブも必要であった。つまり、両者にとっての目標と、それに伴う活動内容を決めて、サービス契約が確実に成果をあげられるようにしなければならないのである。

ほとんどのB2Bサービスは、顧客の参加を伴う。定期的な機械メンテナンスのようなサービスでさえ、顧客側のスタッフとオペレーション・レベルでの定期的なやり取りが行われる。デジタル化によって、多くのプロセスが自動化されれば、顧客とサービスの提供者は、サービスの生産プロセスを通じて、お互いの装置、設備、システムという人以外の方法でやり取りをする。

顧客とのやり取りは、より強い関係性の構築や顧客インサイトの発見を可能にするが、その時重要なのは、効果的に顧客を関与させることである。当然、顧客は自社の従業員よりもコントロールが難しい。そのためサービスの提供者にとっては不確実性が高くなる。顧客の知識やスキルが不十分であったり、モチベーションが欠如していたり、業務の質が低かったりすると、サービスの生産性に悪影響を及ぼし、サービス品質の低下や、共創される価値の低下を引き起こす。サービスを提供するにあたっては、ユーザー・フレンドリーな製品やシステムを開発したり、顧客が効果的に活動できるように教育やサポートを行ったりすることが重要である[5]。

●ハードル4：サービスの工業化のルールを学ぶ

顧客関与や顧客との価値共創が増えると、もう1つの別のハードルが出現する。サービス・プロセスに顧客を参加させることは、すべての製品中心の企業が掲げるバズワード、「開発・製造プロセスの標準化」「規模の経済」「生産性」「品質管理」「コストダウン」などと、うまく適合しないのだ。それは、顧客のサービス・プロセスへの参加が、円滑なサービス・オペレーションを妨げる場合があるからである。特にサービスを設計・展開する場面では、その「品質」を標準化したり、コントロールしたりすることは困難である。サービス品質は、地域ごと顧客ごとの状況によって異なったり、サービス技術者の能力によって異なったりする。また、1日のうちの提供される時間帯によって異なることさえある。サービスは製品と比べると、その生産・提供プロセスでの失敗リスクが大きいのである。ペットスマート社（PetSmart）のCEOは、「顧客との信頼関係が深まるほど、サービスへの失望に対するペナルティは厳しくなる。その度合いは製品よりも大きい[6]」と述べている。しかし、製品中心的な企業は、顧客のために（そして顧客とともに）サービスを作り上げる従業員を、何百人も雇うことを嫌がる。

サービスにおいても、「プロセス」の標準化、品質管理、コスト管理は必要である。しかし、サービスのオペレーションは、メーカーに馴染みのある製造現場でのオペレーションとは見た目も雰囲気も異なる。サービス化に成功している企業では、標準化された手順が採用され、厳格にサービスの品質管理が行われている。また、従業員教育を実施するだけでなく、従業員が行っていた業務の一部を自動化することによって、サービス品質のばらつきを抑制している。同時に、必ず起こる失敗の発生に備えて、従業員に対してサービス・リカバリーのための教育も実施している[7]。これらの点では、企業はサービスに対しても、モノの製造と同じアプローチを取っていると言える。だが、サービスの場合は、本質的な点で製造業のそれとは大きく異なる。顧客が求めるサービスのすべてを提供することと、サービスの生産性（サービス提供コストが許容範囲を超えないようにすること）との間には、トレードオフが発生するからである。交通システム、航空宇宙、防衛、サイバー・セキュリティ分野でサービスを提供しているフランスのタレス・グループ（Thales Group）[8]の例を見てみよう。同社の航空機内エンターテインメント・ソリューションは、アジア太平洋地域をはじめとする世界中の航空会社で採用されている。この成長セグメントで成功するためには、優れた機器の提供とともに、航空会社ごとのニーズにシステムを適合させる能力が必要となる。同社では、サービスを提供していくうちに、単に製品が優れているだけでは十分ではないと認識するようになった。要求水準の高い航空会社で採用されるためには、航空機内に設置された機器の品質を確保するだけではなく、それによって達成される成果（例えば、フライト時のビデオモニターが正常に稼働すること）の保証サービスが必要だと気づいたのである。しかし、同社がこの保証サービスを提供するにあたっては、初期段階で予想以上にコストがかかってしまった。航空会社に満足してもらいつつ、自社の展開するサービスの利益率を維持するために、タレスグループでは、全体のサービスを標準化することと、各航空会社のニーズに合わせてカスタマイズすることの間のバランスの取り方を学ぶ必要があった。

B2Bサービスの生産・提供プロセスの中で顧客側のスタッフが取る行動は、サービス品質と提供コストに大きく影響を与える。例えば、建設現場における工具マネジメント契約では、作業者の工具の使い方によってサービスの収益性が増減する。サービスでは、顧客は、サービスの利用者、購買決定者、支払者であるだけでなく、提供されるサービスの共同設計者・共創者でもあり、サービス品質の管理者でもあることを忘れてはならない。

●ハードル5：OPEX思考でマネタイズする

現在でも多くの顧客は、フォークリフトを購入したり、ボールベアリング[9]を購入したりしている。石油・ガス業界では、依然として、顧客はパイプライン用の鋼管を購入し、その在庫管理を行っている。採掘業界のバイヤーは、複数の採掘装置メーカーに競争入札をさせて、互いを競い合わせてきた。要するに、多くの企業の一般的な調達は、依然として、機械、装置、部品、消耗品などの物的資産に投資するCAPEX思考（Capital Expenditure；資本支出）に基づいて行われているのである。

しかし、合理的に判断するならば、資産所有にはあまり利点がないことに気づくはずだ。基本的にB2B顧客は、自社のプロセスを実行したり、成果を達成したりするためにモノを調達しているにすぎない。仮にそのプロセスや成果を、物的資産に投資しなくても達成できるとするなら、モノの購入をやめてもよいのである。顧客は、装置を使用する権利を得たり、専門家を雇ったり、必要な時に必要なだけ設備やネットワークにアクセスする権利を持てさえすればよい。それに対してメーカーは、製品を販売する代わりに、アクセス時間や使用時間に応じて課金するというかたちで、新しい市場機会を創造することができる[10]。例えば、ある土木機械メーカーでは、機械を販売する代わりに「鉄鉱石の掘削重量に応じて課金するサービス」を開始した。また、ヘルスケア分野では、GE社が、高価なMRIスキャナーを販売する代わりに、リースによるサービスを開始し、医療機器リースの先駆けとなった。自動車業界では2019年7月に、トヨタ自動車がサブスクリプションサービス「KINTO」を日本全国のうち31都府県で開始した。同サービスは、登録諸費用、毎年の自動車税、定期メンテナンス、任意保険などをすべてワン・パッケージ化したものであり、利用者は、頭金なし・月々定額料金で新車を運転できる。

このような変化は、CAPEX思考からOPEX思考（Operational Expenditure；運用支出）への移行を意味している。顧客は、OPEX思考に基づくサービス契約に切り替えることによって、物的資産への投資資金を他の分野に回し、コストを削減できるようになる。

しかし、このような新しい市場の機会を得ることは簡単なことではない。第Ⅳ部第11章でも触れるが、OPEX思考では、これまでとはまったく異なるセールス・アプローチが必要とされる。製品を販売する代わりにサービスを販売するには、顧客のオペレーション・プロセスとコスト構造をよく理解して、従来とは異なる事業部門の意思決定者にアプローチをする必要がある。

建設機械メーカー大手のコマツのケースを見てみよう。日本の建設業界の約90％は中小企業であり、その多くが、高齢化による労働力不足を補い、安全で生産性の高い施行を実現するという課題に直面している。そのためには、ICT化を進める必要がある。しかし、リソースが限られた中小企業には、必ずしもICTの専門知識を持つ従業員がいるわけではない。コマツは、こうした問題に着目し、従来からの建機稼働管理システム「KOMTRAX（コムトラックス）」に加えて、調査・施工・保守まで含めた建設現場の全プロセスをICTで結ぶサービスである「スマート・コンストラクション」を2015年に立ち上げた。KOMTRAXは、顧客志向で建機稼働のプロセスに焦点を当てたものであるが、スマート・コンストラクションは、建機の枠を越えて建設現場の全プロセスを対象にしている点に特徴がある[11]。同社では、このサービスの開始に先立って、ICTシステム企画・推進部門（e-KOMATSU推進室）のスタッフに必要なスキル標準や教育体制を見直し、リソースと能力を社内に確保する体制を強化した。この取り組みは、現在では、全社的なサービス組織を構築するうえでの基礎となっている[12]。

もちろん、サービスの提供者は、創造した価値に対して、正当な利益を確保する必要がある。サービスの価格については、第Ⅲ部第9章で議論する。

●ハードル6：より強いチャネル・マネジメントを行う

多くのメーカーが、商品の流通やアフター・サービス提供にあたって、チャネル・パートナーに深く依存している。そのため、既存の枠組みを越えた事業領域へ進出しようとすると、そのチャネル構造がサービス化の妨げとなることがある。この場合には、企業は、チャネル・マネジメントを強化するか、チャネルに直接投資をするか（流通業者を買収するか、自ら販売店を持つか）を検討し、チャネルを再編成する必要がある。

チャネルに関しては、次の3つの問題について言及しておきたい。第1の問題は、チャネル・パートナーへの依存度である。例えば、コマツは建設機械業界で売上高世界第2位であるが、その売上高の80%が海外からである。建機の販売やKOMTRAX、スマート・コンストラクションなどのサービスの販売は、現地の流通業者やサービス・ネットワークに深く依存している。同社では、企業文化を「コマツウェイ」として打ち出して、長年にわたってそれをチャネル・ネットワークに浸透させる必要があった。

第2は、チャネル・パートナーとの利害対立の問題である。メーカーとB2Bエンド・ユーザーとの間に、複数の関係者が介入することは珍しくない。通常は、卸売業者、流通業者、ディーラーといった関係者が存在し、長いチャネルが形成される。各パートナーはそれぞれ何らかのサービスを提供してきているので、必然的に役割分担に課題が生じる。チャネル・パートナーにとっては、サービスの提供は収入源であるため、彼らは、そのマージンと顧客との関係性を用心深く守ろうとする。例えば、情報通信機器業界では、多くの中小規模のチャネル・パートナーが、各地域の顧客に対して、ソリューションの提案、ネットワーク・システムの設計・導入・教育・保守に至るまで、バリュー・チェーン全体のサブ・システムの中で様々なサービスを提供している。

世界最大のネットワーク機器メーカーであるシスコシステムズ社（Cisco）のチャネル・パートナーは、1990年代をとおしてシスコ製品をボリューム・ディスカウント[13]することによって売上高目標を達成することが慣例となっていた。シスコシステムズ社では、こうした状況を改めるためにはチャネル・マネジメントの改革が必要であると考えた。同社は2000年代には、パートナー企業に対する教育と認定の仕組みを整備するとともに、ボリューム・ディスカウントを回避するために、パートナー企業に対して、顧客に対するサービスの成果に応じて報酬を与えるようにした（詳細は第Ⅳ部第12章、事例12-2）。シスコシステムズ社は、チャネルへの直接投資とチャネル・マネジメントの強化という両輪によって、パートナー企業や顧客との関係性を強化したのである。

第3は、チャネル・パートナーのリソースと能力に関する問題である。チャネル・パートナーの多くがあまりにも製品中心的であり、メーカーのサービス化に歩調を合わせるだけの能力とコミットメントの両方を欠いている。特に、データ分析に基づいた要求の厳しいサービス（高性能機器やシステムの遠隔監視サービスなど）の場合には、メーカーは、ディーラーを通さない直接のサービス提供を選択することもある。

ドイツの物流機器メーカーであるリンデ・マテリアルハンドリング・グループ（Linde Material Handling Group）は、欧州の2つの国でまったく異なるチャネル戦略を採用した。同社のグループ企業であるフランスのフェンウィック社（Fenwick）[14]は、流通チャネル・マネジメントを強化するために、10年間以上にわたって優れたディーラーを買収し続け、独自の流通ネットワークを構築した。その一方で、強い製造業文化を有するドイツでは、同社は、フォークリフトと倉庫用運搬車の設計・製造・販売に専念し、価値を付加するサービスはディーラーに任せるという戦略をとった。その後、時間が経つにつれて、サービスのラインナップの幅と深さ、そして売上げ全体に占めるサービスのシェアは、ドイツよりもフランスで大きく拡大した。チャネル戦略の選択によっては、このように異なる結果が生じるのである。この点については、第Ⅳ部第12章で再度触れることにしたい。

7-2 4つのサービス・カテゴリー：B2Bサービスの分類フレームワーク

メーカーのマネージャーたちは、B2Bサービスを、単に製品とサービスのセットのようにとらえてしまうことが多い。だが、サービスの基本的な特性や、サービスを立ち上げるのに必要なKSF（主要成功要因）、リソースと能力は、製品のそれとは大きく異なるものである。そのため、企業がサービス化戦略を検討する場合にはいま現在自社で開発できるサービスと、そのサービスの成長を将来可能にする体系的な方法を理解する必要がある。企業がサービスの特性を理解し、どのような方向でサービスを展開していくべきかを検討するには、次の2つの軸でB2Bサービスを分類する図7-3のフレームワークが役に立つ。

●B2Bサービスの4分類

第1の軸は「サービスの対象は何か？」である。そのサービスは、「メーカーの提供する製品」に向けられたものか、直接「顧客の活動やプロセス」に向けられたものか？　例えば、修理やメンテナンスなどのサービスは「メーカーの提供する製品」に向けて提供され、サービスを通じて製品の機能を修復したり改善したりする。一方、物流会社のタイヤ・マネジメントや給与計算プロセスの管理などのサービスは「顧客の活動やプロセス」に向けて提供され、顧客プロセスの生産性を高める。

第2の軸は「価値提案の本質は何か？」である。サービスによる価値提案の仕方によって、異なるコミットメントが必要になる。その価値提案は、「行為の実行」にコミットするものか、あるいは一定レベルの「パフォーマンスの達成」にコミットするものか？　例えば、店舗の省エネルギー監査などのサービスは「行為の実行」をベースに提供され、顧客のために費やした時間や、使用した材料に対してサービス料金が課金される。一方、エネルギー効率向上を約束する契約などのサービスは「パフォーマンスの達成」をベースに提供され、可用性や成果に対して課金される。

これら2つの側面を組み合わせることによって、4つのサービス・カテゴリーを導き出すことができる（図7-3)。それぞれのカテゴリーにおいて、サービス提供者が必要とするリソースと能力、提供する製品とサービスの組み合わせは大きく異なる。サービス化戦略を策定する際には、企業はどのカテゴリーのサービスを開発するのかを決定し、それをどのように展開して成長させていくのかを可視化したロードマップを描く必要がある。

●カテゴリー1：製品ライフサイクル・サービス (PLS：Product Lifecycle Service)

顧客に製品を販売する時には、メーカーは少なくとも基本的なサービス

図7-3　B2Bサービスの4分類

提案価値の特徴	提供者の製品	顧客のプロセス
結果へのコミットメント	**2. 資産効率化サービス（AES）** 顧客が投資した資産の生産性を向上させるサービス 例： ・高圧回路ブレーカーのリモート・モニタリング ・ボールベアリングのオンサイト予防保守 ・紙幣印刷システムを改修するオンライン・ソフトウェア ・原子力発電所におけるポンプ稼働時間の保証	**4. プロセス委任サービス（PDS）** 顧客とともに(または顧客に代わって)プロセスを担当し管理するサービス 例： ・物流プロセスやサプライ・チェーンでのフリート・マネジメント ・自動車工場での塗装工程のオペレーション ・半導体工場へのガス・化学薬品の供給 ・商用航空機ジェット・エンジンの飛行時間単位での支払契約
行為へのコミットメント	**1. 製品ライフサイクル・サービス（PLS）** 製品ライフサイクル全体にわたって、十分な製品機能を保証するサービス 例： ・産業用ケーブルの納入 ・ガス・クロマトグラフの校正 ・ATMの検査 ・電源トランスの設置 ・トラック用タイヤの再生	**3. プロセス支援サービス（PSS）** 顧客のビジネス・プロセスの改善を支援するサービス 例： ・溶接プロセスの診断 ・店舗のエネルギー効率評価 ・倉庫の物流フローの評価 ・新しい安全規定に関する研修 ・コスト削減を実現するためのコンサルティング

サービスの対象

（出典）Ulaga and Reinartz（2011），p.17、による。

をセットで提供する。したがって、どのメーカーも、サービスを自社の成長のための手段や、新たな収益源にするという熱意を持たずとも、必然的にサービスに参入しているといえる。製品ライフサイクル・サービス（PLS）とは、顧客が製品をいつでも利用できるようにするために、製品のライフサイクル全体にわたって、十分な製品機能を保証するサービスである。PLSの例としては、高電圧ブレーカーの設置、ATMの点検、変圧器のリサイクルなどがある。これらのサービスの価値提案は、製品に対する「顧客の行為を代行する」ものである。例えば、原子力発電所の冷却ポンプが故障した場合には、装置メーカーは、契約で合意された時間内に故障したポンプを修理する。

顧客は、PLSを「当たり前」のこととととらえることが多いために、このようなサービスに対する支払い意欲は低い。さらには、PLSは競合のPLSと差別化されていないことが多い。しかし、PLSは、ただ単に製品を販売して付随するサービスを提供するだけでなく、有能なサービスの提供者としての評判を確立するために重要である。PLSは、顧客との信頼関係のベースを築くものであり、将来のさらなる高付加価値サービスへの拡大の前提条件となる。

例えば、遠隔診断のような先進的なテクノロジーやツールを活用することで、PLSをより効率的かつ効果的に標準化して、競合と同じ価格であっても、それをより低コストで提供することができる。

マネージャーは、可能な限り、従来とは違うPLSを提供するべきである。

●カテゴリー2：資産効率化サービス（AES：Asset Efficiency Service）

前述の製品ライフサイクル・サービス（PLS）は、顧客が製品を使いやすくしたり、適切に機能させたりするサービスである。メーカーは、どうすれば、このごく基礎的に見えるサービスから、より進化したサービスに進むことができるだろうか？　その方法の1つが、資産効率化サービス（AES）だ。すなわち、顧客が投資した資産の生産性を向上させ、顧客がより多くの利益を得られるようにするサービスである。AESとPLSとは顧客にコミットする内容が異なる。PLSの場合、メーカーは、製品に対する「行為の実行」をコミットする（例えば、飛行機内のエンターテインメント・システムが壊れた時には修理する）。一方、AESの場合、製品によって「達成される成果」をコミットする（例えば、航空機内でのビデオモニターが99.5%以上正常稼働することを保証する）。AESに基づく価値提案は、提供した製品のパフォーマンス達成や、製品を使用することから得られる成果に焦点を当てている点に特徴がある。AESの例としては、ボールベアリングの異常を未然に検知して稼働を維持するサービス（予防保全[15]）、オフセット印刷機の1カ月当たりの稼働率を一定水準に保つサービス、産業用変圧器の安定稼働を保証する遠隔監視サービスなどがある。

AESもPLSと同様に、企業が提供する製品に付随したサービスである。両者の違いは、これらのサービスを設計・展開するのに必要なリソースと能力に大きく関係している（第Ⅲ部第8章参照）。AESを成功させるためには、企業は、顧客の保有する製品の使用状況データを収集し、成果を達成できないリスクを軽減するためのスキルを開発しなければならない。また、AESはPLSとは異なり、一般的に「必須」ではなく、だからこそ「差別化の要因」となりうる。例えば、多くの電力会社は、高電圧回路のブレーカーを単なるコモディティ製品とみなしているだろう。そこにブレーカーの遠隔監視による稼働保証サービスをAESとして追加することによって、コア提供物（高電圧回路そのもの）を強化でき、競争優位に立つことができる。

顧客は、AESを、機器の基本機能を超えるもの、コア提供物とは別に販売されるものと認識している。AESの成果を、説得力を持って伝えることができれば、顧客はAESに対して高い支払い意欲を示すようになるだろう[16]。

●カテゴリー3：プロセス支援サービス（PSS：Process Support Service）

前述の2つのサービス・カテゴリーは、製品に対するサービスであった。一方でメーカーは、顧客のビジネス・プロセスに直接作用するサービスを提供し、包括的なサービス・ポートフォリオを開発することができる。プロセス支援サービス（PSS）は、顧客のビジネス・プロセスの改善を支援するサービスである。PSSの例としては、自動車工場での溶接プロセスの検査サービスや、省エネルギー監査サービスなどがある。例えば、日本の重電メーカー8社の一角を占める富士電機[17]は、工場施設や商業施設のエネルギー・マネジメント分野での専門知識を活かしたサービスを提供している。顧客の施設内に設置した測定器からエネルギー消費量のデータを取得・分析して、エネルギー量を削減するコンサルティングを行い、競争優位性を築いている。

企業は、自社製品と一体化したPSSの提供を好む傾向にあるが、他社製品のPSSを開発することもある。例えば、フォークリフトのメーカーであれば、顧客に自社の機器を販売していなくても、倉庫の最適化や物流コンサルティングなどのサービスを提供することが可能である。PSSの価値提案は、顧客のビジネス・プロセスや特定の要素を最適化するために、サービスの提供者が持つリソースと能力を活用・拡大することに焦点を当てたものになる。すなわちPSSは、顧客業務を支援するために、サービス提供者が特定のプロセスの「改善を支援する行為」を行うものである。ただしサービスの提供者は、顧客のビジネス・プロセスの結果に対して責任を負っているわけではない。また、顧客に代わってプロセスそのものを実行することもない。

例えば、産業用ガスのサービスの提供者が、顧客である自動車工場のガス溶接プロセスを分析する場合には、自社のガス溶接の専門家（リソース）が持つ技術（能力）を活用して、製品品質の向上や製造コストの低減に関わる改善提案を行う。しかし、提案に基づいてガス溶接プロセスの変更をするかどうかは、顧客次第である。変更を実施した場合も、これまでどおり、顧客自身がガス溶接プロセスを行うことには変わりはない。

PSSは通常、顧客ごとの異なる事情やニーズに合わせてカスタマイズされる。このようなサービスの展開は、他のサプライヤーと差別化できる大きな可能性を秘めている。例えば、産業ガスメーカーである大陽日酸[18]の例を見てみよう。通常、工業用ガス（窒素、水素、酸素など）は、コモディティと見なされる。しかし同社は、顧客の食品加工工場で、鰹節、お茶、チーズなどを包装する際にガスを使用して、製造プロセスの品質向上や省力化を支援するサービスを提供している。このような競合と一線を画すサービスへの顧客の支払い意欲は高くなる。一般的に、PSSでは、プロフェッショナル・サービスと同様の水準で価格設定が行われる。コンサルティング会社がコンサルティング実施日数やトレーニング日数によってサービス料金を課すのと同様に、メーカーは、サービスを提供するために使った時間とリソースを基に、顧客にサービス料金を請求するのである。

●カテゴリー4：プロセス委任サービス (PDS：Process Delegation Service)

第4のカテゴリーであるプロセス委任サービス（PDS）の領域へ進出する動きが高まってきている。前述のプロセス支援サービス（PSS）は、「プロセス改善を支援する行為」に対するコミットメントをベースとし、改善プロセスの実行は顧客に任される。PDSは、さらにそれを一歩進めて、顧客にプロセスのパフォーマンスを約束する。サービスの提供者は、顧客とともに（または顧客に代わって）プロセスを担当し管理する。PDSには、例えば、食品加工工場でラベル印刷を行うサービスといった狭い範囲のプロセスを対象としたサービスもあれば、商用航空機ジェット・エンジンのfly-by-the-hour契約（使用時間当たりの支払契約）などの複雑なエンド・ツー・エンド[19]のプロセスを対象としたサービスもある。他にも、運送会社のタイヤ・フリート・マネジメント代行、半導体工場のガス供給マネジメント代行、事業会社の文書マネジメント代行サービスなどがあげられる。PDSは、4つのカテゴリーの中では、製品とサービスの組み合わせが最も複雑であり、市場の中で真のPDSを実施している企業は少ない。提供されている場合、それはマーケットリーダーによるものが多い。

総合的に見て、PDSを実現するには、次の6つの要素が含まれる。

1. 製品とサービスを統合して、ハイブリッド型のサービスを提供する。
2. 顧客の要求に対応するために、サービスを高度にカスタマイズする。
3. 情報の共有、価値共創活動、サービスの適用に至るまで、より高い水準での顧客の関与を得る。
4. 一定の結果に対するリスクをサービスの提供者が負う（顧客が契約を結ぶかどうかに、このリスク移転が大きく関わってくる）。

5. 顧客とサービスの提供者の利益の大きさは、PDSの運用の仕方に大きく依存する。
6. 複雑な利益分配の契約を伴うため、顧客と協力して、価格の基準となるKPIを設定する。

メーカーがPDSで成功を収めるには、これらの6つの要素に必要なリソースと能力を開発する必要がある。特に、顧客とサービスの提供者であるメーカーの利益の大きさは、顧客関与の度合いに依存する。例えば、ミシュラン社（Michelin）のフリート・マネジメント・ソリューションでは、サービスの提供者は、収益性を維持するために、顧客のトラック運転手に対して、タイヤの摩耗を避ける運転方法のトレーニングを行ったり、インセンティブを与えたりしている。PDS契約では、顧客関与の度合いに関わらず、サービスの提供者はその結果にリスクを負うことになる。こうしたことから、多くのメーカーが、依然としてこの領域に進出するのをためらっているのが実態である。

サービス化に向けて越えるべきハードルに関する10の重要な質問

1. 自社は、どの程度、製品中心的な企業文化に支配されているか？
2. 顧客のビジネスモデル、オペレーション、およびKPIに関して、どの程度深いインサイトを得ているか？
3. サービスの設計・開発、適用プロセスに、顧客をどの程度関与させているか？　顧客とサービスを共創しているか？
4. サービスの工業化を実現するためには、何を行うべきか？
5. 自社は、いまだにCAPEX思考にとらわれていないか？
6. 現在のチャネル構造は、サービス化を促進しているか？　阻害しているか？
7. 製品ライフサイクル・サービス（PLS）を無償で提供していない

か？　それは、我々のビジネスにおいて有益か？

8. 資産効率化サービス（AES）は、我々のサービスにおいて、どの程度の割合を占めているか？
9. プロセス支援サービス（PSS）は、全社的に見て、収益と利益の面でどの程度重要か？
10. 自社市場にプロセス委任サービス（PDS）を開発する機会はあるか？

第 8 章

サービス化に必要なリソースと能力

我々は工場を管理することや技術を開発することについてはエキスパートだった。しかし、サービスのビジネスモデルでは事情が違う。ビジネスのあり方がまったく異なるのだ。サービスでは、製品を作らないし、売ることもない。売るのは能力であり、知識である。

——ルイス・ガースナー（Louis V. Gerstner, Jr.）[1]

本章では、サービス化を成し遂げるうえで基盤となるリソースと能力について検討する。例えば航空機メーカーならば、航空会社に燃費効率向上のためのソリューションを提供しようとする前に、コンサルティング営業経験のある人材を確保しなければならない。逆に、純粋なサービス事業者と比べて、メーカーの方がイノベーティブなサービスの事業化に有用なリソースや能力を有していることもある。例えば、全国の病院に導入した自社の医療機器から得られるデータを分析することによって、メーカーは病院に対して、患者の滞留時間の計測とその最適化のためのコンサルティング・サービスを行うことが可能になる。

サービス化に向けた準備が整っているかどうかを把握するために、まず自社が保有する固有のリソースを特定するフレームワークについて説明する。次に、このリソースを、サービス化に必要な能力の構築にどのように活用するべきかを検討する。そして、これらのリソースと能力を競争優位に転換する方法を示す。最後に、経営層がサービス適合性の判定を行うための採点表、サービスに乗り出す前に知っておくべき、自社の強みと弱み、機会と脅威の特定方法を示す。

8-1 サービス化に欠かせないリソースと能力

我々はサービス化戦略に欠かせない、共通のリソースと能力を欧州のメーカー250社以上の成功・失敗事例を比較することにより、明らかにした。図8-1に示すフレームワークは、これらのリソースから、どのように独自能力を構築し、差別化やコスト・リーダーシップ等の競争優位性を獲得するかを表している。

●メーカーが活用できる固有のリソース

自社の強みと弱みを理解するためには、フレームワークの左端にある固有のリソースを調べることからはじめる。リソースとは、企業が保有する、事業活動のための資産である。サービス化に必要な戦略的リソースを欠いている場合には、これらのリソースを内部で開発するか、外部から獲得するか、または別の事業者とのネットワークを通じて使えるようにする必要がある。企業の持つ社内外の既存のリソースを活用することによって、幅広いサービスを提供することが可能になる。これらのリソースは、サービスから得られる収入・利益を増加させるための重要な前提条件となる。

①既存設置製品の運用データ　既存設置製品は、メーカーにとっては最も有効な戦略的リソースであろう。第Ⅰ部第2章では新製品の年間販売数量と既存設置製品の割合を示した。調査によれば、新規に販売される高圧変圧器1台に対し、設置済みの変圧器は17台ある。変圧器メーカーは既存設置製品から、製品ライフサイクル全般にわたって、その利用状況に関する有用な情報を収集することができる。また、印刷機械メーカーは、過去に販売された印刷機械とその機械を購入した顧客の使用時間や量・使用方法などすべての記録を持っている。メンテナンス・保守契約に基づき既存設置製品に何らかのサービスを行うことによって、印刷機械メーカーは自動的に製品利用・プロセスのデータを収集することができる。スマート・テ

図 8-1　B2B サービスの成長に必要なリソースと能力

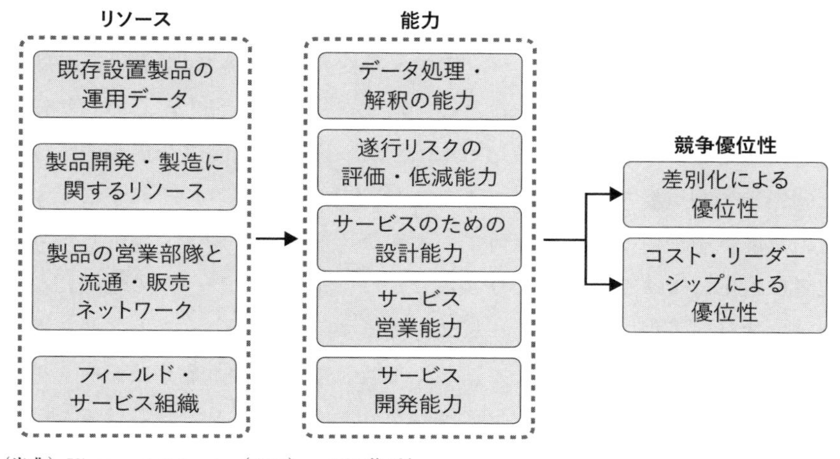

（出典）Ulaga and Reinartz（2011），p.10に基づく。

クノロジーにより遠隔で24時間リアルタイムでデータ収集ができるのである。ある経営者は次のように語っている。「我々のフォークリフトには多くのセンサーがあり、24時間、リアルタイムで運用状況を遠隔で確認できる。我々は１日何時間フォークリフトが稼働し、何時間のダウンタイム[2]があるか、オンラインのデータベース上で、すべてのデータを統合し、把握している」。

データへのアクセス権は、同じ製品分野の競合や純粋なサービス事業者に対して大きな優位性をもたらす。技術開発に強いある企業の言葉である。「エネルギー効率化サービスの分野で、我々はコンサルティング会社を恐れる必要はない。彼らにはパワーポイントの資料を持たせて顧客を追いかけさせていればいい。顧客は、我々が彼らより優位であることを知っている。我々は電気メーターを生産・導入・運用して、電力があの建物の中でどの程度使われてきたか、今使われているかのデータをすべて持っている。それは圧倒的な優位性だ」。

多くの顧客は製品の利用状況や運用データを収集したり、系統的に分析したりはしていない。一方で機器・設備メーカーは、既存設置製品から、顧客やその利用状況について横断的にデータを集めることができる点で、潜在的に有利な状況にある。ベンチマークを行い、深い示唆を得て、新しく収集すべきデータの候補や新たな分析サービスを実現するための基盤を構築することができる。そのためには、データが競争優位を実現するうえで確保すべき重要なリソースであること、データを保管しそれを増やすことの重要性を理解することは何より大切だ。データを無償で提供したり、他者に自由にアクセスさせたりすることは、重要なリソースの流出になる。それは他社が真似できないサービスを提供する機会を失うことにつながる。データを戦略的リソースとして正しく理解していれば、企業はデータを活用したサービスにつながる次世代製品をうまくデザインできるはずだ。また、それによって、この貴重なリソースへのアクセス権を守ることができるのだ。

②製品開発・製造に関するリソース　企業は研究開発（R&D）、設計・生産プロセスに役立つ固有のリソースを管理する必要がある。これらのリソースは、有形資産（例えば、部品、機械、ツールなど）であったり、無形資産（特許技術、生産ライセンスなど）であったりする。競合や純粋なサービス事業者がこのようなリソースを持っていない時には、その企業は強力な競争優位性を獲得することができる。

例えば、タイヤメーカーのミシュラン社（Michelin）では、競合製品より容易にタイヤのトレッド（溝）の付け替えができる新しいタイヤ表面素材を開発した。同社は、タイヤの寿命を4倍以上延ばし、顧客は競合他社製のタイヤを使用した場合に比べてトラックを数万マイル以上長く走らせることができるようになった。突出した効率を実現したことによって、ミシュラン社では取引先のトラックの総所有コストを引き下げることができた。特筆すべきは、この製品イノベーションによって、ミシュラン社が新しい車両マネジメント・サービスを提供できるようになったことである。

技術的に優れた製品を持つことによって、ミシュラン社では、それまではリスクが大きすぎると考えられていたパフォーマンス・ベース契約を結べるようになったのである。同社の顧客である物流企業は、購入・メンテナンスを行ったタイヤの本数によってではなく、走ったマイル（走行距離）によって料金を支払うというソリューション契約に移行した。これはミシュラン社が技術的に優れたタイヤという特別なリソースを製品化したからこそ可能になったことである。サードパーティのサービス事業者は、ミシュラン社と同じ成果を同じコストで実現することはできなかった。

③製品の営業部隊と流通・販売ネットワーク　企業は通常は、直販店や中間販売チャネルを通じて、顧客とのやりとりを行う。この直接・間接の販売組織との特権的な関係は、サービスからの売上げ・利益を増やすうえでは優位に働く。

しかし、細かい販売ネットワークを通じて営業範囲をカバーすることや、顧客との密接な関係を育てること自体が成功を保証してくれるわけではない。強力な販売部隊や成熟した販売チャネルがサービス化にはたいして役に立たなかった例はいくつもある。例えば、ある設備メーカーは北米での売上げの90％以上を2,000以上の独占・独立販売店ネットワークから生み出していた。販売店は、1店当たり平均で4人～8人の営業担当者を置いていた。しかし、この設備メーカーのサービスからの収益が総収益に占める割合は全体の20％を下回ったままであった。経営層は、自社の販売店ネットワークが戦略的なサービス化の方針に対応できていないと気づいていた。この設備メーカーは販売店網という特徴のあるリソースを有していたが、そのポテンシャルを十分に発揮できていなかったのだ。

④フィールド・サービス組織　収益や利益の中の多くの部分を、現地に赴いて保守などを行うフィールド・サービスや交換部品販売から得ている企業は多い。企業は製品事業と比較して、これらのサービスから2倍以上の

利益を得ているという調査結果もある[3]。スイスに本部を置く、ABB社[4]のプロセス・オートメーション部門の一部であるABB Turbochargingでは、新しいターボ・チャージャーの販売から収益の3分の1を、残りの3分の2をサービスから得ており、実質EBITDA[5]のすべてがこのサービスから発生している[6]。ABB TurbochargingはABB全体の平均を上回るEBITDAを得ており、過去数十年にわたり、収益、EBITDA の年成長率の両方で堅調かつ歴史的な業績をあげている。

現場のサービス技術者は、サービス化の実現には欠かせない。彼らは、これまでとは違う新しいサービスを提供する機会に最初に気づける立場にいる。また顧客に対して、効率的にサービスを行ううえでも重要だ。フィールド・サービス技術者は、サービスの収益と利益の成長のために、メーカーが戦略的に採用、育成して、競合から守らなくてはならない重要なリソースなのである。

●メーカーが活用できる独特な能力

上述の4つの特徴的なリソースは、メーカーが守るべき戦略的資産である。自社に固有のリソースを、サービス化のための特別な能力へと転換させ、サービス化を達成するために獲得すべき5つの重要な能力を紹介する(図8-1の中間層)。

①サービスに関連するデータ処理・解釈の能力　既存設置製品から顧客の利用情報やプロセス・データへのアクセス権を得ることは最初の一歩にすぎない。企業は、これらのデータをどのように新しい収益源にするのか、あるいは既存のサービスをどのように低コストで提供するのか、を考えなければならない。

例えば、顧客の商業施設に何十台もの電気メーターを導入して電気消費量を計測しているある工場設備メーカーは、長年収集したデータを利用することによって、設備管理の最適化のための特別な気づきを得ることができた。同社はそこからイノベーティブなエネルギー効率化コンサルティングのパッケージを開発した。このパッケージは、顧客に大きな反響をもたらした。ある大手小売企業では、この工場設備メーカーの省エネルギーコンサルティング・サービスをいくつかの店舗で試し、かなりのコスト削減を達成したことから、世界中の全店舗へ導入することにした。この事業は、この工場設備メーカーにとって新たな収益源となっただけでなく、純粋なサービス事業者、コンサルティング企業、さらには電力会社に対しても競争優位性を築いた。今のところ、この新サービスが減速するとしたら、それは唯一、十分な人材を迅速に獲得できない場合だけだ。

ベアリングメーカーのSKF社では長年にわたり、顧客の機械設備から24時間365日いつでもデータを収集・分析する能力を育ててきた。顧客の機械の状態のモニタリングや振動分析のスキルによって、SKF社では顧客に機械の稼働時間を高めるアドバイスを行うことができるようになった。工場の生産プロセスに関して、SKF社は顧客自身よりも詳しくなっていたのだ。この知識が、新しい資産効率化サービスを生み出す際のよりどころとなっている。

このようなスキルは、顧客志向や顧客満足といった一般論をはるかに超えたものである[7]。優れたデータ処理・分析・解釈の能力は、生産性向上やコスト削減といった顧客の利益につながるアイデアを与えてくれる。どの成果指標が真に顧客にとって意味があるのか？　顧客の収益やコストに長期的な影響をもたらすものは何か？　ある経営者の次の言葉は、サプライヤーがデータから洞察を得て顧客の収益にプラスの付加価値を与えるうえでの主な課題を示している。

「我々は銀行にATM機を販売しています。ソリューション提供を行うために、我々は顧客のATM機の利用に関してどのようなデータを我々が持っているかの調査を行いました。支店での現金入出金は銀行にとって途方もなくコストのかかる業務です。どうすれば銀行業務のコスト削減を手助けできるかを知りたかったのです。同時に、我々は銀行が差別化のための新しい方法を探していることも知っていました。銀行にとって、ATM機は顧客との関係を構築するうえで主要な接点です。銀行のマーケティング部門は、顧客とのやり取りを改善するための方法を知りたがっていました。……我々は必ずしも銀行経営のエキスパートにならなければならないわけではありません。しかし、銀行の収益にプラスの価値をもたらす方法は知る必要があります。問題は『我々は銀行のビジネスモデルをわかっているのか』『銀行を助けることができるのか』ということです。」

この例は、企業が顧客の真のニーズを知るためにはデータ分析技術が重要であることをよく表している。

②遂行リスクの評価・低減能力　リスクは「一定の好ましくない重大な結果が発生する可能性」と定義される[8]。B2Bサービスでは、遂行リスクは、契約で合意したサービスの成果指標が達成されない可能性のことを言う。遂行リスクを評価し、そのリスクを下げることは、革新的で価格競争力のあるサービスの設計と、利益目標達成の両立のためには不可欠な能力である。契約した成果指標（例えば96%の車両可用率など）を達成するために必要となるリソースの種類や量の予測はしばしば外れる。そのため企業は、もともと達成不可能な成果を確約したり、得られるかどうかがわからないようなリソースを前提にした成果を確約したりしてしまう。

遂行リスクは様々な方法で引き下げることができる。一般的なアプローチは、契約した利益率に安全率をかけた価格幅を設けることである。例えば、ある企業は、顧客が契約した成果コミットメントを求めると、必ずその分だけ価格を引き上げていた。しかし、この方法では、市場価格より高い価格設定になって、契約を逃す可能性もある。予見できないすべてのリスクを確実にカバーしようとすると、価格は非常に高いものになってしまい、最終的には顧客がいなくなってしまう。リスクを下げる第2のアプローチは、複数の顧客の間でリスクを分散することである。このアプローチは幅広く採用されており、パフォーマンス・ベース契約によく用いられる。顧客ソリューションを提供しているメーカーの役員の次の言葉は、遂行リスクを下げるためには、十分な顧客数を持つことの重要性を示している。

> 「我々は、自社のソリューションを展開するにあたり、パフォーマンス・ベース契約は顧客が少数ではだめだということをすぐに学びました。顧客間でリスクを分散させるためには、最低限必要な契約数があるのです。ある顧客のダウンタイムのリスクは、その顧客の契約単体では引き受けることはできません。ですが、顧客をグループ化し、リスクを分散させることができれば、リスクを管理することは可能になります。パフォーマンス・ベース契約を推進するのが、多くの産業分野のリーダー企業であるのは当然です。最低限必要な顧客数を満たせない小さな“ブティック”事業者では、このようなリスクは負えないのです。」

サービス遂行リスクの効果的な評価・低減の第3のアプローチは、業務パフォーマンス・データの詳細な分析と理解に基づくものだ。これには保険会社の数理人[9]レベルの能力が必要だ。修得に時間と意思は必要だが、いったん身に付けさえすれば、この能力は、競合に対する差別化の源泉となりうる。例えば、ある資本財メーカーは、保険数理人や別の業界の専門家を雇い、リスク・マネジメントの専門部署を一から構築した。この部署は、締結するサービス契約に関する原則やツールを構築・展開した。競合はそのような能力をまだ開発していなかったので、同社は優れた競争力を得ることとなった。

③サービスのための設計能力　企業が直面するもう1つの課題は、自社製品のイノベーション・プロセスの中にサービスをできるだけ早く取り込む仕組みと文化の構築である。前章では、企業の製品中心文化によるサービス化の障害について論じた。製品イノベーションに過度に注力すると、サービスによる収益と利益の創出機会を失ってしまう。製品とサービスのイノベーションは、単なる相互依存関係ではなく、価値創出に向けて、相互にシナジーを生み出すものでなければならない。このことはサービスの研究開発部門のあるチームリーダーの次の言葉にも表れている。

「チームの主な問題の1つは、イノベーションについて考える時に、『サービス』について考えていないことです。我々のR&Dの努力はもっぱら製品に向けられています。最近リリースした製品がよい例です。製品開発部門は機能の改善のみに関心を向けていて、実際、この製品は、技術的にはあらゆる競合製品を上回っていました。しかし問題は、顧客は必要以上の技術を備えた製品にもう金を払わないということです。この美しい技術から価値を絞り出す方法を探し回った経験をとおして、はじめて我々は製品の技術的特徴を売る代わりに、製品のもたらす成果を売るべきだということに気づいたのです。我々はこのことを最初から企画していたでしょうか？　我々は製品の持つサービス能力を最初から考えていたでしょうか？　答えはノーです。我々は製品自体がもたらす以上の成果を達成できることを、偶然知ったのです。正直、これはラッキーでした。本当は製品を設計するその第一歩からサービスについて考えるべきだったのですから。」

製品イノベーション・プロセスの全体にわたってサービスを重要視することによって、メーカーは2つの競争優位性を獲得できる。第1に、メーカーは市場に革新的なハイブリッド・ソリューションをもたらすことができ、その結果、差別化することができる。サービス設計能力を持つ航空機用ジェット・エンジンのメーカーは、航空会社とパフォーマンス・ベース契約を結ぶことができる。これは以前にはまったくありえなかったことだ。今日、多くの航空機用ジェット・エンジンは、より魅力的な“fly-by-the-hour”契約を結ぶことを最初から想定したうえで開発されている。

第2に、企業は新しいサービスを通じて、コスト削減の機会を得られる。ある企業はオフセット印刷機の改良を行い、サービス技術者によるメンテナンスの初期段階を遠隔操作で実施できるようにした。結果、コストのかかる現地対応の回数を減らすことに成功した。純粋なサービス事業者は、サービス提供にあたって物理的な製品機能にアクセスできないこと、あるいは技術的な設計に関する意思決定に関与できないこと、の両面で不利である。しかし、改めて言うが、これらの製品を持つことだけでは競争力として十分ではない。メーカーは先んじてサービスの設計能力を育てなければならない。現状、あまりに多くのメーカーが、製品中心すぎてこの課題と事業機会には気がついていない。

④サービス営業能力　メーカーは、サービス設計プロセスを改善するだけでなく、サービス営業の能力も身に付ける必要がある。複雑なサービスを販売する際には、営業スタッフは一般的に、製品販売とは非常に異なるマインド・セットを持ち、異なるアプローチを取らなければならない。

例えば、サービスに対する要求事項は顧客が提示してくれるものではなく、むしろ顧客との密接な協力、協働によって明らかになる。手のかかるサービスには、より複雑かつ長い営業プロセスが必要となる。勝手知ったやり方はもはや通用せず、顧客側のこれまでより上位の意思決定者にコンタクトする能力を持たなければならない（第Ⅳ部第11章で詳述）。

「適切な相手と適切な商談を行う必要があります。生産性についてのコンサルティング・サービスを売りたいのならば、工場のマネージャーはその相手ではありません……コンタクト・パーソンが顧客組織の中でより上位の人間であるほど、付加価値サービスについて聞いてもらいやすいのです。顧客の経営層とやりとりすることによって、彼らの抱えている問題についてより多くの視点を得ることができます。」

しかし、たとえ営業スタッフが、サービス営業にすでに足を踏み入れていたとしても、製品ライフサイクル・サービス（PLS）以上のサービスの営業能力を身に付けることは簡単ではない。

「我々には新しい種類の営業スタッフが必要です。現在の営業スタッフは視野が狭く、製品志向が強すぎます。特に、我々の小売店のほとんどの営業スタッフは、非常に受け身です。我々は彼らを教育しようと試みていますが、簡単ではありません。」

最も成功した企業は、サービスに特化した営業部隊を持っているだけでなく、顧客に対してサービスの価値を説明するための文書やコミュニケーション・ツールを活用している。さらに現場の技術者がサービス営業をやりやすくするための教育も行っている。現場の技術者は顧客の仕事を直接観察しており、新しい営業機会に気がつきやすい。彼らはサービスの提供に関して、改善、あるいはコスト削減すべき点をわかっているのである。

チャネルについては後述するが、多くの企業が卸売企業などのチャネルに頼っている。自社のサービス営業とそういった販売ネットワークの活動が整合していることを確認しなければならない。

⑤サービス開発能力　前章では、我々は製品中心の企業がサービス化する時の、サービスの工業化ルールについて検討した。それでは、顧客が求めるものを提供することと、サービス提供のコストを抑制することとのバランスをどのように取ればよいだろうか？　この疑問に答えるためには、

メーカーが生産ラインで行っている方法を、サービスの運用に適切に取り入れる能力が重要になる。これは効率化の前提条件だ[10]。しかし、サービスの場合、フロントオフィスではカスタマイズを行いつつ、バックオフィスではプロセスを標準化するという違いがあることには注意を要する。

この分野では3つの能力が特に重要になる。①サービスを繰り返し提供する能力と規模の経済の実現、②サービス要素のモジュール化、③サービス提供コストの最小化、である。まず、①の規模の経済について、取り上げよう。Toyota Material Handlingはサービスの実装プロセスで素晴らしい成功を収めている。同社は欧州でのサービスの収益の大部分を長期契約から得ており、自社のサービスを事前に計画し、サービス技術者の生産性の最大化に成功している。次に、②のモジュール化である。ある企業では、顧客に対して、6つの要素とそのレベルを組み合わせるサービス・セットを開発した。例えば、基本サービス・セットには緊急修理が含まれていないが、オプション・メニューとして選ぶことができるといった具合である。同社は顧客ごとのニーズに応えられることをアピールする一方で、顧客の選択肢を6種類のサービス要素に限定することによってコストを引き下げつつ、顧客満足を劇的に向上させることに成功した。

マネージャーは③の提供コストを最小化する方法も探らなければならない。スマート・テクノロジー[11]は、初期段階のメンテナンスを容易にし、コストのかかる現場技術者の派遣を減らす方法として活用できる。顧客が自分で問題解決をし、簡単なメンテナンスをできるようなトレーニングに投資を行うことも1つの方法である。また、標準化されたサービス業務を販売店ネットワークに移管し、コストを削減することもできる。さらには、受け身の受注対応から予防管理へと転換することにより、予定外の大きなコストを抑制できる。この場合、フィールド・サービス組織の空き能力を有効活用できるよう低稼働時の定期メンテナンスを受け入れるようインセンティブを顧客に提供することが重要である。

バックオフィスのサービス運用の標準化と生産性向上によって、サービス提供コストを最小化することはできる。しかし、自社のコスト削減は顧客に合わせた価値提案やソリューション提供の代わりにはならないことを忘れてはならない。コスト削減だけを考えていると、サービスからの収益を減らしてしまう可能性がある[12]。第Ⅳ部第10章では、再度この点について触れる。

8-2 サービス・ポートフォリオの構築に向けたロードマップ

必要なリソースと能力が明らかになったら、サービス・ポートフォリオをどのように構築するかを決める段階になる。前章で提案したフレームワークの4種類のB2Bサービスに立ち返ってみよう。製品ライフサイクル・サービス（PLS）、資産効率化サービス（AES）、プロセス支援サービス（PSS）、そしてプロセス委任サービス（PDS）の4つである。

これらの4つのサービス・カテゴリーは、それぞれ固有の戦略的リソースと能力を必要とする。言い換えれば、企業は必要とされるリソースと能力を念頭に置くことで、サービス・ポートフォリオを成長させる道筋を描くことが可能となる。図8-2は、企業がサービス提供のポートフォリオを拡張する際に取る典型的な3つの道筋を表している。図8-2には第4の道筋も記されているが、この道筋での成功は見込めない。では、これらを詳細に見ていこう。

①スタート：製品ライフサイクル・サービス（PLS）

製品ライフサイクル・サービス（PLS）は、企業のサービス・ポートフォリオの成長ロードマップのスタート地点である。前章で見たように、いかに製品中心の企業であっても、基本的なサービスは提供している。PLSの成功の鍵は2つある。第1は、なくてはならないサービスを競合より低コストで提供することである。これにより、競合が実現できない高い

図8-2　サービス化の軌跡：サービス・ポートフォリオの構築ロードマップ

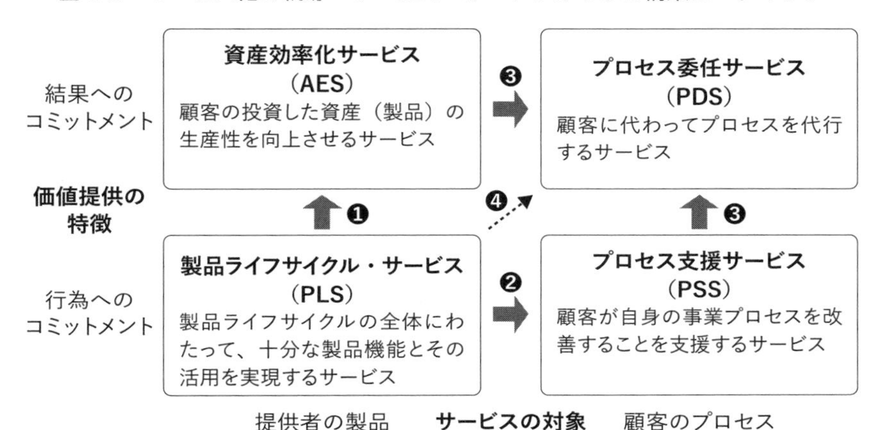

マージンを獲得できる。第2は、無償で提供していたサービスに対し顧客の感じる価値を競合以上に理解することである。これにより、その価値に合わせて課金を行うことが可能となる。どちらの場合も、競合より高い収益かより良いマージンを獲得することができる。

サービス・ポートフォリオを構築する際には、企業はまず基本となるPLSを最大限に活用すべきだ。PLSはより複雑なサービスに移行する前に手軽に取れる果実であり、顧客との信頼構築において重要な役割を果たすことが多い。より複雑でリスクの高いサービスを購入する前に、顧客はまず単純なサービスによってそのメーカーを試そうとする。

②PLSからAES（資産効率化サービス）へ

PLSを超えてサービスを成長させる最初の成長の道筋はAESへの縦の移動である（❶）。サービス・ポートフォリオを成長させる過程では、多くの企業が自然に、提供サービスの内容をシフトさせ、結果にコミットするAESに取り組むようになる。企業は自社製品に近い安全な範囲にとどまりつつ、顧客が投資した資産（製品）の生産性向上にコミットする。例えば、発電所の高圧回路のブレーカーの遠隔監視によって、より高いレベルの予防メンテナンスと設備稼働保証が可能になる。この資産効率を軸としたサービスのために、新しいリソースへの投資と特色ある能力の構築が求められる。上述の例では、製品にセンサーを設置し、24時間365日データを収集し、分析用ソフトウェアを自前で、あるいは他社パートナーに委託して開発することになる。AESは、サービスの収益拡大を狙う時には、魅力的な成長の道筋になる。

③PLSからPSS（プロセス支援サービス）へ

図8-2の第2の成長の道筋は、PLSからPSSへの水平移動である（❷）。このカテゴリーはAESとは異なり、顧客プロセスにより深く入り込んで、支援することで自社のサービス・ポートフォリオを拡大するという方向である。PSSでは、企業は顧客のプロセスを顧客の代わりに行うのではなく、自社の知識と能力を活用し、顧客がプロセスをより良く運用することを支援する。このカテゴリーの典型的な例は、監査やコンサルティング、研修サービスでリソースとして専門性が必要になる。ある企業が、顧客の事業分野の専門家を雇うことはこれにあたる。ある半導体メーカーは、かなりの時間をアパレル小売店における消費者の購買行動を理解するために費やしてきた。消費者行動分析の専門家を雇い、トラッキングシステムを使ってデータを収集、分析したのである。一見するとこれは、半導体の集積回路を製造する同社のコア事業とはかけ離れている。しかし、この投資によって同社は、在庫確認、消費トレンドの理解と素早い対応で、アパレル売店をより良く支援することができるようになった。AESと同様に、PSSも優れたデータ分析のリソース・能力の恩恵を大いに受けることができる。

④プロセス委任サービス（PDS）へ

プロセス委任サービス（PDS）への移動は、AES と PSSの両方から（図8-2の❸）可能である。PDSは、顧客の全プロセスを対象として代行する。企業は顧客のプロセスの支援をする代わりに、顧客のプロセスを自らが行い、達成成果の責任も負う。例えば、塗装メーカーは、自動車メーカーに対して自動車の塗装業務の責任を負い、完璧に塗装され、工場から出荷された車の数で課金を行うことができる。同様に、航空機用ジェット・エンジン・メーカーは、航空会社からfly-by-the-hour契約で航空機のメンテナンス全体を引き受けることができる。最初の3つのカテゴリーと比較すると、顧客ソリューションとも呼ばれるPDSに取り組んでいるメーカーは少ない。図8-2に示したように、この複雑なサービス提供には、2つの軸の両方でリソースと能力の構築が求められる。したがって、メーカーは他の3つのカテゴリーで確固としたポジションを獲得して、はじめてPDSを提供することが可能になる。メーカーがPDSに進出する条件は2つだ。第1に、AESとPSSで築いたリソースと能力がPDSの成長に活用できる。第2に、PDSは顧客にとって、多大なコミットメントと複数年契約の締結を意味する。したがって、PDSには、メーカーが契約内容を遂行できる、という顧客からの固い信頼が必要である。AESとPSSでの成功の実績が、その信頼の基盤となる。

PDSの性質、その提供に求められるリソースと能力の質と量を考えると、図8-2で示した第4の道筋、すなわちPLSからPDSへの直接移動に成功した企業を我々がこれまで見たことがないのも当然であろう。昔からの製品中心企業からソリューション・プロバイダーに一足飛びに変身したいという思いにかられる企業は多い。しかし、それらの企業の多くが、必要なリソースと能力の不足、そして短期間の大きな変化がもたらす社内への影響の大きさに気づき、撤退してしまったのだ。

8-3 「サービス適合性」診断

経営層は図8-2のフレームワークを使うことによって、自社のサービス・ポートフォリオの現状と次のステップを決めることができる。自社はまだ製品ライフサイクル・サービスしか行えない状況だろうか？　次の領域に挑戦する準備はできているだろうか？　有望な新サービス・カテゴリーに進むために、既存のリソースを活用できているだろうか？　必要な能力を培っているだろうか？　企業の現状を診断するためのサービス適合性診断ツールを図8-3に示す。

このツールを適用するためには4つのステップがある。第1に、この診断は特定の産業と紐づけて行う。自社が複数の産業や市場にまたがって活動しているのであれば、この診断は事業ユニットごとに実施するべきだ。第2に、本章で述べた5つの重要な能力（表側）の洗い出しを行う。図8-3には多くの産業に当てはまる一般的な能力が記載されているが、特定の産業や事業ユニット向けのより詳細な診断のためには、個別の能力項目の追加が必要となる。第3に、各分野で必要な能力をどの程度自分のものにできているかを評価する（表頭）。例えば、図8-3の例では、評価者であるマネージャーは、自社がAESに移行するためにはデータ処理・解釈の能力を改善しないといけないと考えている。この能力の評価は、9段階のうち4の段階である。当然であるが、各評点の根拠は明確になっていなければならない。例えば、評価者は、自社はすでに非常に多くのデータを集めているが、データの分析・解釈の能力が不足している、といったように、各項目について説明ができなければならない。第4に、すべての関連する能力を分析し、個別の評点を総合得点として足し合わせる。これによって、意思決定者は自社のサービス適合性の評価結果を算出し、問題のある分野を明らかにすることができる。

サービス化の可能性を評価するうえでは、このような診断ツールを使うことは有用だ。社内の重要な利害関係者を複数の部門から招集し、異なる視点を共有することによって、すべてのメンバーが、サービス化のための重大なボトルネック克服へのマイルストーンを共有することができる。

図 8-3　サービス適合性診断：サービス化の準備はできているか

サービス化に必要な戦略的能力	必須のリソース・能力を持っていない 得点：1〜3	特定のリソース・能力を改善する必要がある 得点：4〜6	必要なリソース・能力を有している 得点：7〜9	各分野における得点	
データ処理・解釈の能力		非常に多くのデータを設置済み製品から得ているが、その分析方法には改善が必要である。		4点	
遂行リスクの評価・低減能力			正確なリスク評価の方法を知っている数理スキルを備えた専門家を雇い、結果にコミットしている。	9点	
サービス営業能力	製品中心の営業部隊で、サービスを推進するためのトレーニングやインセンティブ、ツールが不足している。			2点	
サービスのための設計能力	R&D、イノベーション・プロセスはまだ製品中心である。サービスを想定した提供物をデザインしていない。			1点	
サービスの産業化・開発能力			コスト削減のためのサービス要素の標準化を成し遂げている。	8点	合計得点 24点 (45点中)

COLUMN

「日本企業のサービス適合性」

上述のサービス適合性診断に基づいてアンケート調査を実施し、日本の大手メーカー9社（重機械、繊維、輸送機械、IT、日用消費財、住宅設備など）から回答を得た。調査項目は、アンケートで聞きやすいよう、より具体的な内容に修正した（図8-4参照）。

5段階評価で調査を実施したところ、5点満点で平均点が3を上回る項目はなく、回答企業のサービス化に向けた能力に対する自己評価は全体的

図 8-4　日本企業のサービス適合性診断の調査結果

能力	質問項目	平均点（1-5）
データ処理・解釈の能力	自社の製品や設備を通じて得られるデジタルデータ（特に顧客に関するデータ）を処理・分析し、自社製品・サービスの改善を行っていますか？	2.7
遂行リスクの評価・低減能力	サービス提供において想定されるリスク（例えば、契約上設定したサービスレベルを達成できない可能性、コストの上振れの可能性など）を適切に評価・管理する方法を有していますか？	2.1
サービス営業能力	長期的なサービス契約の枠組みや（製品と異なる）サービスの営業先の把握、サービス営業の専門組織の構築など、サービスの営業に必要なスキル・体制を有していますか？	2.6
サービスのための設計能力	製品開発プロセスと同時に、対応するサービスの開発も行っていますか？	2.5
	サービス開発プロセスにおいて、顧客やエンドユーザー、サプライヤー等、関係者を巻き込んでいますか？	2.9
サービスの産業化・開発能力	サービスの提供を効率的に行うためのプロセスの標準化等の工夫を行っていますか？	2.0
	サービス提供において、サプライヤー等、チャネル企業を活用できていますか？	2.0

に低かった。「データ処理・解釈能力」や「サービスのための設計能力」「サービス営業能力」は、比較的高得点であるのに対して、「遂行リスクの評価・低減能力」と「サービスの産業化・開発能力」は特に低い。顧客ごとのニーズやサービス提供プロセスの違い（異質性）への対応が具体的な課題としてあげられた。

リソースと能力、サービスとの適合性に関する10の重要な質問

1. サービス・ポートフォリオは現状どの段階か？　製品ライフサイクル・サービスから、次に自社のポートフォリオをどの方向に成長させるべきか？

2. 既存設置製品の利用データを収集しているか？　そのデータのアクセス権・所有権を持っているか？
3. 近い将来に新しく独特なサービスを提供できるような、特別な製品機能やリソースを有しているか？
4. 販売店はサービスの目標を理解してくれているか？　同じ関心を持ってくれているか？　販売店はサービス化を加速させるのに貢献してくれそうか？
5. フィールド技術者をサービスの収益・利益の増大に有効活用しているか？
6. データを活用したアドバンスト・サービスを販売するために必要な分析ノウハウやスキルを有しているか？
7. 遂行リスクの評価・低減能力を構築できているか？
8. サービス・イノベーションの考え方や取り組みは、自社の研究開発プロセスに深く根づいているか？　新しい製品の開発に際して、最初からサービスについて考えているか？
9. 営業スタッフは、付加価値サービスを販売できるか？　彼らはサービスを売るために必要なスキルや経験を有しているか？　サービスの販売に意欲的か？
10. サービスに、生産ラインの方法を適切に適用できているか？　サービスの工業化を実現できているか？　サービスのカスタマイズと提供プロセスの標準化の最適なバランスは実現できているか？

第9章

4つのサービス・カテゴリーの価値と価格

価格は価値の定量化がなされていないがゆえの問題だ。

——トッド・スネルグローブ（Todd Snelgrove、
価値担当バイス・プレジデント、SKF North America）

サービス・ポートフォリオを成長させるうえで、価格設定は特に困難な課題だ。そこで本章では、企業が価値提案と価格設定を通じて、どのようにより大きな価値を獲得できるかを考える。

9-1 既存サービスの活用

多くの企業が、市場環境に適さない新サービスをはじめてしまう。あるいは、顧客には支払い意思があるにもかかわらず、サービスを無償で提供してしまう。本章ではまず、企業の既存サービスの活用を細かく見ていく。次に、異なる種類のサービスに対し、どの価格設定方法を採るべきか、どのようにリスクを管理するべきかについて検討する。最後に、顧客の受け取る価値と競合との価格競争の双方を考慮した、競争力のある価値提案の作り方について説明する。

新サービスの立ち上げに際しては、多くの困難と潜在的なリスクが伴う。そのため、マネージャーは新サービスから収益をあげようとする以前に、顧客からまったく、あるいは十分に料金請求できていない既存のサービスを検討してみるべきだ。

第Ⅲ部第7章で紹介した製品ライフサイクル・サービス（PLS）を例に

考えてみよう。多くのサービス、例えば製図や試作、運搬、導入、検査、メンテナンス、あるいは製品利用の教育訓練は、製品販売には不可欠と考えられている。しかし、これらのサービスが生み出す顧客にとっての価値の大きさを正確にとらえられていない企業は多い[1]。

無償で提供してもらえるサービスに対して、あえてお金を支払おうとする顧客はいない。多くの企業は、競合が同じサービスを無償で提供していたら、自社も無償で提供するほかない、という思い込みにとらわれている。また顧客も、無償で得られるサービスにはそれほど価値はないと思っていることが多く、結局は無償でのサービス提供を続けることになってしまう。さらには、企業の提供しているものが、サービスと顧客に受け止められていないことさえある。企業は自社にこのようなサービスがないか、常にチェックをしておくべきだ。そのためには、自社がサービスのサプライヤーであると認識することが、大きな一歩となる。この段階で大切なことは、既存の提供サービスをどのように有効活用するかだ。この課題に取り組むために、マネージャーには、次の3つの質問について検討することを提案する。

質問1：現在どのようにサービスを販売しているか？

重要な第一歩は、有償無償に関わらず、すでに提供されているサービスを洗い出すことである。既存のサービスのカタログを作ることは、退屈ではあるが、学びの多い意義ある作業だ。

第1のメリットは、サービスに対する自社の従業員の意識を高められることだ。サービス・カタログを作ることによって、全従業員がすでに提供しているサービスの範囲と種類を目にすることになる。多くの従業員は、自社がどれだけ顧客を支援しているかを知って驚く。従業員も顧客もそれらのサービスが行われていること自体に気づいていないのだ。

第2のメリットは、第1の作業でサービスが可視化されることで、その効果の計測が議論できる状態になる。このサービスを行う意義は何か？

重要なサービス要素は何か？　このサービスで考慮されていないことは何か？　このサービスの実際の利用率は？　このサービスを提供するためのコストは？　企業は製品の性能評価には系統的な計測やベンチマークを念入りに行うことが多いのに対し、サービスに対してはそうではない。ナットやボルトのコストは暗記しているのに、サービスのコストや利益率を答えられないこともままある。サービス提供の利益とコストを計算し、見える化し、理解することは、企業内部の意識を高め、必要に応じて従業員に変革の準備をさせることに役に立つ。

第3のメリットは、既存サービスの洗い出しによって、マネージャーは各事業部門や地域ごとに行われているサービスの違いを明らかにすることができる。事業ユニットや国によって、同じサービスがまったく異なる定義をされていることがある。例えば、あるケーブル製造業者のワークショップで、各国の担当部門の参加者に、ケーブルを出荷する際に必要なドラムの提供方法を説明してもらった。すべての参加者が驚いたのは、ケーブルドラムに対する費用請求方法に、無償から委託費の請求まで、6通りの異なるやり方があったことだ。明らかに、参加者は、地域ごとのやり方がここまで違うとは認識していなかった。

質問2：ベスト・プラクティスを全社に展開できるか？

社内のサービスの棚卸しが終わったら、既存の価格設定の改善方法を検討できるようになる。既存のサービス要素や価格、見積もりに用いるテンプレートに至るまで、どんな小さな変更も、大きな効果をもたらす可能性を秘めている。例えば、500人の購買マネージャーを対象とした調査では、見積もりのテンプレートを変えるだけで、顧客の支払い意思額が5%も変わることがわかった。カスタマイズされたサービス・セットを顧客に提示する際には、各サービス要素とその価格を明示した方が、一括で提示するよりも、支払い意思額が高まったのである。意思決定者により多くの選択肢を持たせた方が、支払い意思は高まる。この気づきは、通常行われているサービスのパッケージ販売とは対照的だ[2]。このような気づきは社外からも得られる。しかし、外部のコンサルタントに依頼をしたり、よく知らない方法を試したりする以前に、内部のベスト・プラクティスから学ぶことの効果は非常に大きい。組織内の知識移転は事業部門間や同じグループの別地域の担当の間でも可能である。企業はこのような取り組みやすいことから、まず手を付けるべきなのだ。

世界的な産業・医療ガスのサプライヤーであるフランスのエア・リキード社（Air Liquide）のグループ企業に日本エア・リキードがある。同社のエレクトロニクス部門は、半導体向けの特殊ガスの在庫管理サービスについて幅広い知見を蓄えていた。同社はグローバル半導体メーカーに数百種類の特殊ガスと化学材料を提供しており、そのための効率的で、安全性・信頼性の高いサプライ・チェーンを運用していた。顧客は原材料の調達を、複雑でコストがかかり、ダウンタイムの原因となる大きなリスク要因だと考えていたので、この在庫管理サービスを大変重宝した。同社はエレクトロニクス部門で蓄積されたこの知見をもとに、他の事業部にこのサービスを展開している。

質問3：既存のサービスをどのように発展させるか？

既存のサービスを棚卸しし、組織内のベスト・プラクティスを特定したら、それをどのように発展させるかを決めることができる。図9-1は、マネージャーが既存のサービスに対して取りうる3つの選択肢を表している。

①サービスの無償提供の継続　最初の選択肢は、サービスを無償のまま提供し続けることである。すべてのサービスについて顧客に費用請求できるわけではない。場合によっては、競争の激化と製品のコモディティ化のために、現状のまま無償でサービスを提供しなければいけないことがある。しかし、この意思決定は慎重に下されなければならない。重要なことは、サービスを無償で提供する理由が明確で、オープンに議論された結果であ

図 9-1　既存のサービスの発展：3つの主な選択肢

ることである。サービス化を考える際には、ある重要な原則を忘れてはならない。それは、真に無償のものは存在しないということである。もしサービスを無償で提供するならば、顧客にはその代わりに何かを差し出してもらわなければならない。例えば、購入量を増やす、他の顧客の参考事例として名前を出すことを了承するといったものである。顧客に不可欠なサービスを無償提供する場合、競合より低コストで実現し、競合優位を狙う必要がある。

②サービス提供の中止、外部委託　第2の選択肢は、無償サービスをやめてしまうことだ。特に、無償で提供しているサービスに顧客が価値を感じているか疑わしい時には、この選択肢があり得る。そのような場合には、無償サービスの提供をやめても顧客が不満を感じたり、競合に乗り換えたりはしないだろう。

ある産業用消費財メーカーの例である。同社は、製品の出荷に合わせて月次の消費動向分析のレポートを顧客に提供する習慣があった。このサービスに対して顧客がどのような価値を感じているかを調査したところ、調査対象先の顧客の半分はそのレポートを一度も見ることなく捨てていたことがわかった。月次レポートの作成は同社にとってはコストのかかる作業だ。この無償サービスを止めても、顧客が不満に思ったり、競合に乗り換えたりしないことがわかり、不要なサービスを廃止することができた。

単にサービスを止めるのではなく、販売代理店にサービスを委託することも考えられる。ある企業では、同社の提供している多くのサービスについて、代理店が提供した方がずっと効率的であることに気づいた。より少ないコストで、できるだけ良い顧客経験を実現するために、同社はいくつかのサービスを慎重に代理店ネットワークに移管した。企業がサービス化の観点からチャネル戦略を見直す際は、顧客のためだけでなく、販売パートナーにとっての価値提案も考えなければならないことがある。その場合、誰が何を担当するかを考え、サービス活動の一部を代理店に任せることは重要である（第Ⅳ部第12章参照）。

③無償サービスの有償化　第3の選択肢は、無償で提供しているサービスを有償に変えることである。これは当然だが最も難しい。顧客はサービスを無償で受けることに慣れており、明白な理由なしには有償化には納得しない。

無償サービスを有償化するなんて無理だ、と思われるかもしれない。ここでは、成功事例を紹介したい。

産業向けガス業界では、ガスメーカーが毎年数百万本ものガス・シリンダーを、小さな自動車修理店から大学の研究所、大規模工場に至るまで、数十万の顧客に発送している。シリンダーの購入は、ガスメーカーにとっては巨額な投資である。あるガスメーカーは、タンクローリーで顧客の工場施設に直接ガスを届けるのでなくシリンダーでガスを少量ずつ提供することは価値のあるサービスであると考えた。そして、その対価として、顧客に配送したガス・シリンダー1つひとつに、少額の月額レンタル費を請求しはじめた。並行して購入先への顧客教育を行い、ガスがいつでも使えることの価値を理解してもらえるように努めた。数百万本のガス・シリンダーに継続的に課金することは、売上げと利益の増加以上のものをもたらした。顧客に対して、このレンタル・サービスには価値があるというメッセージを送ることにもなったのである。価格を提示されることではじめて顧客は次のようなことを考えはじめた。「我々は本当にこんなに多くのシリンダーを施設内に置いておく必要があるのだろうか？　このシリンダーを減らせないだろうか？」顧客の意識の高まりに合わせて、同社は新しい製品管理サービスを有償で提供しはじめた。結果、このサービスは両社にとって有益であることがわかった。顧客は、ガスの利用量を変えずに、自社のシリンダーとその管理コストを減らすことができた。このガスメーカーは、自社の資産を実際に必要とされるところにうまく再配置することができたのである。しかし、この変化は一夜にして起きたものではなく、すべての国で同時に実現されたものでもない。地域ごとの市場環境、例えば、市場シェアや顧客の特徴、新しい付加価値要素に料金を支払う意思の違いが、有償サービスの導入の速さに影響する。同社は非常にシェアの高い市場で有償サービスをはじめている。また、新しいシリンダー制御システムの使い勝手を改善し、安全性を高めてから、有償化を開始している。

顧客のオペレーションを詳細に観察することは、長期的には、無償サービスを売上げと利益の創出源に転換する契機になる。2つの例を見てみよう。前述のガスメーカーは、顧客が配達の運転手にガス・シリンダーの接続の手伝いをよく依頼していることに気づいた。運転手は好意で手伝っているが、顧客の作業に手を貸すことは潜在的なリスクを伴う。シリンダーを間違ってつなぐことで事故が発生すると、手を貸した側にも相応の責任が発生するからである。そこで、同社は顧客にそのようなかたちで手を貸すことを運転手に禁じる一方で、この接続サポートをパッケージ化し、新しいサービスとして市場に投入することにした。

次の例は、産業用の顔料という特殊な化学素材を製造している企業である。同社は、長年の慣習で、すべての配送コストを負担していた。顧客は、顔料の配送コストは支払い総額のごく一部にすぎず配送コストの大きさを把握していなかった。しかし、顧客には小さな金額であっても、同社の配送コスト全体では相当な金額にのぼっていた。そこで、同社のある国の支社長は興味深い実験を行った。ランダムに選定した顧客100社の請求書に、配送コストを「追加業務」として課金したのである。最終コストへの影響が小さかったことから、大多数の顧客はこの変化に気がつきさえしなかった。わずか12社がこの違いに気づき、そのうち2、3社だけが元の条件に戻すように要求した。顧客視点から見た時のサービスの価値を判断することによって、同社はマージンを改善することに成功した。

これらの2つの例では、収益を増やす、もしくはコストを減らすことができたが、無償から有償へと拙速な行動を取るのは時には非常にリスクが高い。そのため、企業は有償化に向けた中間段階を必要とする。まずサービスの存在と、サービスに価値があるという事実を顧客に認識してもらう段階である。それによって次に、無償サービスを課金しやすくできる。

例えば、ある鉄鋼メーカーは、航空会社のマイレージ・プログラムのようなロイヤルティ・プログラムを構築した。鉄鋼の発注量に基づいて、顧客にポイントを発行するというものだ。顧客はそのポイントを用いて、生産プロセスの改善支援のようなコンサルティング・サービスを鉄鋼メーカーから受けられるようになった。同社はこのポイント制度によって、コンサルティング・サービスがお金を払う価値のあるサービスであると顧客に認識してもらうことに成功した。一度ボーナス・ポイントを使い切ってしまうと、顧客は追加でサービスを購入するか、他のコンサルタントに乗り換えるかをしなければならなくなったからである。

もう1つの事例として、様々なサービスをすべて無償で提供していたサプライヤーの例をあげる。同社は顧客がすべてのサービス・メニューを使うことはほとんどないことに気づいていた。そこで全体的なコストを削減するために、顧客に現状提供されているサービス・メニューから今後も使うものをいくつか選んでもらい、全体の半分は将来も無償で提供し続けることを約束し、残りの半分については有償化を開始した。この方法により、同社はサービス利用の現状を明らかにでき、提供しているサービスのコストを削減し、有償化したサービスから追加の収益を生み出せるようになった。

最後に紹介する、これまでのものとは少し異なる有償化の方法は、無償の基本サービスの提供と、有償オプションの組み合わせである。ある鉄鋼メーカーは、製品購入のお礼として、複雑な計算や技術シミュレーションを無償で行っていた。同社は、基本的な計算サービスは無償のままとするが、一定以上の工数を要する、より複雑な計算やシミュレーションのサービスは有償とすることとした。

これらのすべての事例は、企業があまりに多くの費用管理を放置していることを示している。いくつかのサービスを有償化するのに十分な理由がある以上、時々は振り返って、以下のように考えてみるべきである。「なぜこのサービスを無償で提供しているのか？　顧客は何かしらのリターンを我々にもたらしてくれているのか？　このサービスは本当に必要だろうか？　顧客に価値を生み出しているだろうか？　それはどの程度だろうか？　もし明日からそのサービス提供をやめたら、どうなるだろうか？　有償オプションとして提供できるだろうか？　その方法は？」。無償のサービスが、無意識に提供されているようであれば、一度は現状を棚卸しして、これまでの想定の正しさを確認してみる必要がある。

COLUMN

「日本の製造業1,000社調査」——日本におけるサービスの種類別の有償化状況

「日本の製造業1,000社調査」から、日本におけるサービスの種類別の有償化状況を見てみよう（図9-2)。製品を機能させたり、その機能を維持するためのサービスは有償化が進んでいるのに対して、新しい利用方法の提案や新しいライフスタイル提案などの、より顧客志向だが、効果がわかりにくい活動に対する有償化はまだ十分には進んでいないことがわかる。

図 9-2　サービスの種類別の有償化状況

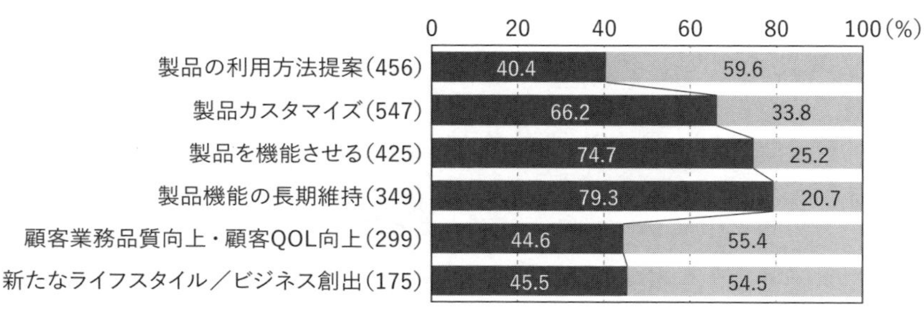

（注）・売上最大業種のうち、“情報通信”、“その他”を除いた回答、かつ、サービス化段階設問に回答・サービス提供ありの回答を分析対象とした。カッコ内は有効回答数。
（出典）「日本の製造業1,000社調査」による。

9-2 サービスの価格設定の課題

マネージャーが無償サービスの問題を認識したら、次にポートフォリオ内のサービスの価格設定という、より進んだ課題に取り組む必要がある。価格は提供しているサービスの特徴に依存する。これまで第Ⅲ部第7章、第8章で議論をしてきたサービス4分類を使って（図9-3）価格設定方法と例を示そう。

①製品ライフサイクル・サービスの価格設定と課題　製品ライフサイクル・サービス（PLS）は、企業が自社のリソースを顧客に割り振る契約をして、機械の修理等を行うサービスである。このようなサービスでは、通常、価格設定はコスト積み上げ方式で行われる。顧客にとっての生み出される価値ではなく、サービス提供に必要とするリソース、具体的には、時間と資材の量に基づいて料金が請求される。どの交換部品が必要だったか、現地で技術者はどのぐらいの時間を費やしたか、このサービスの提供にか

図 9-3　異なるサービス分類への価格設定のアプローチ

価格設定方法	提供者の製品	顧客のプロセス
結果の価値	**資産効率化サービス（AES）** 例：機械の稼働時間に対する価格 約束した資産のパフォーマンス	**プロセス委任サービス（PDS）** 例：塗装された車の台数に対する価格・fly-by-the-hour 約束した顧客業務成果
行為に対するコストの積み上げ	**製品ライフサイクル・サービス（PLS）** 例：修理にかかった時間、部品代 かかったコスト+マージン	**プロセス支援サービス（PSS）** 例：工数、トレーニング人数・日数 かかったコスト+マージン

サービスの対象

かったコストを計算し、それにマージンが上乗せされる。

PLSには固定価格制という選択肢があることが多い。いったん企業がコストと必要なマージンを把握できれば、固定価格のサービスには多くのメリットがある。あるポンプ・メーカーのサービス・マネージャーは以下のように説明する。

「固定価格サービスを特定の製品向けに提供しています。これにより、顧客は部品の修理に必要なコストを心配することなく、どのポンプの修理が必要であるのかを電話で伝えることができます。我々も、いちいち見積もりを作る事務作業をしなくて済み、直接、顧客を訪問してポンプを解体して持ち帰り、必要なものを見分け、交換部品を注文し、修理して、顧客のところに持っていくだけで済みます。固定価格制によって、顧客と我々自身の手間を省くことができるわけです。競合も追随してきていますが、我々は先行しており、それが競争優位をもたらしています。」

課金が可能な場合、交換部品と修理は多くの業界において非常に、時には法外に利益率が高い。しかしその一方で、一般的にPLSは、顧客があって当然のものと考えがちで、支払い意思が低いために、課金することが難しい。そこで、交換部品と修理サービスで本来生み出されるべき利益を、他のサービスの利益と引き換えにして低く抑えるという方法がとられる。マネージャーはPLSについて、競合と差別化することが難しいと感じており、標準化した基本サービスにしてしまいたいと考えがちである。しかし、優れたサービス提供者の評判を勝ち取りたいなら、前章でみたPLSの重要な役割を忘れてはならない。より付加価値の高いサービスを提供するためには、PLSを通して顧客との信頼関係を構築することが大切なのだ。

これはPLSの価格設定において重要な示唆を含んでいる。メーカーは、設備の売上げを確保するために、PLSを無償で提供したり、工数や原材料分だけを顧客に請求したりしたくなる。面倒な価格交渉を避けるために、販売する製品とPLSをパッケージにする企業もある。PLSの価格設定の方法をよく知らないマネージャーは、前例に従ってPLSの課金を行いがちだが、それは最善の方法ではない。

②プロセス支援サービスの価格設定と課題　PLSは製品、プロセス支援サービス（PSS）はプロセスを対象とする。PLS同様に、PSSも実施する行為にコミットし、投入資源量を約束するが、結果の達成を約束する契約は結ばない。省エネルギー監査をPSSとして提供する企業は、実施に必要な日数に基づき課金を行い、最終的に削減できたエネルギー量を課金の対象にはしない。同様に、役員向け教育サービスを行うサプライヤーは、チームの変革の達成度合いではなく、リーダーシップとチェンジ・マネジメントを教えるのに必要な日数や参加人数に基づいて顧客に請求を行う。したがって、PSSにおける一般的な価格設定の方法はPLS同様、コスト積み上げ方式である。

③資産効率化サービスの価格設定と課題　資産効率化サービス（AES）では、コスト積み上げで方式はなく、結果としての価値に基づき価格設定を行う。設備が停止することなく稼働し続けられることを顧客に約束し、その達成度に対して課金する。また、売り手と買い手の間で合意した、製品の運用目標に価格を連動させることもある。例えば、フォークリフト・メーカーが、倉庫内ではいつでも100%の資材ハンドリング性能を実現することをコミットしたとする。倉庫業者はフォークリフトの台数ではなく稼働実績に応じて支払いを行う。メーカーはいつでも正常に動くフォークリフトが現地にあるようにするために、予備のフォークリフトを毎日現場においておくといった対応を行う。

顧客は通常、AESを基本機能を保証するサービス以上のものだと考えるので、課金しやすくなる。AES固有の価格設定能力を獲得するためには、データの収集と実践を通じた学習を戦略的に行う必要がある。AESの対象となる製品の利用・プロセスのデータを収集し、分析能力を磨くことによって、メーカーは故障率を予測する能力を獲得できる。しかしAESへの参入障壁は日々下がってきている。通信、センサー、データ処理技術にかかるコストは、20年前と比べると桁違いに低い。例えば、航空機用ジェット・エンジン・メーカーのロールス・ロイス社（Rolls-Royce）が、過去に世界中の航空機のエンジンとデジタル・リンクを確立するために構築した衛星コミュニケーション・ネットワークは非常に高価だった。今日では、こうしたネットワークはもっと簡単に安価に実現できる。それに対して、同じジェット・エンジン・サービスでも、顧客の利用データを収集し、サービスに適したジェット・エンジンの設計方法を習得するにはもっと時間と費用がかかる。同社ではAES開発を競合に先んじて行うために、当初は利益の出ないメンテナンス契約を結ぶことをいとわなかった。AESに求められる正確な価格設定に必要なデータ処理・リスク評価能力は、多くの企業でいまだに不足している。

④プロセス委任サービスの価格設定と課題　AESのために必要な能力の多くは、プロセス委任サービス（PDS）においても重要だ。PDSを提供するメーカーは、資産の生産性という結果だけでなく、顧客プロセス全体の成果に責任を負う。

第Ⅲ部第7章で、PDSを受ける条件の1つは、そのメーカーに顧客自身よりもリスク・マネジメント能力があることだと述べた。何かしらのリスクを任せられるのでなければ、PDSの契約を結ぶ意味はない。

委任するリスクの内容に加えて、PDSでは複雑な利益分配に関する契約が結ばれる。この時、メーカー・顧客の両者は、PDSの価格設定の基礎とするため、既存の実績評価指標の変更、もしくは新しい成果指標を開発する必要がある。自動車コーティング剤サプライヤーのPPG社と自動車メーカーのフィアット社（Fiat）は、塗料の量に基づく支払いから、完全に塗装された車の台数に基づく支払いに移行した。航空機用ジェット・エンジン・メーカーのサフラン・グループ（Safran）と旅客航空会社は、メンテナンスされたエンジンの台数ではなく、"fly-by-the-hour" 契約に基づく支払契約をしている。ある食品パッケージ会社は、顧客の工場での新しいプロセス・ソリューションの提供をはじめた。このソリューションがうまく機能すれば、パッケージ会社は追加の収益を得ることができ、生産性が所定のレベルを下回れば、ペナルティを支払うことになる。つまり、PDSは4つのカテゴリーの中で最もリスクが高いカテゴリーなのである。PDSに取り組む際には、メーカーは、そもそも達成しえない成果や、達成に想定以上のリソースが必要な成果にコミットしてしまうリスクに直面する。コントロールできない顧客の行動にサービスの成果が左右される、言い換えれば、モラルハザードの問題が起こり得る。下記はその例である。

「我々は建設会社に工具のフリート・マネジメントを提供しています。顧客は工具を購入する代わりに月額固定費を支払うことで、すべての工具、サービス、修理を利用することができます。このサービスは我々の業務を単純化し、多くの隠れたコストの削減につながりました。しかしやがて、建設作業員が、この契約形態のことを知り、工具を大事に扱わなくなってしまったのです。その結果、修理・配送コストが急上昇してしまいました。予測しない事態で、個人別の工具ラベルを貼ったり、オンライン・トラッキングすることでこれに対処できるようになるまでにはかなりの時間がかかりました。」

この例からは、PDSはサプライヤーと顧客の双方の利益に沿うものでなければならないことがわかる。顧客には以下のような懸念がある。サプライヤーの提案するPDS価格と、その履行により創出される価値に見合うことを何をもって信じるのか、複数のPDSの提示価格をどう比較すればよいか。企業側は、利益目標を達成できる価格設定とは、価値創出の可能性はどの程度か、どのKPI（重要業績評価指標）が最も重要か、などの課題を解かなければならない。

事例9-1　プロセス委任サービス：エリクソン社とハチソン社の事例

3G回線ネットワークが2000年代にはじめて導入された当時、テレコム・サービスの世界リーダーのエリクソン社（Ericsson）では、顧客の代わりにネットワークを管理するサービスの提供を開始した。このマネージド・サービス契約は同社のサービスビジネスにブレイクスルーをもたらし、同契約の純売上高に占める割合は2002年の16%から2015年には44%に増加した。

エリクソン社は2001年に、香港を拠点とする投資ホールディング企業HWLグループ（Hutchison Whampoa Limited ）の子会社であるテレコム・プロバイダーのハチソン社（Hutchison Australia）と3Gモバイル・

ネットワークの提供・販売について数億ドルの契約を締結した。しかし、この契約は技術的な問題から運用開始の遅れに直面し、ハチソン社は商用展開に向けたコスト管理に苦しんだ。2002年の両社のミーティングで、HWLのCOOはエリクソン社のマネージング・ディレクターを呼び、こう提案した。「御社はこの業務をより安く、より良く行えるでしょう。この際、ネットワーク全体の運用に挑戦されてはいかがでしょうか」。そこで、エリクソン社は大胆な価値提案を行うことにした。「我々は御社より20%～25%安いコストで運用を行うことができます」。両社の役員による小チームは、数カ月内に契約を成立させるために、交渉を開始した。ハチソン社のディレクターは、当初、同社内の会議中に次のような発言があったことを述懐していた。「これは最悪の敵と同席し、毒を盛られないことを期待しながら、ワインを酌み交わそうと言っているようなものではないか」。両社のコラボレーションは重要であり、絶対必要だった。しかし、ハチソン社は自社の運用実態を完全に掌握できていなかったし、エリクソン社もKPI（重要業績評価指標）の妥当性に関わるデータの質と信頼性に大きな懸念を持っていた。

サービス契約にはペナルティも含まれていたが、拙速な交渉プロセス、機密の確保、事前評価の不備などにより、契約に至る以前に運用目標を検証することが十分にはできなかった。本運用に向けた移行過程では、契約内容と現実の運用の間に大きなギャップがあり、多くの運用目標が非現実的で、達成不可能であることが判明した。しかし、契約の価格設定が固定価格ではなく、固定マージンとなっていたことこそが問題を解決に導く重要なポイントとなった。結果的に、相互にデータを共有することで、両社がKPI達成に必要なリソースが何かを確認することができた。柔軟性とオープン性を取り入れることによって、現実に沿った形でKPIの再交渉が可能となり、契約自体も維持することができた。

（出典）エリクソン社の「アニュアル・レポート」（2003年、2015年）による。Malmgren（2010）、も参照。

エリクソン社の例は、PDSの価格を初期設定することの難しさだけでなく、導入プロセスで価格を調整することの難しさを表している。これらの課題は産業や市場にかかわらず存在する。タイヤメーカーのミシュラン社（Michelin）のフリート・マネジメントでは、顧客が、異なる場所や走行条件下にある様々なトラックを有していた場合には、契約内容は、単一の価格ではなく、車両と利用条件に合わせた複数の価格で構成される。このようなケースでは、明らかに初期の価格設定を正しく行うことは大変難しい。まずは誠実な態度で一歩を踏み出し、最初の契約を結び、導入過程で事前の想定の確かさを検証する。素早く調整を行い、また次の契約で学ぶ……、といったアジャイルプロセスを経なければならない。顧客と協働し、素早い試行と学習サイクルを経ることが、PDSの価格設定能力を獲得する有効な手段である。

9-3 中核の価値提案と価格の関連付け

ここまで4つのサービス・カテゴリーで、それぞれ価格設定の課題が異なることを見てきたが、全カテゴリーに共通するもう1つの課題が存在する。それは、サービスの価格と、顧客に提供する価値の内容に整合が取れていないと無残に失敗するということである。価格は、サービスの位置付けや、生み出される価値の大きさを顧客に正確に伝える重要な役割を果たす。多くの場合に、価格に関する顧客の誤解や混乱の原因は、提供する価値の本質と設定価格の不一致に原因がある。

優れた価値提案の構成要素　良い価値提案は、サービスの提供を通じて顧客が得られる価値が明確なものであり、競合の提案とはどう違うのかを効果的かつ効率的に伝えるものである。価値提案は、顧客が抱えている本質的な問題に合わせて行われる[3]。B2Bで重要な課題の1つは、資産に対する投資額を削減することである。例えば不要な在庫量を削減したいという顧客の目標を正しく理解することで、企業は自社の革新的な在庫管理サービスの価値を説得力を持って示すことができる。その結果、それに見合った価格設定が受け入れられる。

優れた価値提案は、5つの共通の特徴を備えている。1つ目は、利点を長々と並べたものではなく、ターゲットの顧客に対し、真に響くポイントを訴求していることだ[4]。考えるべきは、特定の顧客や顧客セグメントに対して最も優れた価値を届けるうえで、ポイントは何か、ということである。2つ目に、優れた価値提案は常に競合との比較を意識している。顧客はたいてい2、3社のサプライヤーの中からサービスを選択する。したがって、自社の価値提案が、他社の代替サービスより多くの価値を生み出せることを示さなければならない。3つ目に、あいまいな優位性を謳うものではなく、重要なKPIの向上を定量的に示せることだ。それを可能にする条件として、4番目に、価値提案の効果を、データとして記録・管理できることを示す必要がある。例えば、シュナイダー・エレクトリック社（Schneider Electric）は自社の電気メーターを顧客に導入し、モニタリングを行うことによって、顧客の小売企業の食料品売り場のエネルギー節約量を正確に出すことができた。優れた価値提案は、生産性向上やコスト削減等のメリットがもたらされる根拠を示すことができる。5番目に、良い価値提案は継続可能なものである。このような提案であれば、競合は短期間に真似することはできない。

B2Bでは、価値提案は顧客組織内の個々の意思決定者のニーズに合わせなければならない。次のホギメディカルの例が示すように、異なる意思決定者すべてに響く提案を用意できることが理想である。

事例9-2 ホギメディカルの「オペラマスター」：ステークホルダー別の価値提案

医療消耗品・医療機器メーカーのホギメディカルは、病院経営の効率化を実現するサービス「オペラマスター」で成功した。同サービスは、手術用部材のキット化サービスや病院データを活用したソリューションを提供するものだ。手術用部材は、病院の手術予定に基づき、同社が製造する手術用部材を他社製品と合わせてキット化され、滅菌処理をしたうえで病院へ納品される。以前は、看護師や病院スタッフは、数十個から数百個に及ぶ手術用部材の準備や後片付けに膨大な時間を費やしていた。このサービスによって病院スタッフは手術準備時間を短縮でき、病院は在庫削減のメリットを享受することができる。一方、病院データを活用したソリューション・サービスでは、手術室に関するデータや病院経営データに基づき手術別の原価計算を行い、手術室運営や病院経営に関する課題や解決策を、病院の事務長や院長に提案する。これにより、病院経営者は、手術原価低減、病院経営の効率化などのメリットを享受することができる。ホギメディカルは、オペラマスターによって、顧客である病院内の購買担当者、看護師、事務長・院長、などのそれぞれのステークホルダーに響く価値提案を行い、医療用品業界で優位性を築いたのである。

（出典）恩蔵（2007），pp.72-79。

価値提案を組み立てる際には、その価格をどのように計算するべきだろうか？　価値は通常、顧客が支払う対価と交換に得られる経済的、非経済的、社会的便益を金銭に置き換えたものとして表される[5]。価値提案は自社に次ぐ候補と比べた時の価値の大きさを具体的に示さなければならない。

$$(Value_S - Price_S) > (Value_A - Price_A)$$

この式において、$Value_S$と$Price_S$は提供するサービスSの価値と価格を、$Value_A$と$Price_A$は代替サービスAの価値と価格を表しており、Sが選ばれるには、Sの価値と価格の差がAの価値と価格の差より大きくなければならないことを示している。注意すべきは、この式の中で、価格と価値は、異なる次元にあるという点である。言い換えると、価格は「価値を測る」仕組みと考えることができる。サービスの価格を決めることは、買い手と売り手の間で価値の大きさを測る基準を共有することなのである。

価値と価格の軸を組み合わせることによって、価値提案を構築する際の9つの戦略的な位置づけの候補を挙げることができる（図9-4）。これらのうち、黒色の3つの価値提案（VP4、VP7、VP8）では、自社の顧客を競合から守ることが難しい。価値が少なく高価なサービスは、継続することがいずれ困難になっていく。次に、濃い灰色の価値提案（VP5）は差別化されていない点で弱い。最後に白色の価値提案（VP1、VP2、VP3、VP6、VP9）は、顧客に受け入れられる可能性が高い。

このフレームワークを念頭に置くことで、メーカーは自社の価値提案の位置づけを見出し、市場で競合と差別化し、自分たちのサービス・ポートフォリオを再考することができる。例えば、第Ⅱ部第4章で紹介したダウコーニング社（Dow Corning）は、付加価値サービスとソリューションにより、顧客と一緒にイノベーションや生産性向上の実現に取り組んだ。これは、価値提案VP1の事例である。技術サポート、R&Dサービス、およびその他の活動すべてが、量を争う競合より高い価格で提供できている。

一方、ダウコーニング社は同じマーケットではあるが、ノンフリル製品を求める顧客に対しては、異なる価値提案を開発した。フリルサービスを切り離し、コストに敏感な顧客に喜ばれる中核の価値だけを低価格で提供するものだ。この野心的な価格による価値提案と、前述の複雑なサービスをセットした価値提案との違いを明確にするため、新たなブランドである

図 9-4　B2B サービスの価値提案の分類

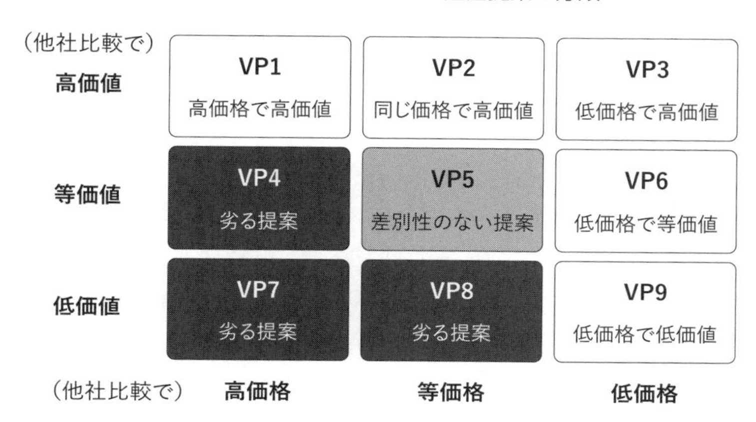

ザイアメター（Xiameter）を作った。これはVP9の事例である（第Ⅱ部第4章も参照）。

VP2については、窒素発生装置を製造しているアドバン理研の事例を紹介したい。アドバン理研は、PSA型[6]の窒素発生装置を製造しており、販売だけでなく顧客の要望に沿ってレンタルやリースも行っている。同様のサービスを同レベルの金額で行っているメーカーは複数あるが、その多くは装置をレンタルしているだけである。アドバン理研では、窒素発生装置に遠隔監視システムを標準搭載し、稼働状況や異常をアドバン理研と顧客の双方がリアルタイムで把握し、短時間で対応できるようにした。大手産業ガス・メーカーも窒素発生装置をリースし、監視サービスを行っているが、顧客は現場でしか状況を把握することができなかった。

VP3は最も難しい価値提案だ。これは競合より安い値段でより優れた価値を顧客に約束するものである。この価値提案は、メーカーが新しい市場に参入したい時や、競合から顧客を奪って成長したい時にはよく用いられる。これは浸透価格と呼ばれる価格設定であり、いったん顧客の獲得に成功すると、徐々に価格を正常な水準に戻すことが多い。企業が顧客の事業の成果により良い影響を与える方法を知っている場合には、VP3の適用は有効である。例えば、キャタピラー社（Caterpillar）[7]の北米地域の主要代理店であるエンパイヤ・サウスウエスト社（Empire Southwest）[8]は、競合より少ない土木機械でより多くの銅を産出するソリューションを開発した。このサービスを普及するために、同社はサービス提供能力を遺憾なく発揮した。

最後に、多くの後発サプライヤーは、価値提案VP6を市場に投入する。この価値提案は、競合を妨害するだけでなく、市場シェアを握るうえでも有効になる。サービスの提供を通じて必要なコストを捻出し、顧客の期待に的確に応えることができるならば、それは強力な価値提案となる。

最後に、価値提案の選択は企業のリソースや能力、競合、環境に依存する。複数の価値提案が同じ市場に共存することはよくあることだ。大切なのは、慎重に1つかそれ以上の価値提案を選び、着実に市場を取りに行くことである。

より高い価値を実現するための10の重要な質問

1. 顧客に提供しているサービスの範囲と種類を棚卸ししているか？
2. サービスを無償、または低すぎる価格で提供していないか？
3. 企業内の価格設定のベスト・プラクティスを別の事業部門や担当地域でも活用できているか？
4. 利益の出ないサービスを止める、販売店にサービス業務を委託する、価格を引き上げるなどの方法によって、サービスのマージンの改善を体系的に実施しているか？
5. 無償サービスの有償化に成功したことはあるか？
6. コスト積み上げ方式の価格設定ばかりが行われていないか？
7. 価格設定戦略を、前述の4つのカテゴリーに当てはめて考えているか？
8. 顧客の本質的な課題を理解しているか？　顧客にとって最も重要

なKPIを理解しているか？
9. 価値提案が、競合と変わらない一般的な内容になっていないか？
10. ５つの有望な価値提案パターンのうち、１つか複数を使い、市場化に取り組んでいるか？

第IV部

サービス化戦術

第10章

サービス設計と生産性

「現場」でのサービスを「工場」での製品と同じようにとらえることによって、多くの新しい機会が得られる。いわゆる「サービス」活動においては、企業は、自らをサービスの製造業者と考えなければならない[1]。

——セオドア・レビット（Theodore Levitt）

前章では、また、自社の設置済み設備は、サービス・イノベーションを起こし、研究開発プロセスを見直すための「資源」として活用しなければならないこと、さらに、企業とは新しいサービス・コンセプトを創造し、サービスのポートフォリオを成長させる「場」であることを確認した。

本章では、サービスの設計方法と生産性について考える。

新サービスの開発では、費用を抑えてサービス・イノベーションを実現するというジレンマが生じる。サービス・イノベーションと費用対効果の高いオペレーションを実現する方法として、まず、顧客経験とサービス・プロセスを可視化する「サービス・ブループリント[2]」について説明する。次に、効率と効果を同時に向上させる「サービスの工業化[3]」の手法をとり上げる。これらを理解することで、企業は、サービス化戦略の展開において、売上を増やすだけでなく、安定的に利益も確保できるようになるだろう。

10-1 サービス・ブループリント

今日、顧客経験を共創し、それをモニタリングして管理する方法を理解することが経営者の最優先課題の1つとなっている。アクセンチュア社（Accenture）とフォレスター・コンサルティング社（Forrester

Consulting）が400名の経営者に実施した「企業が取り組むべき課題調査」では、「顧客経験の向上」がトップ（全体の21%）で、次いで、「収益性の向上」（17%）、「差別化の実現」（16%）が続く[4]。業界全体、そして、B2B、B2C市場の双方で、経営者は、製品の機能やサービスの特性による差別化よりも、顧客経験全体を通じた差別化の方が、重要だと認識するようになったのである。

顧客経験[5]は、ブランドや技術など、様々な面が関係し、顧客が製品を購入したり、サービスの提供を受けたり、顧客、企業、関係者が相互作用を行う複数のフェーズとタッチポイントの集合体で構成される。企業は、これらのフェーズやタッチポイントについて理解し、コスト効率を下げずに顧客の期待に応えるサービスを設計する必要がある。

顧客の心に響く経験を設計・開発するには、サービスの全体的なコンセプトを描くだけでなく、サービスが展開されるプロセスも描く必要がある。サービスは無形であり変化しやすい。そのため、顧客や自社のスタッフに、一連のサービスのステップを明確に伝えることは難しい。このことは、両者にフラストレーションと誤解を生じさせ、その結果、顧客満足度の低下、企業内の組織間対立、従業員モチベーションの低下、過剰なサービス・コストの発生を引き起こす原因になる。

このような問題に対処するため、企業は、サービス・プロセス全体の流れと個々のステップに対して明確なビジョンを持ち、すべてのステークホルダー（顧客、従業員、経営者、チャネル・パートナーなど）が、サービスの共創過程でのそれぞれの役割を理解できるようにしなければならない。

●サービスを設計するための強力な手法：サービス・ブループリント

サービス・ブループリントは、顧客経験とそのサービス・プロセスを客観的に理解できるように描かれた図またはマップである[6]。

サービス・ブループリントのアイデアは、1980年代に登場し[7]、その後、1990年代から2000年代にかけて、サービス・デザインの手法として発展した。アリゾナ州立大学サービス・リーダーシップ・センターのメアリー・ジョー・ビットナー（Mary Jo Bitner）、エイミー・オストロム（Amy Ostrom）、フェリキタス・モーガン（Felicitas Morgan）は、長年にわたる精力的な研究を通じて、その手法の体系化と普及に貢献してきた[8]。現在、世界中で多くの企業が、サービス・イノベーションやサービス・デザインのワークショップでサービス・ブループリントを採用している。

ブループリントの概念とその用語は、「青写真」に由来する。かつては機械の図面は、原稿と感光紙を重ね、それを露光することによって作成されていた。光を当てると、線を引いた部分が青色になって現れることから「青写真（ブループリント）」と呼ばれていたのである。技術者は、図面上に、機械の技術的特性と、それを正しく組み立てるのに必要なすべての指示を描いた。サービス・ブループリントも同様に、サービス・プロセスのすべての重要な要素を洗い出し、そのプロセス間の関連と顧客へのサービス提供を可視化する。サービス・ブループリントは、経営者、フロントオフィスの従業員、バックオフィスの従業員、その他の関係者のための、いわば共通言語である。

もともと、サービスオペレーション品質を管理するための手法として開発されたものであるが、その後、サービス・イノベーション、新しいサービス・コンセプトのテスト、サービスの差別化を図るポジショニングの検討、提供するサービスのコスト削減など、サービス戦略の立案や、サービス実装課題を解決するために使用されてきた。現在、サービス・ブループリントは、米国のデザインコンサルティング会社IDEO社などが使う「サービス・デザイン思考」の手法の1つとなっている。また、その内容を改良したカスタマー・ジャーニー・マップ[9]もポピュラーになっている。

実務者にとって、サービス・ブループリントには次のような利点がある。

・「顧客中心主義」を実践することができる

多くの経営者は、より顧客を重視したサービスを提供したいと考えているが、実際にはどこからはじめて、どのように取り組めばよいのかがわからないことが多い。サービス・ブループリントは、企業内のすべての人々を顧客のニーズとウォンツに注目するよう誘導するものであり、顧客志向の組織を構築するための優れた手法と言える。

・顧客の声を自社の組織内に取り込むことができる
顧客視点でサービス・プロセスのすべてのフェーズを探り、理解できるようになる。このことは、企業がまだ気づいていない真の顧客ニーズ、顧客が完遂したい仕事に関する深いインサイトを探るのに役立つ。

・サービス・イノベーションのための強力な手法となる
新サービスのアイデアを具体化し、コンセプトを実現する際の予期しない問題を検討するのに役立つ。

・既存の顧客経験を再検討するのに適している
多くの市場でコモディティ化が進む中、顧客経験を再検討し、差別化できるサービスを設計するのに役立つ。顧客にとって重要な瞬間は？　その時、競合と一線を画すサービス提供とは？　サービス・ブループリントは、これらの質問に答えてくれる。

・コスト削減プロジェクトの出発点にもなる
どうすれば、より少ないコストで、同じ品質のサービスを提供できるかを、自身や社内の関係者に問いかける際に活用できる。サービス・プロセスを端から端まで可視化することによって、コストを削減しながら、顧客が必要とするものを正確に提供する方法を理解することができる。

・HR領域[10]においても有用なツールとして活用できる
サービス・ブループリントは、すべての従業員を「優れた顧客経験を実現する」という共通の目標に向かわせるためのツールになる。優れたサービスを生み出すためには、社内のオペレーションのパズルをどのようにつなぎ合わせればよいのか、すべての従業員が、見て、触ることによって、理解できる。

●サービス・ブループリントの仕組み

サービス・ブループリントは、サービス・システムの重要な要素を、一連の顧客プロセスに統合し、顧客経験を可視化するものである。この手法を理解するために、2つの重要な概念について整理しておこう。

フロントオフィスとバックオフィスの活動　サービスの専門家は、顧客の目に見える要素と見えない要素を表現する時に、「フロントオフィス」と「バックオフィス」という言葉を使う[11]。これは、劇場の舞台上（オンステージ）と舞台裏（バックステージ）の区分と似ている。観客は、舞台上の俳優の演技や演奏から経験価値を得る。しかし、それは、舞台裏の多くのスタッフや装置によって支えられている。企業は、フロントオフィスとバックオフィスの顧客プロセスにおけるそれぞれの役割を理解し、統合する必要がある。

ハイタッチ・サービスとロータッチ・サービス　サービスには、ハイタッチ・サービス（人対人の対話型のサービス）と、ロータッチ・サービス（セルフ・サービス、M2Mサービス[12]など）がある。顧客経験の可視化の度合いは、このどちらかによってほぼ決まる。例えば、経営コンサルティングや工業用クリーニングなどはハイタッチ・サービスであり、これらは、顧客との対話や顧客の敷地内で実際に人々が動くことによって成立する。ハイタッチ・サービスにおいては、フロントオフィスのオペレーションが重要な役割を果たす。一方で、製造工程の遠隔監視やコールセンターやインターネットによるテクニカル・サポートなどはロータッチ・サービスであり、顧客との対話は限定的である。ロータッチ・サービスにおいては、バックオフィスのオペレーションが重要な役割を果たす。COVID-19感染拡大で、在宅勤務を余儀なくされた2020年の春に、ハイタッチからロータッチへのスムースな移行の必要性の認識が高まったことは周知のとおりだ。ハイタッチのどの部分をサービスクオリティを下げずにロータッチに移行するかにも、ブループリントは活用できる。

これらを念頭に、次に、サービス・ブループリントの仕組みについて説明しよう。

●サービス・ブループリントの構成

サービス・ブループリントは、次の5つの要素で構成される。(1) 顧客がサービスを経験する時の「顧客のアクション」、(2) 顧客と接する従業員の「オンステージのアクション」、(3) 顧客と接しない従業員の「バックステージのアクション」、(4) その他の従業員を含む「サポート・プロセス」、そして、(5) フロントの活動に関連するテクノロジーなどの「有形化」である。図10-1に、これらの5つの要素から成るサービス・ブループリントを宿泊サービスを例に示す[13]。

顧客のアクション　顧客のアクションとは、顧客がサービスを経験する前、経験している間、経験した後の一連のステップで行う活動である。顧客はその活動の中心なので、サービス・ブループリントは、必然的に、顧客活動の幅と深さを探るところから始まる。例えば、機械に不具合が見つかった場合には、メンテナンス管理者は、まず初めに、スマートフォンで製造元企業のカスタマーサービスの連絡先を検索し、オンサイト修理の予約を取るために電話をする。顧客が完遂したい仕事の第1プロセスである。通常B2Bの文脈におけるブループリントは、B2Cの場合よりも複雑である。B2Bでは、顧客とは、組織内の複数の関係者で構成されるからだ。B2Bで

図 10-1　サービス・ブループリント（宿泊サービスの例）

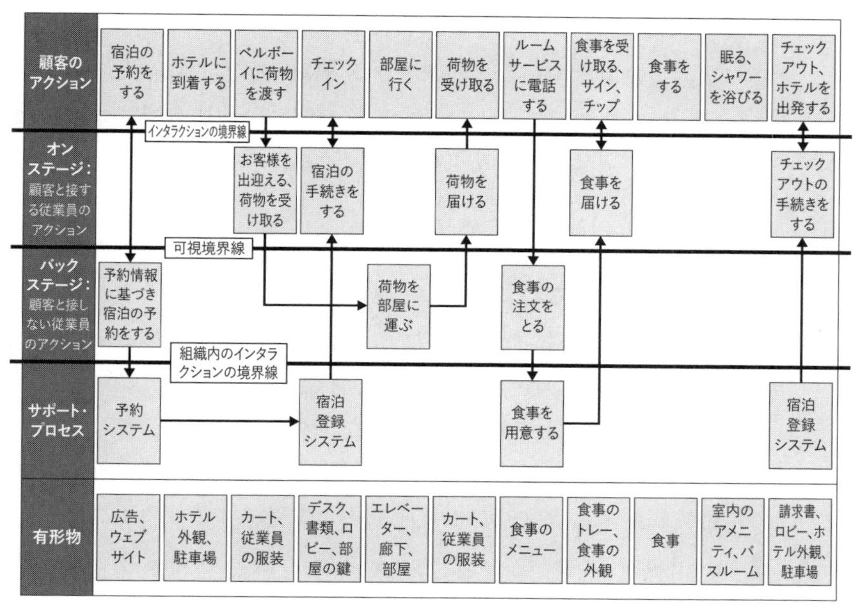

（出典）Bitner et al.（2008）を参考にして著者作成。

顧客のアクションを探索する場合には、利用者、購入者、支払い者など、関係者それぞれの役割の違いを識別する必要がある。

顧客と接する従業員のオンステージのアクション　顧客のアクションが特定されたら、顧客と接する従業員によって実行されるオンステージのアクションが描かれる。オンステージのアクションは、インタラクションの境界線によって、顧客のアクションと分けられる。産業機器のオンサイト修理で、サービス技術者が顧客のメンテナンス管理者と会い、故障内容について話し合う場合などがこれにあたる。この境界線をわたるたびに、そこには「真実の瞬間[14]」が生まれ、顧客経験がポジティブなものか、ネガティブなものかが決まる。

顧客と接しない従業員のバックステージのアクション　可視境界線によって、オンステージのアクションと分けられるのが、バックステージのアクションである。この境界線から上側のアクションは顧客にも見えるが、下側は見えない。バックステージのアクションの例は、前述の機器修理では、サービス技術者が、部品と必要な工具を選択する、などである。

サポート・プロセス　サービス・ブループリントの4つ目の構成要素は、サポート・プロセスである。このプロセスは、組織内のインタラクションの境界線によって、バックステージのアクションと分けられる。サポート・プロセスは、その他の従業員によって実行されるアクションである。サービスを適切に生産・提供するのに必要なテクノロジーもここに含まれる。サポート・プロセスの例は、オンサイト修理の際に、現場のサービス技術者の携帯情報端末に保守部品の在庫データを送信するプロセスや、コンサルタントが顧客にプレゼンテーションを行う際に、サポート・スタッフが参考資料を準備するプロセスなどである。

有形物　最後に、顧客が経験する有形化がサービス・ブループリントの一番下の段に描かれる。有形化とは、サービス・プロセスを通して顧客が触れるすべての有形物のことであり、無形のサービスを具現化して顧客が知覚するサービス品質に大きく影響を与える。有形物の例は、オンサイト修理で現場のサービス技術者が使用する工具や、使用されるスマートフォンのアプリやウェブサイトのインターフェイスなどである。

●サービス・ブループリントの作成ステップ

ブループリント作成のワークショップを行う場合には、マネージャーは、次のステップに従って進める必要がある。

ステップ1 — 適用範囲を明確にする　第1のステップは、ブループリントの適用範囲を明確にすることである。例えば、ある工業用部品メーカーが、アフターサービスのプロセスを再設計するために、サービス・ブループリントを作成するとしよう。このケースでは、ブループリントに取りかかる前に、範囲を明確化するため、以下のような質問に答える必要がある。どの顧客セグメントに向けたアフターサービスか？　顧客から見た時に、アフターサービスは、いつ始まり、いつ終わるのか？　流通業者、設置業者、システム・インテグレータなどの第三者は関与するのか？　それらの第三者もブループリントの対象とすべきか？

ステップ2 — ブループリント作成チームを結成する　第2のステップは、サービス提供に関係する社内の各部署からメンバーを集めてチームを結成することである。チームには、顧客と直接やり取りをする従業員を必ず含める必要がある。また、プロセスの設計や展開に間接的に関わる従業員も巻き込むべきである。先述したとおり、「すべての従業員が、顧客にとって本当に価値のあることを探り、各人の役割と責任を理解し、効率的かつ効果的な方法でサービス・プロセスを実現する」という目標に向けて力を集結するための「場」を構成する。

ステップ3 — 深い顧客インサイトを得る　第3のステップは、対象となるプロセスからデータを収集し、顧客インサイト[15]を得ることである。顧客がサービス体験の中で、顧客自身の役割とプロセスへの関与をどのようにとらえているのかを知ることも同じく重要である。一見して、これらは、わかりきったことのように感じられるかもしれない。しかし、サービス・ブループリントの成功を妨げる最大の要因は、顧客インサイトの欠如なのである。顧客のアクションをブループリント上にマッピングしようとすると、ワークショップの参加者は、そのアクションの広さと深さについて、ほとんどわかっていないことに気づく。このステップでは、顧客と自社の間だけではなく、サービス提供に直接的に関わる従業員と間接的に関わる従業員の間の視点の不一致を明らかにすることができる。これらを表面化し、原因を明確にすることは、従業員の訓練になるだけでなく、企業のサービス・プロセス上の課題を議論するきっかけにもなる。したがって、マネージャーは、ブループリントに取りかかる前に、次の質問を自身に問いかける必要がある。「我々は、顧客のサービス体験について、十分なインサイトを持っているか？　顧客のサービス体験のプロセスと個々のアクションをどの程度理解しているか？」もし、回答に推測が入りすぎると感じられたなら、次のステップに進む前に実地調査を行い、顧客の行動にかかわるデータを収集する必要がある。

ステップ4 ― 顧客のアクションをブループリントに描く　十分な顧客インサイトを得たチームが次に行うのは、顧客のアクションに焦点をあてて可視化することだ。これは、その後に続くすべての構成レベルを描く際の基礎となる。後のステップで特定の顧客のアクションに立ち戻り、それをさらに掘り下げていく。そのためには、最初に顧客のアクションのおおまかな流れについてチーム内で共通認識を持ち、全体像を把握しておくことが重要になる。顧客のアクションの主要なステップの輪郭を描いたら、チームは他の構成レベルに進める。顧客に接する従業員のオンステージのアクション、次に、顧客に接しない従業員のバックステージのアクションへ進む。早い段階でサポート・プロセスの細部にまで焦点を当てることは避けるべきである。なぜなら、ブループリント全体がぼやけ、チームの注意が本当に重要な問題からそれてしまうためである。

一部のブループリントには、顧客のアクションに紐付くプロセスと、紐付かないプロセスとを分けるオーダー・ペネトレーション[16]の境界線も加えることがある。特に、ITを含む自動化・半自動化されたサービスの場合には、設備の導入や設定などのサポート・プロセスが、重要な役割を果たすことが多い。そして、サポート・プロセスを描いた後に、最後に有形化の主要な要素を特定する。

このブループリント作成のプロセスは、最終的に最も包括的なブループリントを得られるまで、何度も繰り返し行われる。

ステップ5 — ブループリントを実行に移し、モニタリングする　ブループリントの結果、チームは、既存のサービス・プロセスの改善や、まったく新しいサービスを立ち上げるための数多くのアクションを特定することができる。すべての関係者とマスター・ブループリント[17]を共有し、数週間から数カ月間にわたってその改良を続け、サービス設計に磨きをかける。例えば、マスター・ブループリントに基づいて競合のプロセスをベンチマークすることによって、自社の差別化に必要な要素がわかる。また、マスター・ブループリントの個々のステップやサブ・プロセスに焦点を当て、詳細を段階的に補完することもできる。この場合には、適用プロセス全体を通して、すべての部門固有のアクションが、マスター・ブループリントと常に整合的であることが重要だ。アクションが実行に移された後は、定期的にチームを招集し、進行状況を継続的にモニタリングする。

図10-2は、あるメーカーがワークショップで作成した「高電圧回路ブレーカー遠隔監視サービス」のブループリントである。同社は、ブループリントの作成を通じて、新サービスのコンセプトを探った。特に顧客のアクションと従業員のオンステージのアクションを可視化することに重点を置き、その主要プロセスを描いた。このケースでは、従業員のオンステージのアクションを2つに分け、サービス品質やコストに影響を与える「技術的インターフェイス」の層が追加されている。そして、この主要プロセス（図10-2）に基づいて、詳細プロセスのブループリントは後の段階で作成された。他の手法やツールと同様に、詳細を描く度合いはプロジェクトの目的によって異なる。

図 10-2　サービス・ブループリント（高電圧回路ブレーカー遠隔監視サービス）

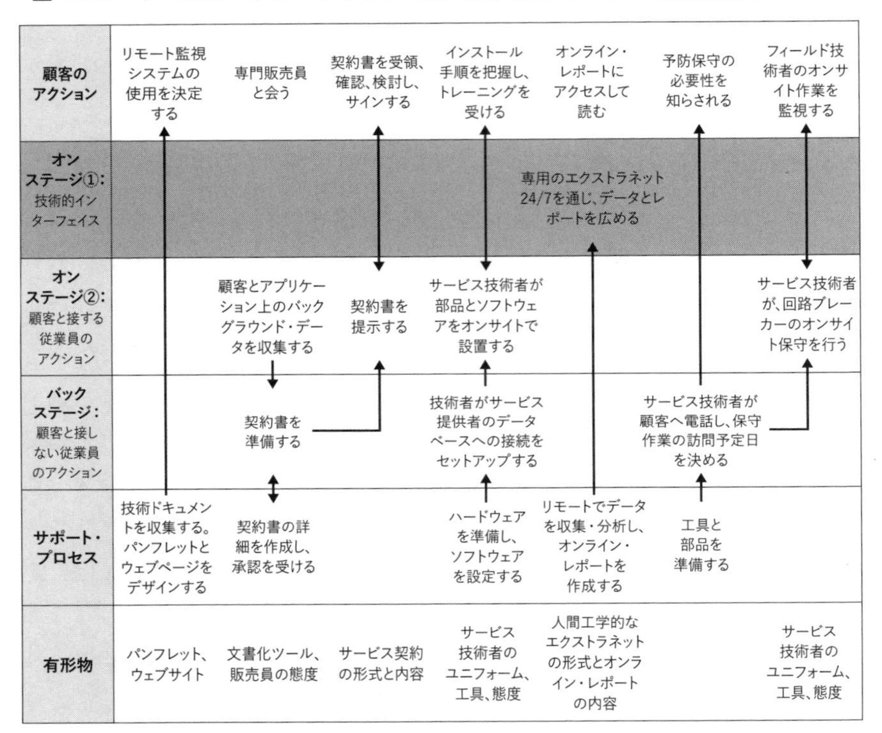

10-2 サービスの工業化

ここからは、サービスの生産性に焦点を当て、サービスの工業化の必要性について述べる。

一見、工業化は製造業のサービス化と逆向きのアクションのようにみえるが、サービス・プロセスの効率や効果を向上させるためには必要な考え方である。サービスの展開にあたっては、再現性と経済性、サービス提供コストの管理方法についても学ぶ必要がある。

40年前、ハーバード大学のセオドア・レビット（Theodore Levitt）は、工場の大量生産の考え方を、サービスに適用するよう経営者に勧めた[18]。当時、革新的だったこれらのアイデアは、その後、広く議論が行われ、時には尊重され、時には批判されてきた。現在、サービス・オペレーションの採算性を確保するために、生産ラインを改善するのと同じアプローチをサービスに適用している企業は多い。しかし、今なおサービス産業は、生産性で製造業に大きな遅れをとっているのが実態である。

生産性は、通常は、単位当たりのアウトプットを単位当たりのインプットで割った数値で定義される。生産性には複数の種類と定義が存在するが、ここでは主に労働生産性について議論する。しかし、サービスの場合にはそう単純ではない。労働生産性とサービス品質の間にはトレードオフが存在する[19]。例えば、コールセンターでは、スタッフの人数を少なくすることで生産性を上げられるかもしれないが、一方で顧客の電話の待ち時間が長くなり、サービス品質を低下させてしまう。製造業の生産性向上モデルは、サービスの不均質性による品質のばらつきや、サービスの生産プロセスで顧客が参加することによる影響を考慮していない。サービスの工業化に際しては、経営者は、製品とサービスの違いを理解して対応しなければならない[20]。

COLUMN

人間中心の組織マネジメントの国際標準とサービス化

サービス設計においては、サービス・ブループリントやサービスの工業化に加えて、顧客を含めた組織全体のマネジメントを、人間中心の原則に基づき行うことが重要である。ISO27500（The human-centred organization - Rational and General Principles）では、顧客、従業員、経営者、社会等、多様な利害関係者それぞれの観点から、人間中心の組織マネジメントの7つの原則を提示している。

人間中心の組織マネジメントの7つの原則（ISO27500）

1. 個人の違いを組織の強みとして活用する
2. 製品やサービスのユーザビリティやアクセシビリティの向上を、戦略的な事業目標に据える
3. 人材や環境を含め、システム全体の向上を図る
4. 健康・安全・ウェルビーイングを事業上の優先課題とする
5. 人材に重きを置き、意義のある仕事を創出する
6. オープン性、信頼性を高める
7. 社会に対する責任を踏まえ行動する

また、この原則を踏まえ、ISO27501（The human-centred organization-Guidance for managers）では、共創される価値を、機能・感情・知識の三側面で捉え、共創活動に参加する関係者を顧客・組織（企業）・従業員および社会とするモデルを提示している（図10-3参照）[21]。さらに利害関係者間の価値共創を促進する「人間中心の組織マネジメントのための戦略立案と4つの活動サイクル」を提示している（図10-4参照）。また、経営層の果たすべき要件を、1）組織ポリシー、2）組織活動、3）個人異質性、ユーザビリティ、アクセシビリティの考慮、4）コミュニケーション、の4つのカテゴリーに分けて規定している。これらは製造業のサービス化の推進においても有効な指針である。

図10-3　共創活動のステークホルダー

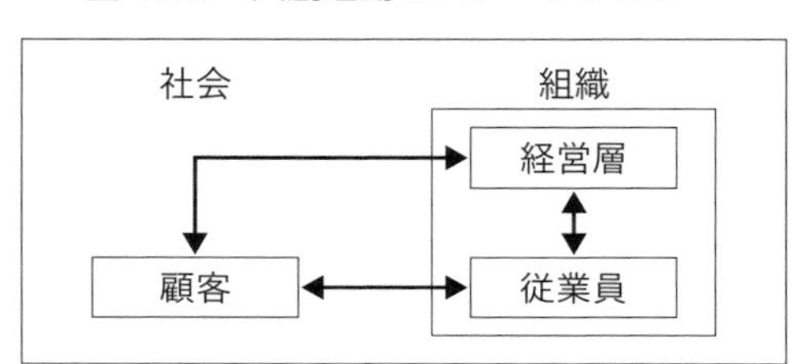

（出典）ISO27501を基に著者作成。

図 10-4　人間中心の組織マネジメントのための戦略立案と 4 つの活動サイクル

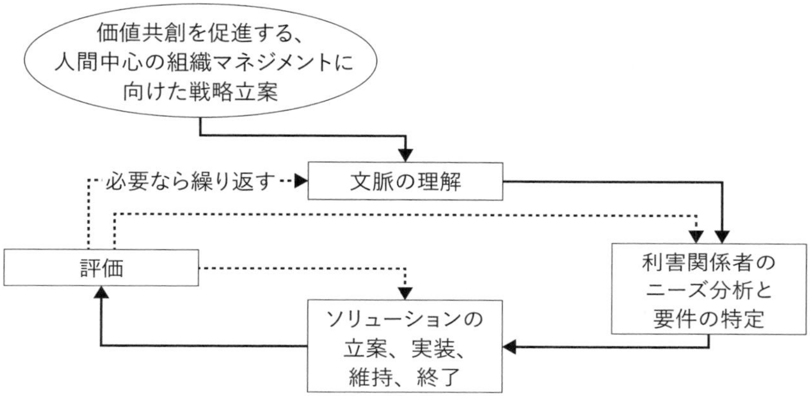

（出典）ISO27501を基に著者作成。

●サービスの生産性

ここでは、サービスの生産性に影響を与える3つの要素、「効率」「効果」「稼働率」に注目する（図10-5参照）。

「効率」は、特定のアウトプットを達成するのに必要な手段、すなわちインプットに焦点を当てている。ここでインプットとは、サービス提供者がサービス・プロセスに投入する人的資源、テクノロジー、装置、システム、情報、時間などのことである。サービスのオペレーションでは、効率は、時間当たりの営業電話の本数や、故障した機器をサービス技術者が修理するのに要した時間などによって評価されることが多い。インプットを効率的にすればするほどサービスの効率は向上する。しかし、サービスは、通常は、顧客との対話や相互作用を通じて共創されるため、顧客によるインプットも考慮する必要がある。特に、現場の従業員の役割が小さいセルフ・サービスの場合、最も重要なインプットは顧客である。

「効果」は、企業が目的を達成するために必要な能力に関係している。

図 10-5　サービスの生産性に影響を与える３要素

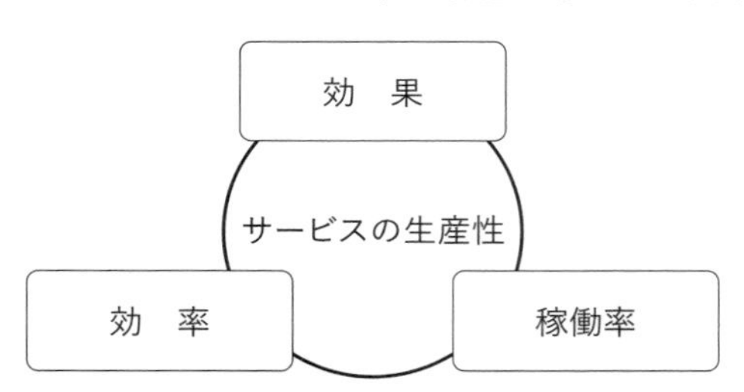

サービスの文脈で効果と言うときには、他の何よりも、顧客が期待する品質レベルを実現することを意味する。サービスのアウトプットは2つの要素から成る。それは、サービスをボリュームの観点で見た生産量と、プロセスとその成果の観点で見た質である。通常の製造業の生産性向上モデルでは、品質は一定であると考え、インプットの削減とアウトプット量の増加に焦点が当てられる。しかし、サービスの場合には、顧客に知覚されるサービス品質の管理が不可欠だ。製造業のような生産性の考え方は、自動化されたオンラインサポートといった、サービスのアウトプットの品質が一定である場合のみ有効である。

「稼働率」は、サービス価値提案の利益計算式に必要不可欠な要素（第Ⅲ部第9章参照）である。これは、サービスの供給と需要をどのように管理するかという課題である。物理的な製品を作るメーカーと違って、サービスの提供者は、在庫を活用して需要の増加に対応することが難しい（第Ⅲ部第7章参照）。鉄道輸送サービスでは、各車両の座席数には限りがあり、売れ残った座席は、列車が出発した後には販売できない。需要が供給よりも多い場合には、生産能力は最大限に活用できるが、顧客の待ち時間が長くなるなど、サービス品質に悪影響を及ぼす。一方、需要が供給よりも少ない場合には、生産能力は十分には活用されず、稼働率は最適値を下回ってしまう[22]。

●生産性のダイナミクスとトレードオフの管理

サービスの生産性を測定する際に、顧客が得られる効果には着目せず、自社の生産性や効率のみを重視する企業は多い。製造業の生産効率と同じ見方でサービスの生産性を上げようと、効率や稼働率を重視しすぎると真の目的である顧客に知覚されるサービス品質、顧客満足とロイヤルティに悪影響が生じ、最終的には、企業の利益を悪化させる可能性がある[23]。

企業は、「サービスの生産性に影響を与える3要素（図10-5）」の間でバランスを取らなければならない。個々の顧客ニーズに応えるために、すべてのサービスの内容をカスタマイズし、効果は上がったものの、コストが増加して事業全体の収益性を低下させるかもしれない。一方、サービスにおける労働生産性を最大化するためにサービスを標準化しすぎると、一部の顧客を遠ざけてしまったり、市場シェアを失ったりする可能性がある。

これらのバランスを取るには、どうすればよいのだろうか？　第1に、企業は、顧客と協力して、一連のマーケティング調査を実施する必要がある。サービスが期待された品質を満たしているかを実際に測定し、顧客が知覚する価値を把握するのである。例えば、遠隔監視サービスは顧客が当初期待したレベルで機能しているか、潜在的な問題を予測し障害を未然に防ぐといった価値を顧客に感じてもらえているかといった調査である。これによりはじめて、サービス・ブループリントなどの手法を活用して、サービス・プロセスの設計やサービス・オペレーションの最適化を図れるようになる。

第2に、経営者は、サービスを立ち上げる順序を考慮する必要がある。ドイツの機械エンジニアリング企業513社を対象とした調査からわかったことがある。多くの企業は製品ライフサイクル・サービス（PLS）や資産効率化サービス（AES）といった、自社製品をベースとしたサービスの工業化に注力していた。さらにこれらの企業のうちの何社かの利益率の高い企業は、その幅広いサービス・ポートフォリオを基盤として、より複雑なプロセス支援サービス（PSS）やプロセス委任サービス（PDS）を実現していた。サービス・ポートフォリオを体系的に構築し、サービスの生産や展開に要するコストに細心の注意を払うことによって、サービスで利益をあげられるようになるのである[24]。

第3に、企業は、顧客の行動に影響を与え、サービス・オペレーションの最適化を図る必要がある。これには多くの方法があるが、例えば、オフピークの間に予防保守を行うことによって、サービスの生産能力を最適化しつつ顧客により良いサービスを提供できる。Toyota Material Handlingでは、予防保守計画を作成し、サービス技術者のスケジュールを十分に前もって計画することによって、高いサービス稼働率と安定したサービス品質を確保している。一部の簡単なタスクは、顧客自身によって行われるか、あるいは、より低コスト化された方法でサービスを提供する専門のチャネル・パートナーによって行われる仕組みを取り入れている。

サービスの収益性を高めるには、ロイヤル顧客の役割が重要であることが、同じ調査で指摘されている[25]。サービス・マネジメントの専門家たちは、「サービスの生産性は、顧客とサービス提供者が、自身のリソースや生産・消費プロセスを互いに調整し合う相互学習体験を通して向上できる」としている[26]。顧客とサービス提供者の間の体系的で構造化された対話が、相互学習プロセスを促進し、顧客の期待と経験を調和させ、サービスの生産性に長期的に正の効果をもたらすのである。その意味で、顧客維持は重要である。顧客の離脱率（解約率）が高ければ、サービスの生産性は大きく低下する。なぜなら、サービスへの適応能力が低い顧客が増え、相互理解の進んだロイヤル顧客の場合と比較して、サービス提供コストが高くなるためである。

●テクノロジーによる生産性と価値の最大化

情報革命、IoTなどの産業用インターネットの台頭により、テクノロジーを適切に実装すれば、ハイタッチ・サービスであってもサービス生産性とサービス品質の間のトレードオフを克服できるようになってきた。代表的な例は、事後対応型のサービスから予防・予知型のサービスへと大きな変化をもたらしたデータ・アナリティクス[27]である。一方、顧客には見えないバックステージ・プロセスやサポート・プロセスの中で、自動化または廃止できる付加価値のない活動は、コスト削減の対象になる。

Toyota Material Handlingでは、欧州の販売会社のフィールド・サービスの効率化のために、バックステージの活動を見直すプロジェクトを実施した。同社は、サービス技術者向けに携帯情報端末を装備したシステムを導入し、従来よりも効率的で信頼性の高い、標準化されたサービス・プロセスを確立することができた。これにより、サービス技術者と間接スタッフの比率は3：1から5：1に改善し、管理費の削減、キャッシュフローの増加、サービス品質やオペレーションの改善が実現した。また、顧客は、対応時間の短縮や、FTFR[28]の増加という恩恵を受けることができ、それが顧客満足度の向上につながった[29]。

データ・アナリティクスは、様々な業界で、サービス提供者のビジネスの方法を変えている。例えば、TOYOTA/LEXUSの共通IDサービスは、顧客に固有のIDを付与し、トヨタの各ポータルサイトが提供する様々なサービスを1つのIDで利用できるようにしている。顧客は、同サービスによって、離れた場所から車のセキュリティや車の整備状態などの「安全・安心」を確認したり、ドライブ情報や渋滞情報、さらには、ショッピング・サービスやコミュニティ・サービスなどを利用したりすることができる[30]。また、最近、トヨタ自動車とソフトバンクは、新たなモビリティ・サービス（MaaS[31]）の実現に向けて、新会社モネ・テクノロジーズ社（MONET Technologies）[32]を立ち上げた。同社は、車や人に関する多様なデータを分析し、日本全国の自治体や企業に向けて、地域の循環バスや医療サービスを提供できる車両など、用途に合わせた車を適切に配備したり、有用情報を提供したりするサービスを開始する予定だ[33]。特別な仕掛けを持ったデバイスと装置をリモートで融合させることは、サービス・プロセスの効率化や稼働率の向上を実現するだけでなく、新しいサービスの機会をもたらすのである。

しかし、サービスが、顧客のオペレーションや製品の使用状況に関するデータに依存すればするほど、顧客は、サービス提供者の信頼性や、共有するデータが安全な状態にあること、逆に、特定のデータを、サービスの提供者が保有していないことの確認を求める。

全国のタクシー会社と連携し、スマートフォン・アプリによるタクシー配車サービスを提供するJapanTaxiは、2018年、顧客に十分な説明をせずに、提携先のマーケティング会社に顧客のスマートフォンの位置情報データを提供したとして、行政機関より指導を受けた。社内カメラで性別・年代を判定、下車後の顧客の向かった先も特定し、それに合わせた広告を配信するといった使い方をしたためである。同社は、プライバシー・ポリシー上、「位置情報等の情報を第三者の広告配信・表示に利用することがある」と記載はしていたが、顧客への説明や同意を得るプロセスが不十分であったことを認めた。同社は、顧客に謝罪するとともに、マーケティング企業へのデータ提供を停止し、過去に提供した位置情報データもすべて削除した[34]。

本章では、サービス化戦略を具現化する方法として、サービス・ブループリントとサービスの工業化について検討した。費用対効果の高い顧客経験を実現するには、サービスの生産性に影響を与える3つの要素、「効率」「効果」「稼働率」のバランスを取り、サービスの設計を行う必要がある。また、その実現にあたっては、テクノロジーは非常に有効な手段となるが、情報セキュリティ対策を十分に講じなければならない。

COLUMN

「日本の製造業1,000社調査」——サービスを設計・開発し、立ち上げることができる人材の不足

ここで、「日本の製造業1,000社調査」の結果を見てみよう。図10-6にあるように、「新たなサービス・ビジネスを設計・開発し、立ち上げることができる人材がいるか？」という問いに対して、「そう思わない・あまりそう思わない」と回答した割合は49.3％にのぼり、実に約2分の1の企業がサービス化に必要な人材の不足を感じていた。サービス化を進める企業にとっては、人材の確保や育成は大きな課題の1つだ。特に設計に関しては、サービスと有形財の設計方法の違いを理解できる、サービス立ち上げ経験者を確保する必要がある。

図10-6　サービス・ビジネスを設計・開発し、立ち上げることができる人材の有無

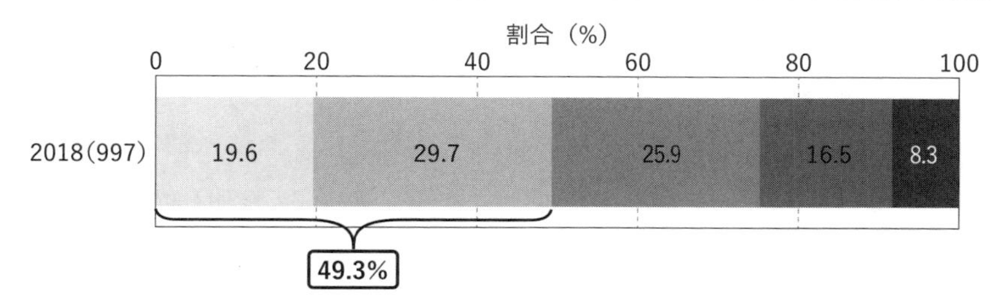

（注）　Q.新たなサービス・ビジネスを設計・開発し、立ち上げることができる人材がいる（1そう思わない—5そう思う、5段階、SA）。カッコ内は有効回答数。
（出典）「日本の製造業1,000社調査」に基づく。

サービスの設計に関する10の重要な質問

1. 新しいサービスを設計・開発する際に、サービス・ブループリント、カスタマー・ジャーニー、顧客の声を収集するマネジメントなどの手法を取り入れているか？
2. 顧客がどんなニーズとウォンツを持っているかを把握するために、顧客経験のデータを体系的に収集しているか？
3. サービス品質の向上やサービス・コスト削減の機会を探る際に、サービスの提供に関わるすべての部門と関係者を巻き込んでいるか？
4. より顧客中心的なサービス文化を企業内に醸成するために、サービス・ブループリントなどの実践的なツールを活用しているか？
5. 生産ラインを改善するのとまったく同じアプローチを、サービスに適用してしまっていないか？
6. サービスを展開する際に、効率、効果、稼働率のバランスを取っているか？
7. サービスを提供する従業員の稼働率を最大化する体系的な活動を行っているか？　需要と供給のミスマッチには、どのように対応すればよいか？
8. サービスの生産性を改善し、サービスを提供するコストを低減する機会を探るために、体系的に顧客調査をしているか？
9. 顧客がサービスの生産性向上に貢献できるよう、労力を惜しまず顧客に情報を提供し、顧客教育を行っているか？
10. サービス品質を改善する一方で、サービス提供プロセスをよりコスト効率の高いものにするために、積極的にテクノロジーを活用しているか？

第11章

サービス・セールス部隊の変革

「製品のセールス担当者が火星から来たんだとしたら、サービスのセールス担当者は金星からやって来たようなものです[1]。」

——資本財メーカー副社長（サービス組織担当）

サービスを設計したら、次に重要なことは、市場でサービスを上手にセールスする方法を知ることだ。

本章では、伝統的な製品中心のセールス部隊から、サービス中心のセールス組織に移行した企業に対して行った調査結果を踏まえながら話を進めたい[2]。製品セールスとサービス・セールスの方法の違い[3]、サービス・セールスの担当者に必要なコンピテンシーと能力、また、彼らの持つ個人特性についても言及する。最後に、セールス組織を変革するために企業が取り組まなければならないステップを示す。

11-1 サービス目標とセールス組織との整合

サービス化を進める企業の協力を得て調査を行った結果からわかったことは、変革に強く抵抗するセールス担当者が少なからず存在するということだ。いくつかの企業では、セールス組織を製品志向からサービス志向に変えるために、担当者を徹底的にトレーニングしたにもかかわらず、想定を超える混乱を招いてしまった。そのまま変革を進めるには人員を総入れ替えする以外には選択肢がなくなり、実際に80％もの人員を入れ替えた企業もあったほどだ[4]。

最終的には、サービスや顧客ソリューションをセールスできる組織に移行できた企業でも、それは大仕事だ。ある企業では、トレーニングと関連業務の変更に大規模な投資を行ったにもかかわらず、変革についてこられたのは、全セールス担当者のわずか3分の1であった。他の3分の1は、付加価値サービスのセールス・プロセスを習得させるためにはさらなるサポートが必要だったし、残りの3分の1にいたっては製品だけの担当に戻ることを望んだのだ。

このことは、セールス組織を製品志向からサービス志向へ移行させることがいかに難しいかを示している。経営層は組織を俯瞰し、サービス化による収益増加という成長目標とセールス組織との整合性、セールス組織の移行に向けた準備状況を適切に評価して、状況に応じた変革をしなければならない。あるマネージャーの次の表現は的を射ていた。

11-2 セールス組織の変革に取り組むことの重要性

事例11-1 セールス組織を製品志向からサービス志向へ導く際の課題：フィールド調査結果

サービス化戦略の実行に向けたセールス組織の準備状況を知るために、様々な業界のセールス担当役員とシニア・マネージャーに行った調査結果を示そう。サービス化に向けてセールス組織変革を行った経験のある18名のセールス担当役員とシニア・マネージャー[5]に対して、ワークショップ形式で事前調査を行った。目的は次の3つについて共有することである。

(1) 製品志向からサービス志向へ、セールス組織を変革する戦略

(2) 変革プロセスの促進／阻害要因

(3) サービス志向のセールス組織へ移行する際のベスト・プラクティス

ワークショップ後の分析結果は参加者と共有し、分析結果がワークショップでの議論と一致していることを確かめた。このワークショップで得られた知見に基づいて、深掘り調査に向けた詳細なインタビュー・シナリオを作成した。それを基に、国籍や規模の異なる企業17社20名のセールス担当役員へのインタビューを実施した。インタビューの結果、すべての企業が戦略の中でサービス化を最重要視していることがわかった。一方、ほぼすべての企業で、既存のセールス組織がサービス化戦略の目標に整合していなかったことも明らかとなった。特に、セールス担当者の人選や報酬、維持、トレーニングが喫緊の課題であったことが、このインタビューからわかった。

（出典）Ulaga and Loveland（2014：113-125）.

製品志向からサービス志向のビジネスモデルへの移行に成功した企業では、セールス組織もまた本質的な変革に成功していることもわかった。調査したすべての企業のセールス部隊は、もともと製品セールスでは成功を収めていた。しかし、担当が製品からサービスに変わると、その営業成績のばらつきは想像以上だった。高成績者とそうでない者の差が300％以上出た企業もあった。

多くの担当者が製品セールスでは高い業績を収めていただけに、この結果は驚くべきものだった。つまり、製品で優れた成績を収めているからといって、必ずしもサービス・セールスの「スター」になれるわけではないのだ。次の設備メーカーの事例はそれを表している。

「当社のサービス・セールス部隊は、17万台もの設置済みの設備から得られる顧客情報をもとに、体系的に付加価値サービスを提供しています。また、競合の設備を持っている顧客に対しても、新たな取引の足がかりとしてこのサービスを提供しています。我々は、担当者1人当たり年間25万ユーロの売上げを見込んでいましたが、現実はそうはなりませんでした。最も成績のよかった担当者は売上げ50万ユーロを達成したのですが、一方で年間15万ユーロの者もいました。これでは企業の利益としては全然足りません。担当者はみな、設備販売には精通していたにもかかわらず、サービスのセールスでは大きな差が出たのです。」

このような成果の違いは、新たにサービス担当に配置された担当者の間で大きな混乱を招く。ある大手電力会社では、コモディティである電気を売るのではなく、より価値のある電力効率化サービスの提供によって存在感を出そうとしていた。同社の役員は社内の混乱について次のように語ってくれた。

「私たちは、従来思考のままのセールス担当者を子会社に出向させました。すると1年後、数名の担当者が『以前のポジションに戻りたい。』と言ってきました。相当のトレーニングをしたにもかかわらず、彼らは電力効率化サービスやパフォーマンスベースの契約を1つも取れなかったのです。彼らをサービス担当へ配置した時に起こった様々な問題については、残念ながら明確な解決法がいまだにわかりません。」

問題は、セールス担当者の「善し悪し」ではない。担当者の適切な人選、製品とサービスとの割合、報酬、および全体的なサービス戦略との整合性などについて見直しができているかどうかである。

11-3 製品セールスとサービス・セールスの違い

30年以上前に、2人[6]の研究者が、ある調査の中で154名のセールス担当者に対し、「製品のセールスと同じ方法でサービスをセールスしていますか？」という質問をした。シンプルかつ本質的なこの問いに対してセールス担当者たちは口々に、「サービスは目に見えないので、製品のセールスと同じ方法がサービスに適用できるわけではない」と答えた。

セールスの専門家に相談すると、これまで使われてきた様々なスタイルのセールス方法を勧めてくれる[7]。一方で、経済がサービス化している現在、従来の方法では十分ではないことは彼らも認めている[8]。セールスの分野は、「モノからコトへ」という社会の変化に明らかについていけていない[9]。

見込み客の開拓、訪問、販売、販売後のフォローアップを行うといった伝統的なセールスステップ[10]しか知らなくても、機器に付随する標準的なサービスであれば担当者は契約を取れるだろう。このカテゴリーのセールスに必要な能力は、従来の製品と同じ程度だからだ。しかし、複雑なサービスになると話が変わる。別の役員の話を紹介したい。

> 「我々は、機器に直接関連するサービスで成長してきましたが、これらのサービスはどの担当者でも簡単に扱えました。保証の延長や融資提案など、誰でも売れるように標準化されているからです。担当者は顧客ニーズを聞き、既存のサービスに読み替えればいいのです。これらのサービスは既製品です。しかし、ハイレベルのサービス、例えば、成果を約束するサービス契約という話になると突然問題が起こりました。」

調査から製品セールスとサービス・セールスの違いは4つの要素に整理された（表11-1参照）。

本質的理念　1つ目の違いは、セールスの本質的理念である。サービスに

表 11-1　製品セールスとサービス・セールスの比較

		製品セールス	サービス・セールス	サービス・セールスで鍵となる能力
4つの要素	本質的理念	説得モデル	共創モデル	顧客のビジネスモデルと成功の評価基準の理解
	要件定義	顧客の明示した仕様に対応する	顧客と一緒に目標を立て仕様に合意する	顧客の期待を管理する能力（「YES」と言わせるのではなく「NO」と言う能力）
	ネットワークの複雑性	限定（固定）された数の関係者	顧客と自社双方の多くの関係者	顧客企業と自社内での強力なネットワーク力
	成果指向	取引クロージングにフォーカス（狩猟的観点）	カスタマー・ウォレット・シェアの増加と継続的な契約にフォーカス（農耕的観点）	顧客にとっての成果を明確にする能力

（出典）Ulaga and Loveland（2014）.

必要なのは共創モデルに基づくセールスであり、製品セールスの説得モデルとは異なる。

「パフォーマンス・ベースの契約を結ぶことと機械を販売することは、まるでサッカーと野球くらい違っています。必要なのは、自社製品が最高であると顧客に納得させることではなく、顧客と膝を突き合わせ、最良の解決策を一緒に設計することです。このプロセスで、顧客が必要とする機械が当初考えていたよりも少なくなり自社の売上げが減ったとしても、ともかく最良の解決策に従うべきなのです。」

要件定義　2つ目の違いは要件定義である。製品中心のセールス・モデルでは、担当者は顧客の明示的なニーズに応えようとする。言い換えれば、顧客は要求仕様を示し、複数のサプライヤーから見積をとる。この時、セールス担当者は顧客の要求仕様に合致し、かつ、競合よりも良い内容を示そうと努力する。

しかし、サービスでは、セールス担当者は顧客の要求仕様がそもそも明確に定義されていないという不測の事態に直面する。それを解決するために顧客と一緒に開発前段階（ファジー・フロント・エンド：FFE）[11]を乗り越える必要がある。顧客の課題解決に向けて、製品とサービスの最適な組み合わせを見つけるために、両者は協力して取り組む必要があるのだ。

ネットワークの複雑性　3つ目の違いはネットワークの複雑性である。製品中心のセールスでは、担当者は顧客の組織内の狭い範囲、つまり購買、保守、機器オペレーターなどの限られた関係者とやりとりすることが多い。一方、複雑なサービスでは、担当者はより広い範囲、かつ上層部と接する必要がある。

> 「リテール銀行向けに複雑な現金管理サービスを販売することになった時に、セールス担当者は方向を見失ってしまいました。彼らは、突如としてある金融商品やITではなく経営全般について話をしなければならなくなったのです。銀行のマーケティング担当者に、我が社が銀行のCRM戦略にどのように貢献できるかを説明しなければならなくなった、というわけです。明らかに、我が社のセールス担当者はこの種の人々を相手にすることには慣れていませんでした。」

ネットワークの複雑性は、顧客の組織だけでなくサービスを提供する側の内部組織においても増している。

> 「単なるシステムではなく、機内エンターテインメント・ソリューションを販売する際には、仕事はこれまでよりはるかに複雑になりました。顧客と協力し、特定のニーズに合うように提供サービスを構成しなければなりません。そのためには、内部の様々な部門の人間との交渉が必要でした。特定の航空会社にどう合わせるか？　そのサービ

スを提供しきる力が自社にあるか？　そのサービスの技術的要素は？そのサービスのセールスを成し遂げるために内部の多くの人々と協力する必要があったのです。」

成果指向　4つ目の違いは成果指向である。期待されるセールスの成果も、製品とサービスでは大きく異なる。製品中心の伝統的なセールスのステップでは、取引をまとめることに重点が置かれる[12]。顧客からの抵抗を押し返し、顧客を追い詰め、購入を承諾させるやり方だ。あるセールス担当者はやや興奮気味にこのように語ってくれた。

「製品をセールスする時には、アドレナリンのレベルが上がります。サッカーの試合みたいなものですから。だってゴール前にいたら得点しなければならないでしょう？　でも、サービスだと顧客と一緒に長い時間を過ごしながら、顧客の仕事を本質的に理解しなければなりません。顧客に付き添って、一緒に心配事の世話をしてあげないといけないんですよ。それって私たちの仕事ですか？」

4つの要素の違いから、サービス・セールスがいかに従来の製品セールスとは異なる性質を持っているかがわかる。

サービス・セールスは、いわゆる短期的な狩猟型ではなく、契約の継続とカスタマー・ウォレット・シェアの拡大を目指す農耕型である。サービスのセールスプロセスの成果は、長年にわたる関係性の醸成と発展である。これが、顧客との間にさらなる価値を創る機会を生み出すのだ。

11-4 サービス・セールスに必要な能力の確保

セールス・プロセスの違いから見ても、サービス・セールスに必要な能力は、製品セールスとは異なる。表11-1に示したサービス・セールスで鍵となる4つの能力について見ていきたい。

顧客のビジネスモデルを理解する　サービスをセールスするには、顧客のビジネスモデルに対するきめ細かな理解が求められる。さらに、顧客のビジネスの成功に貢献するための深い知識も必要となる。

> 「サービスやソリューションをセールスするには、顧客業界の動向、工場でのワークフロー、主要な業績評価指標など、顧客の業務に関する深い知識が必要となります。当社では、セールス担当者に獲得して欲しい能力を3軸で表しています。1つ目は、顧客に関する知識、つまり、顧客の文化、従業員、業務に関する知識です。2つ目は、我々自身の組織、従業員、そして能力に関する知識です。そして最後に3つ目の軸があります。我々は顧客の業界をどのくらい知っているか？　顧客を『驚かせる』ことができるか？　顧客に『これは、御社にとって興味深い内容だと思いますが、ご存知でしたか？』と言えるか、というものです。」

顧客の期待を管理する　第2に必要なのは、サービスで何が達成できるのかについて、顧客の期待値を管理する能力である。これは、自社のサービスではカバーしきれていない部分をはっきり説明する能力でもある。サービス・セールスの一連のプロセスにおいて、セールス担当者の契約交渉力は収益性を大きく左右する。

> 「一般的に、セールス担当者には顧客に『イエス』と言わせる能力が求められますが、優れたサービス・セールス担当者は顧客に対して、巧みに『ノー』と言う能力を持っています。将来、自社の収益性を損ねるかもしれないサービス契約を避けるために必要な能力です。残念

ながら、当社の製品セールス担当者は、『ノー』とは言えず、保証の延長を無償で提供したり、機械の操作方法のトレーニングを無料で行ったりします。顧客の発注責任者にサインしてもらうためにです。これはサービスをセールスする者がすべきことではありません。」

強力なネットワークを構築する　第3の能力は、顧客の組織と社内組織の間で強固なネットワークを構築する力である。提供するものが付加価値の高いサービスに移行するほど、セールス担当者は顧客のより高い役職にいる人にアプローチしなければならない。さらに、リソースを集中的に使用するサービスでは、セールス担当者は社内の希少なリソースを確保することが求められる。サービス・セールスでは、担当者が自身の居心地のよいゾーンから飛び出して、これまでとは異なる顧客層や社内リソースにアクセスする能力が求められる。

顧客にとっての成果を明確にする　第4に、顧客にとっての成果を明確にする能力である。多くのアドバンスト・サービスは、契約範囲内の設備修理といった単なるタスクの実行だけではなく、設備の稼働時間や従量課金契約など、何らかのかたちでの成果へのコミットメントを含んでいる。セールス担当者は、サービスの特性や機能上のメリットにフォーカスするのではなく、顧客にサービスの成果を納得してもらう能力を磨かなければならない。あるタイヤメーカーの役員は次のように述べている。

「セールス担当者の中には、大手の運送会社にフリート・マネジメント・サービスを契約してもらうのは非常に難しいと感じている者もいます。彼らはタイヤの代わりに走行距離を売ることに慣れていません。セールス・プレゼンテーションではいつでも、タイヤを見せようとするのです。『これが我々のタイヤです。どうですか！　すばらしい技術でできています。どんな競合製品よりも高性能です。』しかし、我々はタイヤを売りたいわけではありません。ある時、私はもう我慢ができなくなって、すべてのフリート・セールス担当者にE-mailを発信してしまいました。『今後、セールス・プレゼンテーションのどのスライドにも一切タイヤを見せることは許さない。これは命令だ。』すると、驚くべき返事がきました。『タイヤを見せてはいけないなら、いったい何を顧客に見せればいいのでしょうか？』」

11-5 製品のセールス担当者は火星人、サービスのセールス担当者は金星人

優れたサービス・セールス担当者とそうでない者の特性について、11の要素に違いがあることが調査から明らかとなった（表11-2）。

ここでは、調査時に多く言及された8つの特性について詳しく説明する。

学習指向　優れたサービス・セールスの担当者は、学習指向が強く自身の能力向上にかなりの時間を費やしている[13]。セールス能力は自分の努力水準を反映するものと考えているからだ。対照的に、売上げ指向の担当者は、能力は固定されていると考え、あらゆる仕事で売上げの最大化に焦点を当てていることが多い。

サービス・セールスでは、顧客とより多くの時間を費やして、様々な関係者から情報を収集し、サービスを通じて顧客のニーズを満たす方法を探す。そのため、学習指向は、サービスのセールス結果にポジティブに働く。サービス・セールスの目標達成に苦労している企業では、従来の売上げ重視型の担当者が組織の主流となっていることが多い。

顧客サービス指向　製品セールスを中心とする企業の担当者は、サービスをモノのセールスのための必要悪、苦情や物流で生じた軽い行き違いへの対応ぐらいにしか思っていない。一方、顧客サービス指向の担当者は、顧

表11-2　優れたサービス・セールス担当者の特性

特性	定義	インタビュー時のマネージャーの発言回数
学習指向	・新しい事柄を学び、質問に対する答えを自ら探す。向上心を持ち続ける。 ・常に自分の仕事のパフォーマンス向上に取り組む。 ・自分で方向性を決めて進んで学習する。	26
顧客サービス指向	・顧客の望む高品質のサービスを迅速に提供しようと努める。 ・顧客を起点に考える。	25
内発的モチベーション	・仕事を報酬や利益を得るための道具とせず、仕事自体を楽しむモチベーションを持っている。	23
一般知性	・パターンを認識し、状況、アイデア、理由を分析する能力を持つ。	19
感情の安定性	・総合的な適応能力と感情面での強靭さを持つ。仕事のプレッシャーやストレスと上手につきあう能力を持つ。	16
チームワーク指向	・チームの一員として働こうとする。グループ・プロジェクトに参加意欲が高く協力的。	11
内省性	・思慮深く、内省的で、他人に気を配る。	9
先見思考	・包括的かつ直感的に大局を見る思考スタイルを持つ。	8
育成マインド	・思いやりを持って人を助け、他者のニーズに注意をはらう。	3
オープン性	・新しいアイデア、方法論、技術、経験、セールス、異文化交流を探求し、能動的に関与する。	3
完璧主義／頑固	・細部にこだわり、どのレベルでもタスクを完遂することに集中する。	2

（出典）Ulaga and Loveland（2014）.

客が望むような高品質なサービスを迅速に提供するように努める。彼らは、顧客が必要とするものを正確に提供しながら、同時にすでに販売した設置済み製品を最大限に活かして顧客との関係を深める方法を知っている。またサービス指向の担当者が既存の顧客との関係の育成にじっくり時間をかけるのに対して、製品中心のセールス担当者は、新規顧客の開拓にばかり気をとられる。

内発的モチベーション　内発的モチベーションの高いセールス担当者はセールスを競争に勝つための道具とは見ず、セールス自体を楽しむ。仕事で多くのことを学び、能力を向上させるために時間を費やすことを厭わない。外発的モチベーションに基づいて動くセールス担当者は、売上げ成績から得られる報酬とインセンティブに意識が向く。競争を好み、仲間であるはずの他のセールス担当者に勝とうとする。大きな取引が決まった日には、社員全員がそれを知らされ、社内でヒーローとして祭り上げられ、「次のクジラ」狩りに向かう。これはサービス・セールスとは対照的なモチベーションである。毎年数十万円で複数の遠隔監視サービスの契約を獲得することは、1つの大きな製品の売上げよりも目立たない。しかし、この契約による利益を長期的に積み上げれば、1回限りの取引の収益性を十分に上回る可能性がある。セールス担当役員は、これらの違いを正しく理解し、管理方法を変える必要がある。売上げ成績ベースのセールス管理制度は、外発的なモチベーションで動く製品セールスの担当者との相性がよく、行動ベースのセールス管理制度はサービスのセールス担当者に適している。どちらも上司によるモニタリングと指示、担当者に対する主観的な評価が含まれるが、行動ベースの管理制度では、担当者からの報告内容がより重視される。行動ベースの管理は内発的モチベーションを促進する。なぜなら、セールス・プロセスにおける配慮と努力に注力させるからである。

一般知性　サービスをセールスするためには、学習指向などの特性や意欲だけでは不十分であり、一般知性[14]が重要となる。T字型[15]の専門家となって、ある分野の知識の深さを持つと同時に、様々な分野の膨大な知識を統合できなければならない。

「我々のサービス・セールス担当者の多くは、技術畑で技術プロジェクトを経験した後に、セールス担当になります。いわゆる優秀なセールス担当者は、製品やサービスのちょっとした違いや差別化要因をすぐに発見し、ポイントを学習します。そして、顧客の業務内容の全体像を見て議論の範囲を拡張できるのです。彼らは手元にある製品にフォーカスするのではなく、プロジェクト全体をセールスすることができます。」

感情の安定性　サービスのセールスには、2つの面で感情の安定性が重要になる。第1の側面は、複雑なサービスは規模が大きい反面、セールス期間は長くなるうえに、契約の締結に至らないこともある。このようなセールス・プロセスでは、感情の安定性がないと誤った方向へ進んでしまう。感情の安定性が低いセールス担当者は、変化への抵抗感が強い。あるマネージャーは、製品志向のセールス担当者たちのことを「社内でもっとも保守的なグループ」と呼んでいた。

「製品セールスで好成績を挙げているセールス担当者が、サービス・セールスに対して不安を感じるのは当然です。サービスはプロセスが製品より複雑で、失敗する可能性も高いのですから。多くのセールス担当者はどうしようもなくなった時に、ようやくサービスをセールスするようになります。

もし、セールス担当者に次の選択肢を与えたらどのように答えると思いますか？　『将来、トータルで25億円の売上げになる可能性がある機械装置を毎年3億円でサービスとして売るケース』と、『1回限りでリピートがないことがわかっている別の製品を10億円で売るケース』。当然、総売上げが少なくても1回限りのセールスに行くに決まっています。」

感情の安定性の第2の側面は、顧客との交渉に関するものである。サービス・セールスでは、担当者は次の2つの重要な局面に立たされる。1つ目はサービスを「タダ」にしたくなる場面、2つ目は、契約交渉の過程で顧客に「ノー」と言わなければならない場面である。サービスの提供期間中に、顧客が勝手に仕様を変更してきたり、サービスの品質の向上を求めてきたりする「サービス・スコープ・クリープ[16]」が起こることがある。感情の安定した担当者は、このような場合でも事態に踏み込んで正常な状態に戻す行動をとれる。サービス化を推進する企業にとっての課題は、顧客だけでなくセールス担当者に新しいビジネスの形態を受け入れてもらうことであろう。彼らは、これまで無償だったサービスを有償にして顧客に請求しなければならない。顧客との関係をわざわざ複雑にしようという担当者はいない。だが、顧客を失う危険を冒してでも、言いたくないことや顧客の聞きたくないことを担当者は伝えなければならないこともある。標準サービスの契約しかしていないのに、法外な要求ばかりしてくる顧客に対しては、「その要求は法外ですよ！」とはっきり伝えなければならないのだ。

チームワーク指向　サービスのセールスチームは様々な専門分野を持つ多様な関係者の集まる農耕集団である。顧客と価値を共創するためには、複数の専門家からなるチームを構築し、広範囲をカバーすることが必要だ。チームにはセールス担当者、セールス・マネージャー、エンジニアや製品プランナーなど社内の他部門のメンバーも含める必要がある。

チームがうまく機能するためには、チームで働くことが好きで、互いを信頼する人たちが集まらなければならない。この時、セールス担当者は、一定の独立性や自律性を放棄することが求められる。どんな優秀なセールス担当者であっても、ますます複雑になっていくサービスのセールスに必要な知識を一人で持てるわけではないからだ。

内省性　一般的に、優秀なセールス担当者は外向的、社交的で人付き合いがよいと言われる。彼らは普段から見知らぬ人たちとも会話をはじめて、幅広い関係を築こうとする。一方で、注意散漫になりがちであり、細かいところまでは整理をしない傾向がある。そして何より、任された仕事を最後までやり遂げられないこともある[17]。複雑なサービスのセールス・プロセスにおいては、理論的に細部まで整理することが求められる。そのためには、内省性が有効的に働く。サービス・セールスにおいては、外向的な人たちの社交性が有害となってしまうことがあるのだ。

外向的な人たちは、昇給や賞与、外部からの業績の賞賛といった外因的な報酬を好むことが調査からわかっている。外向的な人の特徴の主たるものは、実は社交性ではなく報酬への敏感さであると指摘する研究者もいる[18]。一方、内省的な人は注目の的になるのは好きではなく、報酬が明示されていなくても他の人たちと一緒にうまく働ける。

サービス・セールスの報酬は即時的でも特別でも頻繁でもない。そのため、外向的な人の満足度や生産性は内省的な人たちより低くなりやすい。

先見思考　先見思考を持つセールス担当者は、すぐ次の製品セールスという狭い視野ではなく、将来に起こりそうなこと、より広範囲な機会の発見にアンテナを立てる。それが、従来の製品を超えた、より付加価値の高いサービス、複雑なソリューションのセールスを可能にする。先見思考を持つセールス担当者は、チームが将来、より大きな成功を収めるために結集すべきメンバーの能力を見定め、メンバーと理解しあう。また、サービス・セールスは大きな課題解決に対して方向性を示す経営層との交渉になることが多く、先見思考を持つセールス担当者は経営層と意気投合しやすいのだ。

この章では、企業がサービス化へ進む時に、製品市場で強いセールス部隊を持つ企業がつまずく原因や、セールス・プロセスについて議論してきた。B2Bのサービス・セールスは、単なる製品セールスの延長ではない。有能で経験豊富な製品中心のセールス担当者に対して、今までのやり方と成果を期待して、複雑なサービスをセールスさせるのは間違いである。既存のB2Bセールス部隊が求められてきたことと、複雑なサービスの契約のために必要とされる能力の間には大きなギャップがある。製品セールスの優秀担当者が持つとされてきた特性のいくつかは、サービス・セールスにおいては重要性が低いか無関係であり、むしろ有害なものさえある。

本章のはじめに、製品セールス担当者は火星から来て、サービスのセールス担当者は金星から来た、と書いたのはまさにこのことだ。セールス担当者を製品志向からサービス志向に変えるには、経営層のコミットメントが重要である理由がここにある。経営層がセールス組織の変革に本気で取り組んだブリヂストンの事例を見てみよう。

事例11-2 ブリヂストン：セールス組織の変革

ブリヂストンは売上高3兆円を超える世界最大手のタイヤメーカーである。同社では2008年から、トラックやバスといった輸送事業者向けに新品タイヤの販売、自社台方式でのタイヤ・リトレッド[19]サービス、メンテナンス・サービスを一括で提供するリトレッド・ソリューション・サービスをはじめている。契約件数は2015年時点で12万件を超えている。

「エコバリューパック」と名付けられたこのサービスを、ブリヂストンはどのように成長させることができたのだろうか？

輸送事業者にとってタイヤはコストであり、コモディティである。しかも安全を最重要視する輸送事業者にとって、リトレッド・タイヤは中古タイヤで、「安かろう、悪かろう」のイメージがある。このサービスの販売は、新品のタイヤ販売と比べてはるかに難しいことは容易に想像できる。このイメージを払拭し、顧客にこのサービスを受け入れてもらうために、経営陣は本気で取り組んだ。

ブリヂストンは、米バンダグ社（Bandag）を2007年に買収し、リトレッド・タイヤの供給体制を整備した。また、かつては別会社で運営していたリトレッド事業を本体に統合した。そして、何よりセールス組織に対する教育体制を強化した。従来の新品タイヤの単品販売から、顧客との長期的な関係構築を求められるソリューション・サービスセールスへの変革が必要であった。

このサービスでは、顧客の車両のタイヤ使用状況調査をはじめに行う。ヒアリングのほかにも、実際に使用した後のタイヤ、現在使用中のタイヤについて、その状況を徹底的に実査する。その後、顧客と打ち合わせをしながら最適なプランを提案し、契約後には状況報告を定期的に行う。セールス担当は技術者と連携して、これらのプロセスを遂行する。

1回限りの新品のタイヤを売る時には、こんな手間やコストのかかることはしない。しかし、複雑なサービスを提供し、それによって成長を望むならば、経営層は覚悟を決めて体制を整えなければならない。

COLUMN

「日本の製造業1,000社調査」――セールス担当者に対する顧客の評価

「日本の製造業1,000社調査」では、企業のセールス担当者に関する顧客からの評価について聞いている。「担当者は顧客から、自社の経営理念や事業内容、その課題を理解している、と評価されている」と思わない経営者は9.6%、「顧客からは、担当者は顧客に対して適切なアドバイスがで

図11-1　セールス担当者に対する顧客の評価[20]

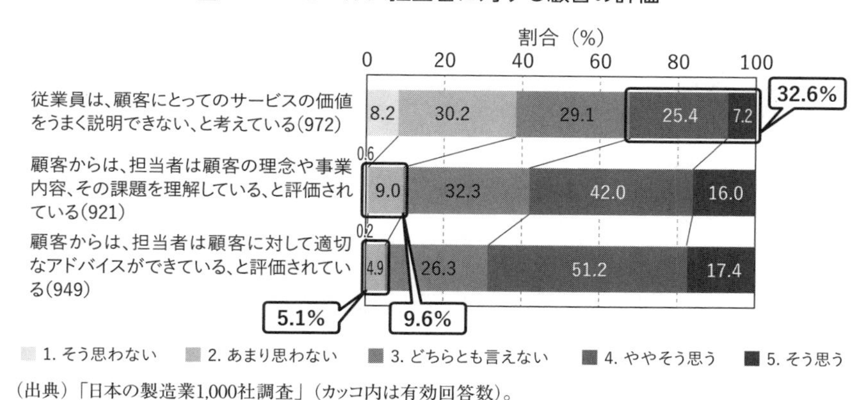

（出典）「日本の製造業1,000社調査」（カッコ内は有効回答数）。

きている、と評価されている」と思わない回答者は5.1%である（「そう思わない」「あまり思わない」の合計）。ネガティブにとらえている回答者は少なく、既存のセールスの文脈では担当者は高く評価がされていると言える。一方で、「従業員は、顧客にとってのサービスの価値をうまく説明できない、と考えている」の回答は32.6%で、サービス・セールスになると途端に評価が下がる。この結果からも、製品セールスとサービス・セールスとの違いがわかる。

B2Bのセールス担当者は、サービス化戦略を成功させるうえで極めて重要な役割を担っている。全社的な戦略との整合性を持つセールス組織の再構築は経営層の深い関与がなければ実現しない。

また、経営層はセールス担当者を自社組織と顧客組織の双方にこれまでより深く関わらせる方法を考えなければならない。サービスプロセスを正しく反映した報酬・報償体系を開発することが求められる。セールス担当者に対するトレーニングも必要である。セールス組織の各メンバーの能力をより的確に把握し、チームが適切な能力を発揮できるようにしなければならない。

最後に、経営層はサービスのセールスを自社にとって確実に収益性のあるものにするために、長期的なコミットメントを覚悟しなければならない。第Ⅱ部第4章で見たとおり、セールス組織の変革のための投資は、短期的には収益に悪影響を与えるであろう。しかしそれは、収益をあげる機会をつかむための戦略上必須の支出である。

サービス化を推進するにあたり、経営層はセールス組織におけるこれらの変革をどのように実装し、進捗状況を測っていくか、それにはどの程度の期間が必要かを真剣に検討することが求められる。

サービス・セールスの成長に向けたセールス組織を準備するための10の重要な質問

1. サービス化への戦略的移行は、自社の既存のセールス組織にどのような影響を与えるか？
2. 自社の市場では製品のセールスとサービスのセールスにどのような違いがあるか？　その違いはセールス・プロセスに影響を与えるか？
3. サービス・セールスにおいて、自社が求める際立ったセールス能力とは何か？
4. 自社業界でのセールス担当の理想的な特性はどのようなものか？　現在、自社はこれらの特性について他社より抜きん出ているか？
5. セールス担当者は、サービス・セールスに必要な能力や特性を持っているか？
6. 変革に向けてセールス担当者を教育することは可能か？　それとも新しい人材を雇い入れるべきか？
7. これまでの製品セールス担当と新たなサービス・セールス担当との適切な組み合わせは何か？

8. 製品とサービスの2つのセールス部隊は、共存させるべきか？　そうであるならば、その2つをどのように調整することができるか？
9. インセンティブ・システムは、サービス化戦略と整合性が取れているか？
10. インセンティブ・システムはサービス・セールス組織の目標達成に対して適切か？

第12章

チャネル・パートナーのマネジメント

市場ごとにチャネルを確立し、効率化、統制、適応力を向上させる[1]。

——フィリップ・コトラー（Philip Kotler）

企業がサービス化を成功させるためには、適切な組織構造を確立し、組織の中にサービスを根づかせなければならない。それと同じくらい重要なことは、チャネル・パートナーと上手に連携することだ。しかし、経営者の多くは、サービス戦略を策定する際に、パートナー企業との関係を見直そうとはしない。提供するサービスが高度になればなるほど、その必要性は高まる。本章では、まず、サービスを自前で行うか、パートナーに委託するかの決定要因になる、内部チャネルと外部チャネルの特徴を整理する。そして、サービスのチャネル戦略に影響する要因を、製品の要因、企業の要因、市場の要因の3つに分けて検討する。次に、これらを考慮したチャネル・パートナーとの適切な連携を考える。最後に、単なるチャネルからネットワーク上のバリュー・コンステレーション[2]へと視野を広げてこの問題をとらえる。

12-1 サービス・チャネル戦略の明確化

多くの企業は、安定した製品の流れを確保するために、チャネル・パートナーに深く依存している。モノの財の提供に、企業が工場から最終顧客に至るまでの経路を最適化するように、サービスの提供においても、顧客が十分にサービスを受けられるように、チャネルネットワークを構築する必要がある。またサービスは現場で実現されることが多いので、企業はそのための組織を用意する必要がある。しかし、この時、自社とチャネル・パートナーの方針が一致していなければ、全体のサービス化戦略が損なわれてしまう。経営者は、自社とチャネル企業の戦略の足並みがそろっているかどうかを問うことになる。

サービス化に際して、チャネル・パートナーは抵抗者となる場合もあれば、強力な推進者となる場合もある。建設機械のトップ企業であるキャタピラー社（Caterpillar）[3]の例を見てみよう。キャタピラー社は、顧客への価値提案を実現するために、ディーラーとパートナー関係を築き、同社の建機を使用するユーザーとのつながりを強化してきた。各ディーラーは、顧客と顔を合わせて話す機会に恵まれており、顧客の意思決定プロセスに深く関わっている。同社は、180カ国以上に築かれたディーラー・ネットワークを通じて事業を展開し、これらのディーラーを、成功のための「競争的差別化基盤」と呼んでいる[4]。例えば、同社のチャネル、エンパイヤ・サウスウエスト社（Empire Southwest）[5]は、アリゾナ州、カリフォルニア州南東部、メキシコ北部に拠点を持つ独立系ディーラーである。同社は、キャタピラー社の機器を販売するだけでなく、保守、修理、再建などのサービスを提供している[6]。米国内だけで2,000拠点を超えるディーラーを持つジョンディア社（John Deere）[7]などの競合と比較すると、同社の拠点はわずか50ほどであるにもかかわらず、その強力な営業力では比類するものがない。

もう1つは、フォークリフト業界のトップ企業Toyota Material Handling Groupの例である。同グループは、北米市場では、ニューヨークに本社を置く独立系ディーラーであるレイモンド社（Raymond）のチャネル・ネットワークを通じて、マテリアル・ハンドリング・サービス[8]や物流ソリューション・サービスを提供している。メーカーが独立系ディーラーを使うメリットは、自社チャネルを補完して、より遠隔地の顧客にもサービスを提供できることにある。一方で同グループは、欧州・日本市場では、北米とは異なり自前のチャネル戦略を取っている。例えば日本市場では、グループ企業のトヨタL&Fのチャネル・ネットワークを通じてサービスを提供している。

このように、同じ企業内であっても、地域によってはチャネル戦略がまったく異なる場合がある。

12-2 内部チャネルか外部チャネルか

サービス・チャネル戦略で最初に問うべきは、サービス活動を自社の販売会社やサービス会社（内部チャネル）で行うか、ディーラーや地場企業（外部チャネル）に委託するかという問題である。それによって、チャネルの統制方法、サービス・ポートフォリオの管理方法、顧客とのやりとりの仕方などに違いが出てくる。まず、現在のチャネルが、どのような役割を担い、どのようなポジションにあるのかを整理する必要がある。企業にとっての理想のチャネル・ネットワークと現実のネットワークは異なる。多くの場合、それは他のネットワーク・メンバーの活動、企業の伝統や過去の戦略的な意思決定の結果によってできあがったものだ。メーカーがディーラーを持てないという規制や制度があって、チャネルへの影響力を持ちにくい場合もある。

現状はともあれ、経営者は、チャネルとどのように連携するのか、明確な長期展望を持っておかなければならない。個々のチャネル・パートナーだけでなく、ネットワーク全体をマネジメントするためには、現状を把握し、どうすればサービス化の目的を果たせるのかをよく検討する必要がある。チャネル・ネットワークをゼロからデザインすることができるとしたら、それは、どのようなものになるのだろうか？　既存のネットワークとどこがどう違うのだろうか？　望ましいチャネル配置に近づけるためには、どのような戦略と行動が必要だろうか？　などの問いが生じる。

メーカーとディーラーの連携関係は、キャタピラー社のように、数十年間にわたって企業文化と調和しながら制度化されてきたものが多い。この関係は、企業にとって競争優位を築くための鍵となるが、正反対の結果も招きうる。ディーラーは、日和見主義的な態度や不誠実な行動を取るかもしれないし、メーカー主導によるサービス化のための変革を受け入れたがらないかもしれない。これらは、ディーラーが複数社の製品を販売し、メーカーへの忠誠心が低い場合にはよく見られることだ。

変革しようとしている企業内でも「組織慣性[9]」は働いてしまうが、チャネル・パートナーに変革への抵抗や敵対心が蔓延していると、問題はさらに大きくなる。特に、メーカーがディーラーを迂回したり、切り離そうとしたりするなど、ディーラーの領域を侵すとみなされる動きを見せると、チャネルとの対立が深刻化する。企業は、そのような抵抗や対立を生まないように、サービス化の競争力や収益力への効果を、ディーラーに説得力を持って示す必要がある。また、ディーラーへのインセンティブ、情報交換、サービス販売支援などに、積極的に投資する必要もある。

多くの企業は、内部チャネルと外部チャネルとの連携を両立させながらサービス・オペレーションを行っている。社内で実施する方が適しているサービスもあれば、外部に委託する方が適しているサービスもある。例えば、販売、配送、保守、修理など、製品をベースとするサービスはチャネルに任せ、テスト、最適化、カスタマイズ設計などのプロセスをベースとするサービスは、社内のアプリケーション・スペシャリストやエンジニアを活用することができる。また、顧客により近いポジションを取るために、外部チャネルを買収することもある。

表12-1に、内部チャネルと外部チャネルの特徴と課題をリストアップする。経営者はこれらを理解することによって、より良いチャネル選択を行うことができる。

表12-1　内部チャネルと外部チャネルの特徴と課題

内部チャネル・モデル	外部チャネル・モデル
・柔軟性が低く、固定費が高くなる。 ・確立に十分なリソースと支援が必要であり、時間がかかる。 ・チャネルを買収して内部化する場合には、組織融合が必要になる。 ・変革のための幅広い能力が必要になる。 ・製品事業のリソースをサービスに割くことになる可能性がある。 ・チャネル部門と市場の連携を内部的に調整する必要がある。 ・外部チャネルと競合が起こる。	・製品中心志向の外部チャネルが多い。 ・サービス化に必要な能力やコミットメントが、チャネルにあるかどうかの評価が必要である。 ・交換・消耗部品の販売では、企業のブランドに対するチャネルの忠誠心が低い。 ・顧客との関係性で競合する場合、日常的な接点を持つ外部チャネルが有利である。 ・多地域でサービス提供する場合には、サービスの標準化が必要である。 ・連携が必要な外部関係者が増える。

12-3　サービス・チャネル戦略に影響を与える要因

サービス・チャネルの選択に影響を与える主な要因は、製品の要因、企業の要因、市場の要因の3つに分類される（図12-1参照）。

製品の要因　サービス・チャネル戦略を策定する際、最初の問いは、「そのサービスが、コア製品に不可欠なものであるのか？」ということである。米国の上場企業477社を対象とした調査では、サービスと製品の関連が密接な場合には、内部チャネルによるサービス提供が企業価値にプラスの効果をもたらすことがわかった[10]。

加えて、内部チャネルが特に適合するのは、サービスの収益性が高く、他社に模倣されにくい場合や、サービスの取引量が多く、製品ライフサイクルが長い場合である。また、そのサービスが、顧客との関係性を構築・維持するのに必須で、顧客のパフォーマンス向上を確実にするものである場合にも適合する。その逆の状況では、外部チャネル、すなわちサービス・パートナーの方が合う。

図 12-1　サービス・チャネルモデルと 3 つの要因

	内部チャネル	外部チャネル	ハイブリッド・チャネル
製品の要因	・サービスは中核事業である ・サービス量は多く、予測可能である ・サービスは収益性の高い事業である ・提供するサービスは模倣困難である ・製品とサービスの融合により、シナジー効果が発揮される。 ・製品は高価であり、ライフサイクルが長い ・サービスは、顧客ニーズを理解し、顧客関係性を構築するために不可欠である ・サービスは、正常な製品オペレーションを保証する	・中核事業は製品事業である ・サービス量は少なく、予測不可能である ・サービスは製品事業よりも収益性が低い ・提供するサービスは模倣されやすい ・製品事業とサービスの関連性は低い（それぞれの事業は別々の顧客ニーズを満たす） ・製品は比較的安価であり、ライフサイクルが短い ・顧客は他社ブランドに対するサービスも期待している	・サービスが製品事業に関連付けられる度合いは、事業によって大きく異なる ・サービス量が変動しても、繁忙期にはチャネル・パートナーの支援を受けられる ・サービスによって収益性が大きく異なる ・製品は多岐にわたり、広範囲に及ぶサービスとスキルを必要とする
企業の要因	・サービス中心志向と顧客志向をあわせ持つ ・顧客プロセス内の製品の役割について深い知識を有する ・組織間の相互依存性が高い ・サービス提供のための価値ある希少なリソースを有する ・全社的な効率の良さ、標準化されたプロセス、現場レベルで統一されたシステムを有する ・サービス提供に必要なリソースがある	・製品中心的な志向を持つ ・サービス中心的な志向を高めるための戦略がない ・チャネル・パートナーと関係を構築し、統制力を発揮する能力を持つ ・資金や人的リソースが限られている ・オーバーヘッド・コストが高く、内部のサービス提供プロセスが非効率的である ・市場のプレゼンスが弱く、地理的な配置が限られている	・サービスや市場に応じた異なる知識とスキルを必要とする ・自社のスキルをパートナーのスキルと結合することによって、より高い価値を提供することができる ・市場や領域によって、異なるプレゼンスを必要とする
市場の要因	・製品の成長性が低い。サービス市場は大きく、既存設置製品の規模も大きい ・顧客は製品を購入するのではなく、価値（パフォーマンス、稼働時間など）を購入する ・国際的なサービスに対する顧客ニーズがある ・ディーラーやその他のパートナー企業は、サービスに関心がない ・顧客はサプライヤーと緊密な関係を築く傾向にある	・製品の成長性が高い。サービス市場は限定されており、既存設置製品の規模も小さい ・サービス市場は競争が激しい ・顧客は製品中心志向であり、価値を付加したサービスに対して追加料金を支払うことを嫌う ・パートナー企業は鍵となるリソースを有し、市場でのポジションを確立している ・企業とパートナー企業との間には文化的な適合性がある：パートナー企業は強いサービス理念を持ち、企業に対して忠誠心がある。新しいサービスの展開にも意欲的である ・内外チャネルを連携するには、多額の費用を要する、あるいは困難を伴う	・サービス市場に異質性がある ・内部と外部のチャネルはどちらもサービス提供能力を有している ・業界やセグメントは多種多様である ・顧客は地理的に分散している ・パートナー企業は市場によって異なるポジションと能力を有する

サービス・パートナーとの依存関係は、提供するサービスの内容によって異なる。第Ⅳ部第10章では、フロントエンドとバックエンドのサービス、ハイタッチとロータッチのサービスの概念について説明した。何か問題が起きてから対応する修理サービスは、フロントエンドのハイタッチのサービスである。これを予防保守などの事前対応サービスへ移行する場合には、分析や設計などのバックエンドの活動が重要になる。バックエンドのロータッチ・サービスの比重を増やすことは、将来的には外部チャネルへの依存を減らすことになる。

さらに、他社製品に対してサービスを提供する場合には、自社製品のようには効率良くサービスを提供することができない。そのため、顧客が複数社の製品を持っている場合には、企業は、外部チャネルを選択することが多い。一方、他社製品に対するサービスも内部チャネルで積極的に行っている企業もある。オフィス複写機・複合機メーカーの富士ゼロックスは、複数ベンダーから成るIT環境を一括してサポートする「マルチベンダー・サービス」を展開している。そのサービス・メニューには、設計・構築サービス、導入、システム管理・支援サービス、ネットワーク運用管理サービス、障害切り分けサービス、教育代行サービスなどがある。同社は、日本国内370カ所のサービス拠点に約4,400人のサービスエンジニアを配備し、保守サービスなどのサポートを迅速かつ効率良く行える内部チャネル体制を整えている[11]。

また、ATMに関わる各種アウトソーシング事業を営む日本ATM[12]は、各銀行に設置された複数ベンダーが提供しているATMの監視・運用を一括して請け負うサービスを提供している。同社の開発した「マルチベンダーATMシステム」は、ベンダーに依存しないATMアプリケーション・ソフトウェアをベースとしたものであり、これにより、銀行へのATMシステム導入や監視・運営に係るコスト低減を実現している[13]。

他社製品に対してもシステム導入や専門的なメンテナンス・サービスを提供できる能力は、これらの企業のサービスの成功の鍵となっている。

企業の要因　製品中心的な企業は、通常は、サービスにリソースをあまり投じないので、サービス化に際しては一般的に外部チャネルに依存することが多い。一方、顧客とより良い関係を築き、顧客ニーズをより理解しようとしている企業は、外部チャネルよりも内部チャネルの方が有利であることに気づいている。データを企業の内部で持つことは、製品とサービスを組み合わせた高度なサービスの提供を可能にする。

外部チャネルに顧客データやサービス・データの管理も委託することになると、データの「所有権」の問題が生じる。企業と外部チャネルのどちらもデータが欲しいので、データを共有しようということになる。共有には、相互依存性、透明性、効率性を高めるための追加コストがかかるため、結局は内部チャネルの方が有利だった、ということもありうる。

一方、社内のサービス・プロセスが非効率でオーバーヘッド・コスト[14]が高い場合や、サービス品質が低い場合には、外部チャネルを選択する方がよい。内部資源が限られていたり、フレキシブルなサービスを提供する必要があったりする場合も同様である。顧客基盤が十分に確立されていない地域でサービスを展開する場合には、メーカーは外部チャネルと連携することで、大規模な投資や固定費の投入を避けることができる。外部チャネルが、旧態依然としたメーカーには真似できないスピードや、起業家精神を持っている場合も時にはある。ただし、外部チャネルは、製品とサービスを組み合わせた高度なサービスの提供に必要なスキルを持っていないことが多いので、その場合には、メーカーによる教育や支援が必要になる。

市場の要因　サービス提供基盤は、市場や地域によって大きく異なる。一般的には、製品の販売が低迷していたり不安定な業界では、サービスが重要になる。そのような業界で、サービスの安定的な成長と企業価値の向上を図るには、内部チャネルの役割がより重要になる。

一方、成長中の業界では、サービスに多額の投資をすると製品事業への資源配分が減り、企業価値を損なうことがある[15]。その可能性が高い場合には、外部チャネルとの連携が必要である。また、サービス市場が小さかったり、既存設置製品が少なかったりする場合も、外部チャネルと連携することが有利だ。もっとも、サービス市場の規模が小さいのは、市場要因だけとは限らず、自社のチャネル統制が緩すぎたり、外部チャネルの能力が低かったりするせいかもしれず、注意が必要である。

内部チャネルが有利に働く要因は2つある。顧客が製品とサービスを組み合わせた高度なサービスや、メーカーとチャネルのサービス提供基盤の統合を望んでいる場合だ。国境をまたいでサービスを展開する場合には、標準化が必要になるが、これは、地域ごとのチャネル・パートナーだけでは実現できないことである。また、変動が激しい市場ではメーカーはできるだけ顧客に近いところにいて、常に変化する状況に柔軟に対応しなければならない。とはいえ、より拡大された内容のサービスに関しては、企業内部にはない知識を活用することが必要になる。その場合には、地域の文化、規制、企業、労働者についてよく知っているチャネル・パートナーと連携・協業することが考えられる。この時、企業が製品とサービスのプラットフォームを提供し教育を行うことに対して、チャネル・パートナーは財務上のリスクを負ってくれることもある。

もうひとつのより重要な要因は、チャネル・パートナー自身にある。チャネルがサービス化に必要なマインドセットとコミットメントを有していない、企業文化が適合しない、必要な資源を有していないなど課題を持つことは多い。その場合は内部チャネルを選択すべきである。例えば、外部の配送ネットワークに依存していたAmazonは、2013年のクリスマス・シーズンに、大損害を被った。米国最大の宅配便業者であるUPS社の配送ネットワークがオーバーフローして、12月25日にクリスマス・プレゼントを受け取れない顧客が大量に発生してしまったのだ。これを受けて、Amazon社では、オハイオ州に本社を置くAir Transportation Services Groupから貨物専用機20機をリースし[16]、物流を内部化してコントロールを強化することにしたのである。

以上をまとめると、図12-1のように、内部チャネル・モデル、外部チャネル・モデルに加えて、両者を併用するハイブリッド・チャネル・モデルという3つのタイプのチャネル選択肢ができる。サービスがビジネスにおいて重要な意味を持つ、すなわち収益性の高いサービスや顧客との緊密なつながりを必要とするサービスを実現する場合には、内部チャネル・モデルが有利になる。チャネル・パートナーが市場で強いポジションを持ち、サービス志向で、そのスキルを持つ場合には、外部チャネル・モデルが有利になる。マネージャーは、製品の要因、企業の要因、市場の要因、3つのチャネル・モデルを理解して、チャネル戦略を考える必要がある。

12-4 チャネルとの連携と指揮

農業機械メーカーのクボタは、KSAS（クボタ スマートアグリシステム）を開発し、農業生産者が高い成果を得られるようにするためのサービスを提供している。コモディティ化している種苗業界では、差別化の機会は顧客プロセスの中に見出すことができる。クボタの提供するKSASは、農機に搭載した食味・収量センサーで稲作の収穫段階の品質データを収集し、生産者に翌年の施肥計画を指導する。また、KSAS機械サポート・サービスは、農機の稼働状況や定期交換部品のタイミングなどをスマートフォンで生産者に知らせる[17]。これらのサービスは、顧客プロセスの中から生まれたサービスの典型的な例である。その戦略的重要性は言うまでもないが、実際にサービスを提供するためには、農機や農産物の流通を支配するJAチャネルとどのように連携するかが課題になる。

チャネル・パートナーとの連携を成功に導く5つの検討ステップを紹介しよう（図12-2）。経営者は、まず、サービス化に必要なチャネル・パートナーの特性を定義する。そして、サービス・チャネルのポートフォリオ

図 12-2　チャネル・パートナーとの連携を成功に導く検討ステップ

1. あるべきチャネル・パートナーの特性を定義する

既存事業と何が異なるのか？　そのパートナーに必要とされる特性は何か？　パートナーとどの程度深く連携し、管理は厳格にすべきか、緩やかにすべきか？

2. チャネル・パートナーをふるいにかけて選ぶ

既存のパートナーは、必要な要件を満たしているか？　満たしているとしたら、それによって何が得られるのか？　満たしていないとしたら、新しいパートナー候補は？

3. サービス・チャネルのポートフォリオを構築する

チャネル全体にわたって、一貫した顧客経験をどう実現するか？　既存のパートナーとの関係をどのように強化するか？　障害となる要因をどう解消し、どう関係性を変えていくのか？

4. チャネル・パートナーの支援体制を整える

パートナーとの連携・調整、パートナーの能力開発をどのように実現するか？　そのために必要な知識、スキル、プロセス、組織体制が自社にあるか？

5. サービス・チャネルを指揮・統制する

パートナーとのインセンティブ調整、責任の明確化、リスク分散、競合する部分の解決などの指揮・統制をどのように行うか？

を構築し、その支援体制を整え、チャネル全体を指揮・統制する必要がある。

●サービス・チャネルのポートフォリオ構築

市場環境やサービス戦略によって、チャネル・パートナーとの関係性やチャネル・ネットワークをマネジメントする方法は異なる。例えば、ニューヨークに本社を置く、浄水ビジネスのトップ企業であるザイレム社(Xylem)[18]は、給水装置や排水装置のパフォーマンスを保証するサービス「TotalCare」を展開し、サービスの成長を図っている[19]。同社は、北米市場では「3方向マルチ・チャネル戦略」を採用し、社内のフィールド・サービス組織、専属の認定パートナー、独立系パートナーが連携しながらサービス・オペレーションを行っている。社内のサービス技術者は、セールス担当者の10分の1程度しか収益を生み出さないので、顧客が少ない地域では、内部チャネル・モデルを選択しても慢性的に利益が得られない。また、サービスを提供するにあたっては、小型トラック、機器、環境認可取得などの追加コストも発生する。同社の「3方向マルチ・チャネル戦略」は、こうしたデメリットを補完するものだ。一方、ザイレム・スウェーデン社（Xylem Sweden）では、独立系のパートナー企業を、そのサービス・レベルに応じて認定している。最上位のプレミアム・カテゴリーは、その認定パートナーが最高品質のサービスを提供でき、同社の「真の代表者」であることを意味する。ザイレム・スウェーデン社は、この認定制度によってパートナー企業を最大限に活用している[20]。

第Ⅱ部第6章で説明した内部組織のマネジメントは、チャネル・パートナーとの関係性のマネジメントにも適用できる。まったく同じというわけではないが、インセンティブの調整、責任の明確化、リスクの分散、効率的な情報交換の方法などは、外部組織のマネジメントでも同様である[21]。企業は、サービスの計画、市場の分析、パートナー企業の教育や認定などを通じて、チャネル・パートナーのサービス・オペレーションを積極的に支援する。キャタピラー社（Caterpillar）の経営陣は、ディーラーが年間90億ドル～180億ドルもの容易に得られる収益を逃していると見ていた。サービス化の一環としてキャタピラー社が建設機械に装備していた診断テクノロジーを、ディーラーは十分には活用していなかったのだ。ディーラー管理を担当するグループのトップは、「我が社も、十分にはディーラーに指示したり、ディーラーを支援したりしていなかった」と認めている[22]。同社の経営陣は、グローバル市場でサービスのシェアを拡大するためには、ディーラーのサービス・オペレーションのマネジメントをより強化する必要があると考えている。

事例12-1　ミシュラン社：フリート・マネジメント・ソリューションとディーラーの役割

タイヤ業界のビッグ・スリーの一角であるミシュラン社（Michelin）では、ソリューション・ビジネスへの移行当初に、チャネルとの連携がうまくいかなかったことがビジネスの失敗の原因となった。同社は、2000年、欧州市場に向けて、車両の使用量に応じて顧客のタイヤ関連コストを変動費として課金するサービス「ミシュラン・フリート・ソリューション（MFS）」を立ち上げた。MFSによってサービス化を進めることは、プレミアム・タイヤのメーカーである同社にとって、大きな課題であった。ミシュラン社の業績は、同社がそのサービス品質基準を満たし、オペレーションの優位性を確保できるかどうかにかかっていた。

欧州全体でMFSを拡大するためにミシュラン社では、サードパーティのディーラー・ネットワークを活用することにした。ミシュラン社がディーラーとサービス委託契約を締結し、ディーラーが顧客に対してサービスの実行責任を負う。これにより、ディーラーは、顧客にではなくミシュラン社に対してサービス料を請求するという、商流面での大きな変化が起きた（図12-3参照）。

しかし、ミシュラン社は、この変更によって生じる問題を過小評価していた。ディーラーは、自社のテリトリーでの売上げや独立性が損なわれることを恐れ、ミシュラン社がサービス分野に参入したことに不満を抱いていたのだ。また、ミシュラン社は、ディーラーとサービス委託契約を締結したことで仕事の大部分は完了したものと思っていたが、それは大きな間違いだった。一部のディーラーが手を抜きはじめ、提供されているサービスの品質にバラツキが生じるようになったのである。特に、国際的なオペレーションを行っている顧客への影響は大きかった。このような状況下で、欧州全域を移動するトラックのタイヤ・メンテナンス・サービスを行うこ

図12-3　MFSの商流

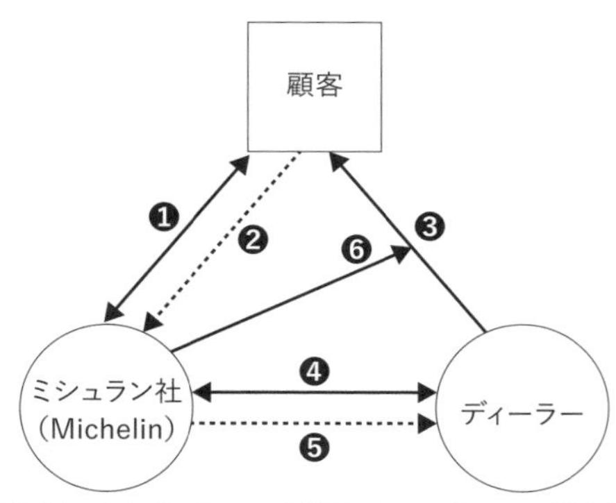

❶顧客とのサービス契約
❷顧客からのサービス料の支払い（車両の走行距離に応じた支払い）
❸ディーラーによるサービスの履行
❹ディーラーとのサービス委託契約
❺ディーラーへのサービス料の支払い
❻サービス品質の定期的なモニタリング

（出典）Michelin Group（2015）、Renault et al.（2010）を参考に著者作成。

とは、極めて困難であった。ミシュラン社の業績は、そのサービス・オペレーションのまずさのため3年後にはひどく悪化し、当初の計画をはるかに下回る結果となった。

この事例から得られる重要な教訓は、企業が外部チャネルと連携する場合には、当初からチャネル・ネットワーク全体を見通して、将来を予測しなければならないということだ。さもなければ、様々な問題の火消しに追われることになる。また、チャネルに格下げされたと感じさせたり、競合すると感じさせたりしてはならない。同時に企業は、外部チャネルが適切に職務を果たせるように、彼らが提供するサービスの品質管理・監査、また従業員への教育に一定の投資を行う必要がある。外部チャネルがサービス品質を維持できないと、企業のブランド・イメージが低下し、損失を被ることになる。

サービス提供がうまくいきはじめれば、企業は、チャネル企業に対して戦略的に優位な関係性を築くことができる。企業からビジネス機会をもらえるようになれば、チャネル・パートナーは企業との密接な連携に価値を認めるので、企業の交渉力は強くなる。

事例12-2 シスコシステムズ社：ボリューム・ベースからバリュー・ベースのチャネル・マネジメントへの移行

シスコシステムズ社（Cisco）は、2001年3月にIT業界ではじめてボリューム・ベースのチャネル・マネジメントからバリュー・ベースのチャネル・マネジメントに移行した企業である。同社のチャネル・パートナーは、VARs（Value Added Resellers）と呼ばれ、サードパーティ製品を含むネットワーク・システムの設計・導入に関するソリューション・サービスを提供している。

シスコシステムズ社（以下、シスコ社）は1990年代に、VARsとともに主要顧客への販売を強化しようとしていた。しかし当時、パートナー企業では、シスコ社製品に対してボリューム・ディスカウントを行うことが慣例となっていたために、それが同社のマージンを圧迫していた。こうしたボリューム・ディスカウントは、大規模パートナー企業にとって有利で、小規模パートナー企業は専門知識で顧客に価値をもたらしていたにもかかわらず、不利な状況にあった。パートナー企業同士が、1つの地域内で同じ顧客を奪い合うことも多かった。パートナー企業に対する教育と認定の仕組みもなかったために、一定のサービス水準を保てるだけの専門知識のないパートナー企業も存在していた。

そこでシスコ社は、ボリューム・ベースからバリュー・ベースへとチャネル・マネジメントを移行させる変革プログラムを展開した。技術的な知識、製品のポジショニング、製品のライフサイクル・サービスなどに関する教育を効率的に行うことと、毎年更新されるパートナー企業の認定を厳格に行うことにしたのである。パートナー企業は、何百もの無料オンライン講座を利用できるなど、教育と認定において深さと幅広さの両面から恩恵を受けられるようになった。8年後には、パートナー企業の8万人以上の従業員がシスコ社の認定を受けていた。認定レベルが一定の基準に達すると、パートナー企業は、シスコ社との共同ブランドを立ち上げることが許可されるようになった。さらに同社は、パートナー企業が独自のサービスやアプリケーションを開発することを奨励し、それに見合う報酬を与えるようにした。こうした取り組みにより、パートナー企業は、シスコ社だけではわからない販売機会を見つけ出すことができるようになった。それによって、顧客の信頼も大きく向上した。

バリュー・ベースのチャネル・マネジメントでは、パートナー企業は、シスコ社の製品やサービスをどれだけ販売したのかではなく、自らの能力によって提供した価値に応じた報酬を獲得できる。機会の獲得、新しい技術やサービスの提供、既存設置製品のアップグレードなどに基づく成果に応じて、シスコ社はパートナー企業に追加報酬を与え、これらのプログラムがパートナー企業の収益性に与える効果も測定している。しかし、パートナー企業は追加報酬を受け取った後に、シスコ社が望まないかたちで、隠れて顧客に対してディスカウント（割引）を行うかもしれない。そのためシスコ社では、追加報酬の一部の支払いを取引の数カ月後まで待つことにしている。

シスコ社は、このバリュー・ベースのチャネル・マネジメントへの移行から8年後には、独立系VARs、システム・インテグレーター、ネットワーク・コンサルティング企業など、5万5,000社で活動する28万人のCisco認定者によって、300億ドルを上回る売上げを達成することができた。これはシスコ社の収益の80%を超えていた。同社は、ボリューム・ベースとバリュー・ベースの2つのシステムが共存できるとは考えていない。なぜならば、売上げは、バリュー・ベースのチャネル・マネジメントに基づいて価値を創造した結果として生じるものだからだ。ボリューム・ベースのチャネル・マネジメントでは、パートナー企業に販売価格のディスカウント（割引）を促したり、パートナー企業によるイノベーションを阻害したりしてしまうのである。

この事例から得られる重要な教訓は、バリュー・ベースのモデルを導入するならば、ボリューム・ベースのチャネル・マネジメントに基づく報酬は完全にやめなければならないということだ。チャネル配置とチャネルへの報酬制度は、市場環境や技術の変化に応じて、柔軟に変更できるものでなければならない。

（出典）Kalyanam and Brar（2009).

チャネル・パートナーを適切にマネジメントすることによって成功している日本企業がある。世界的な自動二輪車メーカーであるヤマハ発動機である。同社のマリン事業部が2006年に発足させた会員制マリンクラブ「ヤマハ マリンクラブ・シースタイル」は、チャネル・パートナーであるマリーナと提携し、レンタルボートを中心としたマリンレジャーサービスで成功を収めている。

事例12-3　ヤマハ発動機：

ヤマハ マリンクラブ・シースタイルにおけるバリュー・ベースのチャネル・マネジメント

「ヤマハ マリンクラブ・シースタイル（以下、シースタイル)」は、ヤマハ発動機（以下、ヤマハ）が2006年に発足した会員制のマリンクラブである。会員向けに、モーターボートやクルーザーをレンタルするほか、様々なマリンレジャーサービスを提供している。シースタイル発足以前のプレジャー・ボートの出荷隻数は、2000年をピークに急激に減少していた。同社は、もっと多くの人に気軽にマリンレジャーを楽しんでもらいたいという思いから、以前から細々と続けていたレンタルボートのビジネスモデルを刷新し、新しいサービス市場を切り開くことにした。

シースタイルの提供するレンタルボート・サービスにより、顧客は、高価なボートを購入したり維持管理をしたりすることなく、日本全国140カ所のマリーナで好みのボートを必要な時に必要な時間だけ利用することができる。ヤマハは、もともとボートの販売チャネルであった提携マリーナにレンタル用のボートを販売し、提携マリーナが、それをクラブ艇としてシースタイル会員にレンタルする。ヤマハは、クラブ艇の売上に加えて、顧客からの入会金、会費と、レンタルサービスによるマリーナからのロイヤルティ収入を得ることができる。予約システムの運営、会員管理、会員募集の広告宣伝などをヤマハが担ってくれる中で、提携マリーナは、レンタル・オペレーションに専念して、会員からレンタル料を得ることができる。また提携マリーナは、シースタイル用ボートの購入に際しては、契約期間とボートの種類に応じて、ヤマハから補助金を得られる。レンタル用ボートとしての使用期間である2年または3年が過ぎれば、それを中古艇として顧客に販売することもできる。

シースタイルは、従来の慣習にとらわれず、最新モデルのボートもレンタルサービスの対象としている。当初はヤマハの幹部から、ボート販売とカニバリゼーション（売上の共食い）が生じるとの反対意見があったが、シースタイルの責任者はこれを説得し、「多くの人に魅力のあるマリン体験を提供すること」を優先させた。シースタイルは、顧客、提携マリーナ、ヤマハの三者間でそれぞれの利益配分を考慮したマネタイズ設計を行い、新しいサービスを成功に導いたのである。

シースタイルでは近年、さらにクラブ艇の種類を増やし、サービスの内容を拡充させている。例えば、チャーター・プランは、会員が要望に合わせて行き先を決めておき、マリーナのスタッフがキャプテンとして同乗し、会員はボートを運転せずに、クルージングの間は、食事などを楽しむことができる。30フィート・クラスの豪華クルーザーをレンタルして、船上でパーティを楽しむプランも提供している。

シースタイルの2019年11月時点の会員数は約2万4,800人、チャネル・パートナーである提携マリーナは140カ所にのぼる。最近では、カード会社や航空会社とも提携してマーケティングを行っており、サービス提供の入り口となるチャネルも拡充している。直近事業年度の売上高（中古艇の販売を除く、サービスからの売上のみ）は約10億円で、ヤマハの売上高全体に占める割合はまだ小さいものの安定的な成長を遂げている。

（出典）戸谷圭子・小林吉之・丹野愼太郎、明治大学大学院グローバル・ビジネス研究科（2017）、日本ケースセンター、および担当者への個別インタビュー（2019年11月実施）による。

●視野の広がり：バリュー・チェーンからバリュー・ネットワークへ

メーカーの経営者の間では、価値は直線的なバリュー・チェーン上で創造されるという考え方が依然として強い。このようなビジネス観は、サービス化の妨げとなることから、第Ⅱ部第3章では、これを「サービスに近視眼的な企業の7つの大罪」の1つとして説明した。経営層は、このような直線的で製品中心的な思考から抜け出さなければならない。顧客やパートナー企業との間にバリュー・ネットワークを上手く構築し活性化させることによって、共創価値を作り、顧客インサイト[23]やサービス・イノベーションのアイデアを得ることができる。

しかし、このバリュー・ネットワークが、企業にとっては、複雑な利害関係の中で綱渡りをするようなものにならないよう注意も必要である。ザイレム社（Xylem）の事例に戻ろう。給水・廃水システムの専門的な知識と技術、エネルギー効率の計算や配管構成の提案などで同社に勝る競合はほとんどない。ザイレム社は、正規ディーラーに対してサービス提供教育、システム運用支援、テクニカル・サポートなどを積極的に行っている。また、顧客が新しい設備建設や関連する大規模案件の仕様を検討する際には、専門の技術コンサルタントによる支援も行っている。ザイレム社のサービスでの成功には、これらのパートナー企業との関係性を強め、相互に有益な価値提案をしてきたことが大きく影響している。

一方、サービスの提供範囲が広すぎると、独立系ディーラーと対立したり、技術コンサルティング会社に依存しすぎたりすることになる。ある北欧のM2Mサービス・プロバイダー[24]の例を見てみよう。同社の場合には、パートナー企業8社と協業して、ITコンサルティング、ソフトウェア開発、セキュリティ対応などの領域をカバーする体制を構築した。しかしその結果、同社のチャネル・ネットワークは非常に複雑なものになってしまった。企業間ネットワークのパス数の多さは、テクノロジーやスキルとは別の問題を引き起こす。企業間の壁を越えた連携や調整ができる強力なネットワーク・オーケストレーション能力が必要になるのである。場合によっては、自社のオーケストレーション能力を超えたネットワークのために、サービス化が失敗することもある。

マネージャーは、バリュー・ネットワーク全体を見ることによって、サービスの成長に向けて、新しい機会と脅威をより的確に把握できる。これは言い換えると、まったく異なる業界の企業を、自社の競争相手や共創相手として見ることでもある。

例えば、石油メジャー最大手のエクソンモービル社（ExxonMobil's）[25]は、車両追跡サービスを提供することによって、Googleと競合するテレマティックス・サービス[26]企業となった。また、自動車メーカー各社は、急速な自動運転化の波の中で、車を作る製造業から“モビリティ”サービス業へと移行しようとしている。ウーバー・テクノロジーズ社（Uber）とボルボ社（Volvo Cars）が3億ドルを共同出資し、自動運転車[27]の開発を行うことになったり、GM社（General Motors）が10億ドルの企業買収を行い、2016年からドライバー・レス車[28]の運行を開始することになったりしたのは、その動きの一環だ。日本でも、トヨタ自動車がウーバー・テクノロジーズ社に5億ドルを出資し、自動運転技術を活用したライド・シェア・サービスの開発に向けて協業を開始している。先述のトヨタ自動車とソフトバンクのMaaS事業、MONET Technologiesもそのひとつだ。

商用車分野でも、テレマティックス・システムを提供するIT企業が、ドイツのダイムラー社（Daimler）やスウェーデンのボルボ社、日本の日野自動車、いすゞ自動車などの自動車メーカーと競合または協業している。これらの例は、長く安定していた産業においても、明確だったビジネスの境界が、急速になくなりつつあることを示している。企業は、市場環境の調査を常に怠らず、バリュー・ネットワークの再構成や強化を通じて、新サービスの機会を探し続ける必要がある。

COLUMN

「日本の製造業1,000社調査」——パートナー企業選びの難しさ

ここで、「日本の製造業1,000社調査」から、日本のメーカーにとって、パートナー企業選びの難しさが、どの程度サービス化の障害になっているのか見てみよう。図12-4にあるように、「新たなサービスビジネスに必要な取引先（仕入先、販売先）やパートナーが見つからない」に対して、「そう思う、ややそう思う」と回答した割合は29.6%であった。「そう思わな

図12-4　パートナー選びの難しさ

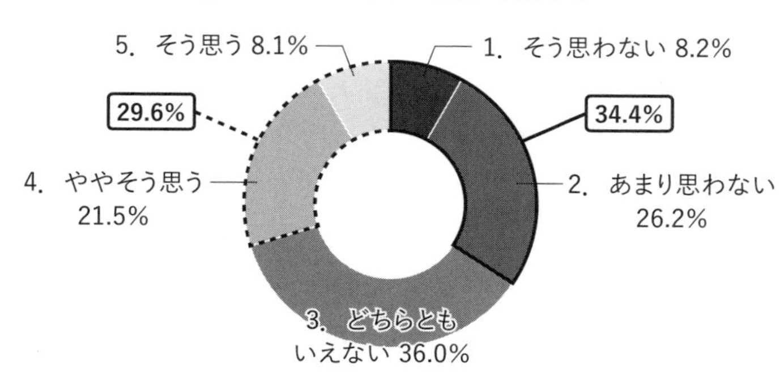

（注）Q.新たなサービスビジネスに必要な取引先（仕入先、販売先）やパートナーが見つからない（1そう思わない—5そう思う、5段階、SA）。カッコ内は有効回答数。
（出典）「日本の製造業1,000社調査」による。

い、あまりそう思わない」と回答した割合34.4％を下回っているものの、約3分の1の企業がパートナー選びで困っていることがわかる。

チャネル・パートナーとの連携に関する10の重要な質問

1. サービスから、いまより多くのマージンを得ようとする場合、チャネル・パートナーは、それにどのように影響するか？
2. 製品とサービスを組み合わせた高度なサービスを実現するには、現在よりもチャネル統制を強める必要があるか？　もしそうならば、どうすればそれを実現できるか？
3. チャネル構築に影響を与える主要な要因（内部要因と外部要因）は何か？
4. 自社にとって内部チャネルと外部チャネルの適切な組み合わせとは、どのようなものか？
5. 現在のチャネル配置やチャネル・パートナーへの報酬制度は、サービス戦略と整合がとれているか？
6. チャネル・パートナーは、サービス戦略を支援するのに必要な要件を有しているか？
7. リスクや責任をチャネル・パートナーとどのように分担・共有すればよいのか？
8. チャネルに対してサービスを成長させるための支援や能力開発教育を十分に行うことができるか？
9. チャネル・パートナーを体系的に評価しているか？
10. ネットワークの他のメンバーは、サービス・オペレーションにどの程度影響を与えているか？

第13章

サービス・イノベーションのための方法論

大胆なアイデアは、前に進めたチェスの駒のようなものである。
負ける可能性もあるが、勝利に向かう作戦の始まりであることもある。
——ヨハン・ヴォルフガング・フォン・ゲーテ（J. W. von Goethe）

第Ⅳ部ではこれまで、サービス化を成功させるための戦術について触れてきた。しかし、まだ不足しているものがある。本書の最後に、サービス・イノベーションについて議論しようと思う。サービス化を成功させるには、既存のサービスに投資するだけではなく、積極的に新たなサービスを創造しなければならない。本章の前半では、サービス・イノベーションとは何かを定義し、製品の開発プロセスとサービスの開発プロセスの違いについて確認する。後半では、サービス・イノベーションを体系的に行うためのフレームワークを提案する。

13-1 サービス・イノベーションとは何か？

サービス・イノベーションとは何だろうか？　第Ⅱ部第3章であげたサービスの定義に基づくならば、サービス・イノベーションは以下のように定義される。

・「ある所与の文脈下で、サービスの受け手やその資産、活動、プロセスにおける斬新な価値を創出するために、多様なサービス資源を再構成することである。」

この定義は、イノベーションのレベルや提供する価値の種類を問わず、あらゆるサービスに当てはまる。サービス・イノベーションは本質的に顧客中心である。顧客ごとに価値の感じ方は異なるので、顧客はイノベーション・プロセスに貢献する参加者となる。

製造業はどの企業でも、製品開発のための投資を適切に判断しようとする。しかし、サービス開発となると、重要な資源に対してもほんのわずかな規模しか投資しようとはしない。科学的なサービス研究に至っては、投資そのものさえ躊躇する。サービスが「製品の後付け[1]」であるという古い考え方が、多くの企業に蔓延していることがその理由だ。そのため、サービス・イノベーションは、新製品の立ち上げ準備が整った時にたった一度だけ関心が向けられる程度である。

以下は、ある企業の経営層とマネージャーへのインタビューから得られたサービス開発に関する課題である。

・製品開発プロセスは、サービスに適していない。
・サービス開発は場の状況に合わせて行う必要がある。
・サービスの機会は、ビジネスに近い場所、すなわち顧客と現場の従業員の接点から生じる。
・サービスを実現するには、アイデアを得るだけでなく、チェンジ・マネジメントが必要である。
・サービスは、製品と同じ方法では評価できない。

サービス・イノベーション・プロセスは、リスクが高く、また、資本と人的資源にかなりの投資が必要となる。しかし、サービス・ビジネスが収益全体の2割を占めるような世界的なメーカーであっても、製品開発のためには何千人ものエンジニアをかかえているのに、サービス開発のためのチームは本社の小さな部屋に数人しかいなかったりする。

また、競合による模倣を防ぐための参入障壁を築くことが徐々に難しくなっており、それが企業にとってさらなる圧力となっている。企業は、イノベーションの観点で正しい意思決定をするだけでなく、新しいサービス・コンセプトの登場から事業化に至るまでの時間を短縮することに努めなければならない。

イノベーション・開発のプロセスそのものは、製品でもサービスでもよく似た開発ステージを経る。アイデアの創出、コンセプトの開発、顧客が要求する仕様の分析、技術的・経済的実現性の調査、市場導入前のパイロットテストなどの中間ステージを経て、事業化に至るプロセスである。しかしながら、表13-1に示すように製品のイノベーションとサービスのイノベーションでは、経営層が意識すべき重要な違いがある[2]。

製品と同じ方法で開発したサービスが失敗に終わった企業は数えきれない。製品とサービスを同一視して、サービス固有の特性をないがしろにしたのであれば、それは当然の結果である。サービス・イノベーションでは、第Ⅲ部第7章で述べたサービス化の6つの障害を考慮し、製品とは異なるイノベーション・プロセスが必要となる。

製品開発とサービス開発の各ステージに求められる資源量の違いについては、図13-1を見てほしい。どちらも「事前調査とコンセプトスタディ」から「フォローアップ」まで5段階あるが、必要となる資源はステージによって大きく異なる。製品開発は、前半の技術開発やプロトタイピングに多くの時間と資源を割く。これに対して、サービス開発は後半の市場導入やパイロットテスト、サービスの販売や提供、フォローアップなどに、より多くの時間と資源が必要になる。

何十年もの間、製品開発で成功を収めてきた企業にとっては、サービス開発にマインドセットを切り替えることは困難を極める。サービス開発のための適切な資源と支援、組織内の正式な役割、それに経験がないからだ。既存の製品開発責任者がサービス開発のトップに任命されることすらある。これではサービス・イノベーションが起こせないのは当然だ。

表 13-1　製品イノベーションとサービス・イノベーションの違い

尺度	製品イノベーション	サービス・イノベーション
着手	本部からの提案、構造的で技術駆動型：新技術もしくは、既存技術の転用	事業部からの提案、顧客潜在ニーズに沿った目的特定型：新しい価値創出の潜在的可能性を特定
戦略視点	企業内部から企業外部を見る	企業外部から企業内部を見る
キーとなる資産	特許などの知的財産	顧客の潜在的ニーズに関する知識
開発	クローズド・プロセス 研究開発と製造部門が関与	オープン・プロセス 販売店やサービス部署が関与
ツールと方法	ステージゲート・モデル	サービス・ブループリント、 サービス工学
重要な資源	製造設備、部品、サブ･システム、サプライ・チェーン	知識とスキル、関係性とそのネットワーク、サービス・パートナーの資源も含む
ステークホルダー	研究開発と本部	事業部署と本部、顧客、パートナー、販売店
マーケティングと販売	プッシュ型：顧客と市場の管理	プル型：顧客やパートナーとの協働
結果	わかりやすい有形財としての提供	可視化が難しい無形財としての提供

（出典）Kowalkowski（2016）、p.238 の表 11.1 に基づく。

図 13-1　製品開発とサービス開発の各ステージにおける資源量の違い

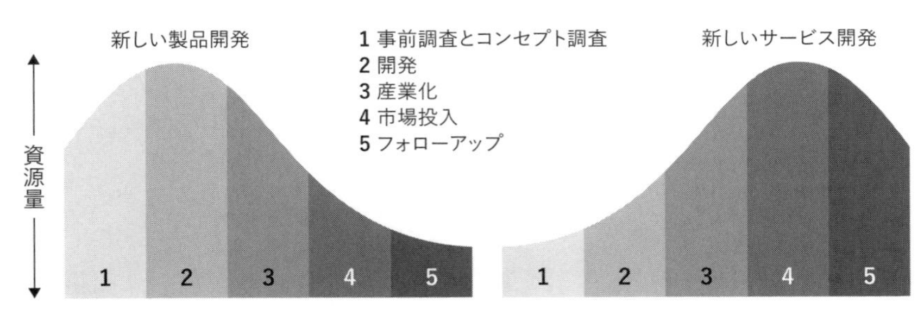

（出典）Kowalkowski and Kindström（2012），p. 112.

サービス・イノベーションに成功した企業では、新サービスの開発とマーケティングに精通した人材を責任者に置いている。しかし、同時に組織としてサービス設計能力と開発能力を身につけるためには、サイロ思考から脱却して製品開発チームとサービス開発チームの連携を図らなければならない。

事例13-1 ボルボ社：グローバル・サービスの開発プロセス

サービス特有のイノベーション・プロセスを開発したボルボ・グループ（Volvo）の事例を見てみよう。ボルボ・グループは11万人を越える従業員からなるトラック（マック・トラック、ルノー・トラックなどのブランドを含む）、バス、建設機械の大手メーカーである。同社は何年もの間、サービス化戦略を果敢に追求し続けている。同社の製品開発プロセスは、他の多国籍メーカーと同じく、伝統的なステージ・ゲート・モデル[3]に基づいている。それは、事前調査とコンセプト調査、詳細開発、最終開発、製造プロセス開発と商品化、市場投入、そしてフォローアップから成る。

しかしながら、このような製品開発プロセスは、サービス・イノベーションには適さない。製品開発のプロセスが固定的であるのに対して、サービス・イノベーションには、柔軟さが求められるからだ。また、開発と立ち上げのフェーズで顧客に積極的に関与してもらうプロセスも必要になる。さらには、本部組織と現場組織の連携、サービスの販売や提供のための資源と能力の確保も必要だ。サービス・イノベーションを起こすには、顧客に近い現場組織から提案される革新的なアイデアを、開発プロセスに反映できる仕組みを作らなければならないのである。

そのため、ボルボ・グループは、サービス開発プロセス「S-GDP[4]」をグローバル・レベルで開発した（図13-2)。予備調査、修正、開発プロセ

図 13-2　ボルボ・グループのサービス開発プロセス（S-GDP）

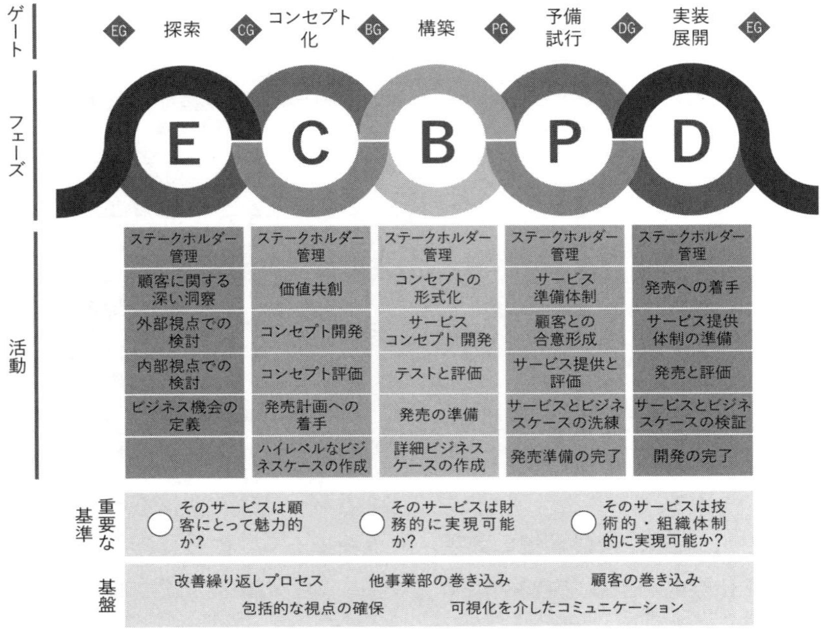

ゲート：EG　探索　CG　コンセプト化　BG　構築　PG　予備試行　DG　実装展開　EG

フェーズ：E　C　B　P　D

活動

E	C	B	P	D
ステークホルダー管理	ステークホルダー管理	ステークホルダー管理	ステークホルダー管理	ステークホルダー管理
顧客に関する深い洞察	価値共創	コンセプトの形式化	サービス準備体制	発売への着手
外部視点での検討	コンセプト開発	サービスコンセプト 開発	顧客との合意形成	サービス提供体制の準備
内部視点での検討	コンセプト評価	テストと評価	サービス提供と評価	発売と評価
ビジネス機会の定義	発売計画への着手	発売の準備	サービスとビジネスケースの洗練	サービスとビジネスケースの検証
	ハイレベルなビジネスケースの作成	詳細ビジネスケースの作成	発売準備の完了	開発の完了

重要な基準：
- そのサービスは顧客にとって魅力的か？
- そのサービスは財務的に実現可能か？
- そのサービスは技術的・組織体制的に実現可能か？

基盤：改善繰り返しプロセス　他事業部の巻き込み　顧客の巻き込み　包括的な視点の確保　可視化を介したコミュニケーション

（出典）ボルボ・グループによる。

スの実地試験とフィードバックを経て、S-GDPは洗練されたものとなった。ボルボ・グループの従業員は、このS-GDPに基づいてサービス開発プロセスを習得している。S-GDPのとりまとめに着手したボルボ・グループ戦略ディレクターのアンダース・エクブラッド（Anders Ekblad）は、「ボルボ・グループは、サービス開発のための要件は顧客が持っていること、しかし、その要件を具現化する適切な方法を持っていないことに気づきました。我々は、製品の開発プロセスも統合した独自のサービス開発プロセスを整備することによって、サービス・イノベーションで大きな一歩を踏み出すことができたのです。」と述べている。

S-GDPは、探索、コンセプト化、構築、予備試行、実装展開の5つのフェーズから成り、それぞれさらにいくつかのサブ・ステップを持つ。この基盤となっているのは、円弧状のフェーズで描かれたプロセスの反復である。さらに顧客を巻き込んだ体系的な可視化の手段、部門横断的で包括的なプロセスが、もう1つの基盤となっている。加えて、評価基準として顧客にとっての魅力、財務的実現可能性、および技術的・組織的実現可能性の3つが設定されている。

ボルボ・グループでは、このS-GDPのプロセスを柔軟に活用している。例えば、ある小規模販売店では、新しいローカルサービスを開発する際にはS-GDPの簡略版であるS-GDPイノベーション・ツール・キットを使用する、といった運用をしている。

13-2 新しいサービスの機会を創出する

企業は、サービス・イノベーションを提供するための斬新なアイデアをどうすれば見いだせるのだろうか？　スティーブ・ジョブズ（Steve Jobs）のように、本能的に顧客の潜在的なニーズを感じ取るセンスを持つ経営者がいない限り、顧客がもっとも重要なアイデアの源泉となる。それに加えて、社内のサービス部門や販売部門、チャネル・パートナーが、イノベーション・プロセスに対して非常に重要な情報提供者となるだろう。

サービス・イノベーションを起こすには、顧客を巻き込んで協力を得るための有効な方法、新しいサービス開発の推進方法を知る必要がある。その方法論を以下に紹介する。

●サービス開発のための顧客の関与

製品開発とサービス開発の重要な違いの1つは、顧客の関与度合いである。製品は顧客が関与しなくても開発できてしまう[5]。しかし、顧客が関与しないサービス開発はありえない。製品やサービスが使用され、その価値が顕在化する文脈（使用文脈）についての直接的な情報を得るためには、顧客やその他のステークホルダーを巻き込まなければならない。サービス・イノベーション・プロセスではステージごとに、顧客は異なる3つの役割を担う[6]。

・アイデアの創出やコンセプト化の段階においては、顧客はアイデアの提供者である。
・開発段階では、顧客は共同開発者であり試用者である。
・サービスが市場に出た後の段階では、顧客は価値の共同創造者であり、フィードバック情報の提供者である。

サービス・イノベーションは多くの場合、新たな顧客ニーズへの直接的な応答の結果として現れる。したがって、今まで顧みられていなかった機会を、企業がいかに速やかに把握するかが重要となる。英国のあるフォークリフトメーカーの経営者は、イノベーションの機会をいかにして獲得したか、次のように語ってくれた。

「英国は、倉庫内の物流で、フォークリフトを所有するのではなく、使用することを求めた最初の国ではないでしょうか。1980年代に遡りますが、英国では、古くからの顧客がサードパーティの流通業者に要望をあげていました。『フォークリフトを5年間使いたいが、購入したいわけではない』と。そこで、レンタル・サービスが喫緊の課題だという認識ができ、それが出発点となりました。我々は顧客の要求を把握し、機会を見つけ、新たなサービスを開発し、事業化したのです。これを実現する過程でサービスがビジネスにおいて極めて重要な要素であることを認識しました。このサービスを提供することによって、顧客は我々を選んでくれるようになりました。」

サービス開発の目的には、(1) 既存サービスの改善、(2) 新サービスの開発と持続的改善、(3) 急進的なサービス・イノベーション開発、の3つがあり、それぞれで顧客の要求を調査する方法は異なる（表13-2）。

一般的に、企業は、製品の使用状況、重大なリスク事象の発生状況、顧客の要望や不満情報などのデータから情報を取得する。これらは、新しいサービスのアイデアを得るというよりは、既存の提供されているサービスの内容を改善するために行う場合が多い。より深い情報を得るためには、顧客アンケート調査やフォーカス・グループ・インタビューを実施する場合もある。これらのやり方が下手だと、顧客の経験やニーズの表層的な部分をかき集めて終わることもある。

さらに顧客と深い関係にあれば、直接的な対話の中で正しく問いかけることで、新しいサービスのヒントを得ることができる。では、正しい問いかけとはどんなものだろうか？

ヘンリー・フォード（Henry Ford）は「もし、私が人々に何を欲しいかと尋ねたら、彼らはもっと速く走る馬が欲しいと答えただろう」と言ったという。大半の顧客は、現在の市場にある製品やサービスを想定して答えてしまいがちだ。

顧客の潜在ニーズを調べて、するべきことを明らかにするためには、企業は製品やサービスの使用文脈に焦点を当てた、先読み型の方法論と伝統的なマーケティング手法を併用していくべきである。例えば、リード・ユーザー法（アクティブ・ユーザー法）[7]は、先進的なユーザーから、プロセス、実践、要求のアイデアを得る。表13-3に示したように、リード・ユーザーは、企業内部の従業員よりも価値のあるアイデアを提供してくれることがわかっている。他にも新しいコンセプトを試したり、利用時の新アイデアを獲得するために有形無形のツールを使って顧客にサービスを体験してもらったりする方法がある。

自然な環境下での、製品・サービス利用時の顧客の行動と嗜好を理解する参与観察もある。エスノグラフィー[8]は、イノベーションの実現にあた

表 13-2　サービス開発のための顧客ニーズ調査方法（目的別分類）

	既存サービスの改善	新サービスの開発と持続的改善	急進的なサービス・イノベーション
視点	事後	事前・事後	事前
方法	使用ログ、重大な事故事象、顧客からの要望・不満などのデータの活用	アンケート調査 フォーカス・グループ・インタビュー	リード・ユーザー分析 顧客試用テスト エスノグラフィー
説明	既存情報、もしくは、共通する顧客課題に関する情報に基づく方法	顧客が今までに体験した事象に基づく方法	顧客の使用文脈についての情報と、今現在の顧客の行動に焦点を当てた方法

（出典）Kristensson, Gustafsson, and Witell（2014：75）、に基づく。

表 13-3　リード・ユーザーからのアイデアと従業員からのアイデアの成果の対比

因子	リード・ユーザーからのアイデア	従業員からのアイデア
目新しさ（1-10 段階）	9.6	6.8
独自性、顧客ニーズとしての新規性（1-10 段階）	8.3	5.3
5 年後の市場シェア（%）	68%	33%
5 年後の想定売上げ	$146m	$18m
戦略的重要性（1-10 段階）	9.6	7.3
成功の可能性	80%	66%

（出典）Lilien, Morrison, Searls, Sonnack, and Hippel（2002）.

り、多様な顧客の視点でサービスを検討するために、BtoBでも幅広く活用されている。顧客の工場での1日体験は、サプライ・チェーンについて目を開かせてくれるし、商用車ユーザーと過ごす時間は、顧客の日常的なサービス・ニーズについて、実体験に基づく理解をもたらしてくれる。

●顧客の先の顧客を理解する

顧客に関与してもらうことによって、顧客の先の顧客や、さらにエンド・ユーザーのニーズについての有益な示唆が得られる。それは、顧客の競争力を高めることにつながる。ある鉄鋼メーカーでは自らの顧客、さらには顧客の先の顧客のニーズに焦点を当てた研究開発を通じて、サービス・イノベーションに取り組んでいる。部品メーカーと協働し、その先の顧客であるトレーラー・メーカーなどが望む、より軽量で耐久性のある製品を開発できるように支援をしている。自社がもつ製品の専門知識を活用して、研究開発サービスを提供しているのである。

●デジタル・テクノロジーとビッグ・データ分析を結びつける

今や、デジタル化はサービス・イノベーションの成功の鍵だ。Industrial Internet[9]、Industry 4.0[10]、あるいは、Internet of Things（IoT）[11]といった新しいテクノロジーは、情報をより多く集めて利用することによって競争力を高める。そこではモノから生み出される利益はいっそう少なくなる。インテリジェント・マシン[12]、アドバンスト・アナリティクス[13]、リモート・コネクティビティ[14]といった、価格の下がったセンサーとデータ処理を組み合わせたテクノロジーは、顧客データに基づく新しいサービスを創り出し続けている。サービス・イノベーションを追求する企業のすべてが、今日では競争力を確保するためにはデジタル・テクノロジーを活用する必要がある。これには、ユーザー・インターフェース、アルゴリズムやトレードマークなどの知的財産権や特許を活用することも含む。

業務用空調機器メーカーのダイキン工業では、製品に組み込まれたセンサーをネットワークに接続することによって、空調機器や業務用冷蔵庫の故障予知や遠隔監視サービスを提供している。これは、機器を常にベスト・コンディションに保ち、省エネルギー化、機器の長寿命化を実現することを目的としている。このサービスには10年間の修理費を無償とする保守サービス・オプションも用意されている[15]。これらのデジタル化とネットワーク化による包括的な保守サービスは、顧客の製品利用状態を把握することに役立ち、季節要因（例えば、初夏に気温が上昇して一斉に事業者が冷房を使用しはじめた時に）で集中的に発生しがちな故障修理回数を平準化し、保守要員の効率配置にも役立っている。

建設機械メーカーのコマツは、競合に先駆けて、建機の遠隔監視システム「KOMTRAX」を立ち上げた。顧客は、建設現場でより効率的に建機を配置することが可能になった。また、建設現場で深夜に建機が移動するという異常を検出することが可能になり、建機の盗難件数を減らす効果ももたらした。盗難保険料が下がるという顧客にとっての副次的な便益も生まれたのである。

「KOMTRAX」は、搭載センサーの種類を拡張し、建機の位置だけでなく、機械の動作状態をモニタリングするサービスに発展し、故障予知を実現している[16]。これは顧客にとっては「常に建機が正常に動く状態にある」ことを担保し、コマツにとっては世界中の拠点にある膨大な修理部品在庫を減らすことにつながった。しかしながら今日では、コマツだけが、建機の稼働状態をモニターし、盗難や故障予知、予防保守サービスを行える企業だというわけではない。他の建設機械業者、特に小規模な事業者も、遠隔監視サービスを提供しはじめている。さらに、デジタル化とネットワーク化によって機器同士を相互接続するM2M技術は、そのコストが下がったことで建機ほど高額ではない製品、例えば板金加工機械にもサービスとして適用されはじめている。

新しいテクノロジーが競争環境を変えたことによって、小規模で敏捷な事業者と彼らのビジネス・エコシステムが、旧態依然とした大規模事業者としのぎを削るようになっている。

サービス化を進める企業はテクノロジーありきでイノベーションを進めたいという誘惑に負けてはいけない。本書の冒頭で述べたとおりサービス・イノベーションは、技術的に実現可能なことからではなく、顧客価値を深く理解することから進めるべきである。しかしながら、世の中のサービス・イノベーションのプロジェクトの多くが、顧客に特有の業務や、その課金方法についての知識なしに、技術的に可能なことからはじめられている。

●企業内部からのアイデアの創出

ビジネスとして成功しうるサービスのアイデアを体系的に生み出そうとする活動は、革新的で実現可能性のあるコンセプトの発見につながる。このような取り組みは、組織内部だけでなく外部のステークホルダーを巻き込んで行われ、その期間は数時間のこともあれば、数日に及ぶこともある。

IBM社は2006年に、104カ国67企業からの15万人以上の参加者をネットワークでつなぎ、72時間以上もの仮想的な「イノベーション・ジャム」を開催した。いわゆる「ハッカソン[17]」のようなブレイン・ストーミングである。最終的に10個のアイデアが選ばれ、開発に向けて1億ドルの開発予算が割り付けられた[18]。以降、フランスの経営コンサルタント会社であるキャップジェミニ社（Capgemini）のほか、多くの企業がハッカソン型のワークショップを開催している。

ここで、新しいサービス・コンセプトを生成し評価する手法を紹介しよう。図13-3はそのテンプレートであり、使い方は次のとおりである。

a）アイデアの特定　最初のステップは「アイデアの特定」である。参加者は、各自が望む近未来のサービス・コンセプトを考え、以下の5つのステップに従って、図中a）のワークシートを埋めていく。

①新しいサービス・コンセプトの中核的なアイデアを簡潔に記述する
②そのコンセプトに投資すべき2つの主要な理由を特定する
③そのサービスの事業化で乗り越えるべき主要な障壁を2つ特定する
④そのサービス開発に必要なマネジメントからの支援の内容を特定する
⑤事業の立ち上げに向けて取るべきアプローチの概要を決定する

図 13-3　サービス・イノベーションのテンプレート

a）アイデアの特定

① サービス・コンセプトの明文化	
② コンセプトを 正当化する 2つの理由	③ 克服すべき 2つの主要な 障壁
④ どのような マネジメント支援が 必要か？	⑤ そのサービスを いかに立ち上げる べきか？

b）特徴の明確化

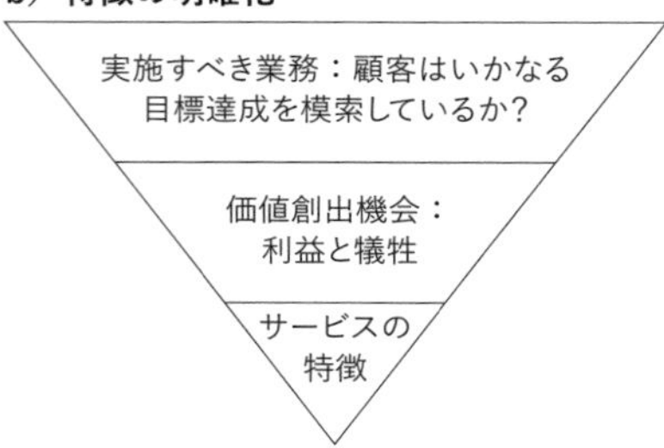

c）成長に向けた方向性の模索

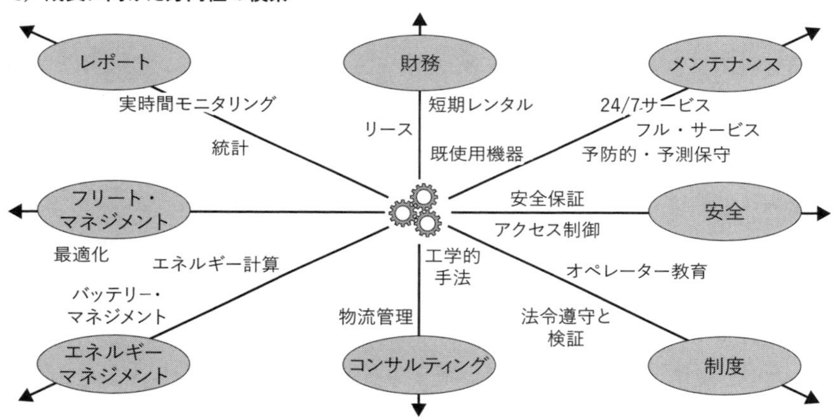

d）優先順位付け

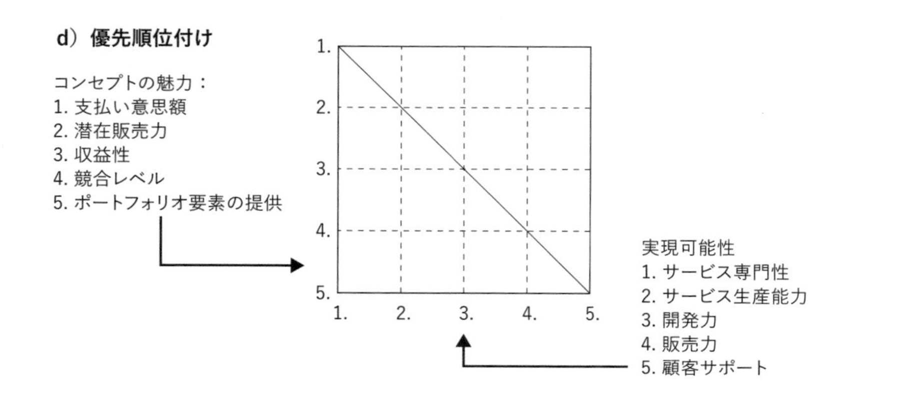

b）特徴の明確化　次は「特徴の明確化」である。参加者は自身のコンセプトを示し、グループ内で知識と経験を共有する。ただし、ワークショップでは、参加者がすぐに特定のサービスの特徴に目を向けるのではなく、顧客の在庫を減らすといった、そのコンセプトによって解決できる問題や達成すべき目標に注目するようにする必要がある。つまり、顧客の苦労を減らす、成果を高める、あるいはその両方を同時に実現できるような、価値創出についてのきめ細かい分析をするのである。これは、達成したい価値に適したサービスの特徴を特定することにつながる。図中b）は、このアプローチを示すものだ。

このアプローチを、フォークリフトや物流機器システムのメーカーである豊田自動織機を事例として説明しよう。同社の顧客では、コア業務以外を外注する傾向が高まっており、臨時のフォークリフトオペレーターを活用するようになっていた。しかし、スキルの低い一時契約従業員の増加は、工場や物流現場の安全に関するリスクを高める。安全の確保には、企業の敷地内でフォークリフトのオペレーターを厳格に管理する必要がある。この課題を解決するため、同社では、「オペレーター・アクセス管理システム」を開発し、顧客にこれをサービスとして提供した。さらに同社は、このサービスの提供に伴い、顧客とともに新たな課題（衝突予防、生産性向上）にも取り組み、包括的なサービス「T_Site（テレマティクス・サービス：トヨタ稼働管理システム）」を開発、提供するに至った。このケースでは、顧客は自身の問題を説明することができたが、その解決方法を知っていたわけではなかった。顧客とともに状況を分析し、検証可能なコンセプトを共有したことによって、豊田自動織機は、新しいソリューション・ビジネスを立ち上げ、サービス・ポートフォリオに統合できたのだ。

すべての企業は、顧客を深く理解することに関心を持つべきである。それは、顧客のオペレーションとプロセスの根底にあるニーズを特定し、新しいサービスのインパクトを見積もることにつながる。この実践に継続的に取り組むことによって、新しいビジネスの機会を見出せる可能性が高まる。

c）成長に向けた方向性の模索　図中c）は、b）で明確になったサービスの方向性を整理するものである。図中には工業設備を購入した顧客が直面する課題の例が示されている。それぞれの課題が、サービス・イノベーションのための基礎になりうるものだ。

例えば、顧客の製品を各国ごとの規制、あるいは国際規制に適合させることは、多くの産業のサプライヤーにとって成果の得やすいサービス開発方向である。医薬品、食品、飲料、化粧品の原材料を扱うライフサイエンス企業であるEMD Millipore社[19]は、顧客の製品の安全性（アレルギー物質や細菌の混入を防ぐ）が国際規制に合致するように管理・認証するサービスを各業界の企業に展開している。

d）優先順位付け　最後は、サービス開発・立ち上げの優先順位を決めなければならない。これまでのプロセスで革新的なアイデア創出とその整理から生み出された開発対象は膨大な数になっているだろう。これらの優先順位は企業によって異なり、各企業の事情に基づいて評価・決定される。重要なのは、サービス・コンセプトの魅力と実現可能性の2つの側面、組み合わせに基づいて決定することだ。どのサービスを最初に開発すべきか、何を次にするべきか、そして、何を諦めるべきかの重み付けをするのである（図中d)。この時2つの問いに向き合わなければならない。

・新しいサービスコンセプトはどれほど魅力的か、我々はそれを開発して事業化すべきか？
・我々は短期的、中期的、長期的に、そのサービスを提供し続ける資源と能力を持っているか？

この質問は、いくつもの副次的な質問を含んでいる。サービスの魅力を判断する問いは次のようなものになる。顧客の行動は何によって決まるのか？　顧客は何に対して支払い意思を示すか？　売上げと収益性はどの程度になるか？　競合は誰であり、どのように競合しそうか？　新しいサービスは既存の製品やサービスに対してどういうインパクトを持つか？

サービスの実現可能性については、次の質問を自身に問いかける必要がある。我々はサービス内容を決め、そのプロセスを設計する専門性を持っているか？　サービス生産能力はどの程度か？　ローカル市場にサービスを展開するために必要な資源を持っているか？　我々の営業能力でサービスを市場に出し販売していくことはできるか？　顧客満足の状況をモニターし、必要なサポートを行うことができるか？　サービス品質は顧客の期待に沿うものか？

サービス・イノベーションに向けた10の重要な質問

1. サービス特有の開発プロセスを持っているか？（既存の製品開発プロセスと同じやり方を単純に流用していないか？）
2. 製品を開発する際と同程度の関心と支援を、サービス開発に向けているか？　そうでないならそれを妨げている障壁は何か？
3. 製品開発チームとサービス開発チームは、十分に連携が取れているか？　新たなサービスの開発を支援するために、これらの2つの開発プロセスをどのように連携させているか？
4. サービス・イノベーションのための新しいアイデアの源泉は何か？
5. 現場のサービスの取り組みをどの程度把握し、支援できているか？そして、そのサービスを定型化し、他の市場に展開しているか？
6. サービス・イノベーション・プロセスの各ステージにおいて、どの程度、顧客を巻き込んでいるか？　イノベーションのためのリード・ユーザーが誰であるかを知っているか？

7. 顧客の先の顧客やエンド・ユーザーのニーズからインサイトを得ているか？
8. デジタル技術を顧客視点で活用するにはどのようにすればよいか？
9. サービスのコンセプトの魅力や実現可能性をどの程度評価できているか？
10. アイデアの創出から事業化のためのコンセプト作りに至るまでのプロセスで、どの部分を改善すべきか？

第Ⅰ部　サービス経済化する世界
第1章　サービス経済化する世界とその課題

1. The Nobel Prize, "Al Gore Nobel Lecture," 2007.（2020/01/29参照）
www.nobelprize.org/prizes/peace/2007/gore/lecture/
2. 内閣府「国民生活に関する世論調査2017」。（2020/01/29参照）
survey.gov-online.go.jp/h29/h29-life/index.html
3. **CASE**：自動車の次世代技術やサービスの新たな潮流を表すConnected（つながる）、Autonomous（自動運転）、Shared（共有）、Electric（電動）の頭文字をとった造語。
4. Neely, A., "The SERVITIZATION OF MANUFACTURING: AN ANLSYSIS OF GLOBAL TRENDS," 14th European Operations Management Association, 2007.
5. Toya, K., K. Watanabe, S. Tan-no, and M. Mochimaru, "Internal and External Obstacles of Servitization in Japanese Major Manufactures," Spring Servitization Conference 2016, Manchester, UK.
6. **サーキュラー・エコノミー**：従来の企画・製造・販売・廃棄の一方向の型のビジネスモデルによって生まれていた「働いていない」「使われていない」「空いている」状態の資産を循環的に徹底的に使い、資源や時間的・空間的な無駄、知覚価値の変化による廃棄といったものを無くすことで、資源のより合理的な利用方法の促進、顧客価値の向上、企業収益の増大、経済成長が可能となるビジネスモデルを指す。
7. **ミレニアル世代**：米国での定義では1981年から1996年の間に生まれた人々（Pew Research Center 2019）。デジタル機器がすでに日常に浸透した生活空間で生まれ育った世代を指す。
8. **金融包摂**：通常の金融サービスを受けられない人々に対して、基本的金融サービスへのアクセス問題を解消し、サービスを受けられるようにする仕組み。
9. Fechner, Gustav Theodor/D H. Howes and E. G. Boring, eds., Elements of Psychophysics. Volume 1 [Elemente der Psychophysik, first published, 1860], translated by H. E. Adler, Holt: Rinehart and Winston, 1966.
10. Vargo, S. L. and R. F. Lusch, "Evolving to a New Dominant Logic for Marketing," *Journal of Marketing,* 68(1), 2004: 1-17.
11. **Internet of Things（IoT）**：様々なモノがインターネットに接続され、モノ同士が情報交換することにより相互に制御する仕組み。
12. **使用文脈**：顧客や消費者が製品を使用する際に認知する一連の周辺環境や状況、過去の記憶。
13. 経済産業省「2019年版ものづくり白書」。（2020/01/29参照）
www.meti.go.jp/report/whitepaper/mono/2019/honbun_pdf/index.html
14. Gebauer, Heiko, E. Fleisch, and T. Friedli, "Overcoming the Service Paradox in Manufacturing Companies," *European Management Journal,* 23(1), 2005: 14-26.
15. **レッド・オーシャン**：競合企業が多く製品機能や価格では差別化が困難な市場。
16. **KPI**：Key Performance Indicator（重要業績評価指標）の略。ある目標において、その達成度合いを計測したり、状況を監視したりするための定量的な指標を指す。目標達成するための成果を指標とするKGI（Key Goal Indicator, 経営目標達成指標）の中間指標としての役割を果たす。

17. 戸谷圭子『ゼロからわかる金融マーケティング』, 金融財政事情研究会, 2019.
18. Oliver, Richard L., "Whence Consumer Loyalty?," *Journal of Marketing,* 63, 1999: 33-44.
19. Brodie, Roderick J., Linda D. Hollebeek, Biljana Jurić, and Ana Ilić, "Customer engagement: Conceptual domain, fundamental propositions, and implications for research," *Journal of Service Research,* 17(3), 2011: 1-20.

第2章　なぜサービスなのか？

1. 2019年の世界銀行データによる。(2019/10/26参照)
datatopics.worldbank.org/world-development-indicators/
2. **アドバンスト・サービス**：アドバンスト・サービスとは、提供者が顧客との相互作用に深く関与し、資源を統合する能力を拡張し、共創プロセスを通して顧客に価値を届けることである（Baines et al. 2019）。
3. 経済産業省「平成30年版通商白書」。(2020/01/29参照)
www.meti.go.jp/report/tsuhaku2018/whitepaper_2018.html
4. **ファーウェイ（Huawei）**：中国に本社を置く情報通信企業グループ。売上規模10兆円。
www.huawei.com/
5. **エリクソン社（Ericsson）**：スウェーデンに本社を置く通信機器メーカー。売上規模2兆円。
www.ericsson.com/en
6. Clegg, Jeremy and Hinrich Voss, *Chinese Overseas Direct Investment in the European Union,* London: ECRAN（Europe China Research and Advice Network), 2012.
7. **HNAグループ（海航集団）**：中国に本社を置く航空、海運、不動産など多数の産業に関わる企業。売上規模5兆円。
www.hnagroup.com/en-us/
8. Reuters, "China's HNA Group to buy Ingram Micro for $6 billion," February 18, 2016.（2016/09/22参照）
www.reuters.com/article/us-ingram-micro-m-a-tianjin-tianhai-idUSKCN0VQ2U0
9. **ユニマットライフ社**：オフィスコーヒーサービス事業を中心とした企業。ユニマットグループの傘下事業会社。売上規模500億円。
www.unimat-life.co.jp
10. **ペットスマート社（PetSmart）**：米国アリゾナ州フェニックスに本拠を置くペット関連サービスを提供する企業。
www.petsmart.com
11. ペットスマート社（PetSmart）のホームページ（同章10）による。(2016/04/15参照)
12. ペットスマート社の2010年および2013年のアニュアル・レポートおよびBusiness Wire（2015）を参照。
13. Gara, Antoine, "PetSmart's $8.7 Billion LBO Is Already Paying Off For Consortium Led By BC Partners," *Forbes,* February 18, 2016.（2016/09/22参照）
www.forbes.com/sites/antoinegara/2016/02/18/petsmarts-8-7-billion-lbo-already-is-paying-off-for-consortium-led-by-bc-partners/
14. Levitt, Theodore, "Production-line Approach to Service," *Harvard Business*

Review, 50(5), 1972: 41-52.

15. **ボーイング社（Boeing）**：米国シカゴを拠点とするジェット旅客機、戦闘機、ロケット、衛星の製造企業。売上規模100兆円。
www.boeing.com
16. Ostrower, Jon, "Boeing reorganizes into three parts: Airliners, fighters and spare parts," *CNN Money,* November 21, 2016.（2016/12/09参照）
money.cnn.com/2016/11/21/news/companies/boeing-reorganization/
17. **バルメット社（Valmet）**：フィンランドに本社を置くメッツオ・グループ（Metso）傘下の製紙企業。売上規模4,000億円。
バルメット社：www.valmet.com/
メッツオ・グループ：www.metso.com
18. メッツオ・グループ（Metso）の2012年のアニュアル・レポートによる。（2020/01/29参照）
www.metso.com/company/investors/reports-and-presentations/
19. **オーチス・エレベーター社（Otis）**：米国ファーミントンに拠点を置く世界最大のエレベーター製造企業。ユナイテッド・テクノロジーズ社（United Technologies、現 レイセオン・テクノロジーズ社）の子会社。売上規模1.3兆円。
オーチス・エレベーター社：www.otis.com
レイセオン・テクノロジーズ社：www.rtx.com
20. ユナイテッド・テクノロジーズ社の2014年のアニュアル・レポートおよびオーチス・エレベータ社のホームページ（同章19）による。（2020/01/29参照）
21. 2014年の世界銀行データによる。（2016/05/18参照）
data.worldbank.org/indicator/FB.ATM.TOTL.P5
22. **アクトプロ社**：複数通貨の自動両替に対応するスマート・エクスチェンジ事業を中核とするソリューション・サービス企業。売上規模200億円。
www.actpro.co.jp/
23. Henkel, Carsten B., Oliver B. Bendig, Tobias Caspari, and Nihad Hasagic, *Industrial Services Strategies: The quest for faster growth and higher margins,* New York: Monitor Group, 2004.
24. Levitt（1972）を参照。

25. **設備投資（CAPEX）**：Capital Expenseの略。不動産の価値や耐久年数を延ばすための資産計上される経費を指す。
26. **運用のための支出（OPEX）**：Operating Expenseの略。事業運営の継続に必要となる経費やランニングコストを指す。
27. **アルストム社（Alstom）**：フランスに本社を置く鉄道車両製造および信号設備製造企業。鉄道車両ビッグ3の1つ。売上高規模1兆円。
www.alstom.com/
28. Grönroos, Christian, *Service Management and Marketing: Managing the Service Profit Logic,* 4th ed., Chichester: John Wiley & Sons, 2015.
29. **リンデ・グループ（Linde）**：イギリスに本社を置く産業用ガスの世界最大メーカー。2018年10月にドイツのリンデ社（Linde AG）とアメリカのプラクスエア社（Praxair）が経営統合して生まれた。
www.linde.com/en
30. **アトラス・コプコ社（Atlas Copco）**：スウェーデンに本社を置く空気圧縮機な

どの産業機械メーカー。売上規模1兆円。
www.atlascopcogroup.com/en

31. Kastalli, Ivanka Visnjic and Bart Van Looy, "Servitization: Disentangling the impact of service business model innovation on manufacturing firm performance," *Journal of Operations Management,* 31(4), 2013: 169-180.
32. Blattberg, Robert C. and John Deighton, "Manage Marketing by the Customer Equity Test," *Harvard Business Review,* 74(4), 1996: 136-144.
33. Rust, Roland T., Katherin N. Lemon, and Valarie A. Zeithaml, "Return on Marketing: Using Customer Equity To Focus Marketing Strategy," *Journal of Marketing,* 68(1), 2004: 109-127.
34. **スカニア社（Scania）**：スウェーデンに本社を置くトラック、バス、工業用ディーゼル・エンジン・メーカー。売上規模1兆6,000億円。
www.scania.com
35. **価値星座**：企業と顧客という立場を区別せずにアクターとしてそれぞれが資源を提供し合い、組み合わることによって新たな価値が共創される関係性、またはそれらを表現したもの。バリュー・コンステレーションともいう。
36. **ロールス・ロイス社（Rolls-Royce）**：英国ダービーに本社を置く航空用エンジン、艦船、発電機器メーカー。売上規模2兆円。
www.rolls-roycemotorcars.com/en_GB/home.html
同社のサービスについては、同社ホームページおよびMacdonald et al.（2016）による。（2016/06/10参照）
37. **プラット・アンド・ホイットニー社（Pratt & Whitney）**：アメリカに本社を置く航空機エンジン・メーカー。売上規模2兆円。
www.pw.utc.com
38. **Pay-as-you-goモデル**：成功報酬型の従量課金ビジネスモデルの1つ。フィリップス・ライトニング社は、削減できた電力料金の金額に応じて報酬を受け取る照明インフラ請負サービスを提供している。
39. Philips, "Philips provides Light as a Service to Schiphol Airport," April 16, 2015.（2016/09/22参照）
www.philips.com/a-w/about/news/archive/standard/news/press/2015/20150416-Philips-provides-Light-as-a-Service-to-Schiphol-Airport.html
40. **エンジー社（Engie）**：フランスに本社を置く電力・ガス供給企業。売上規模3,000億円。
www.engie.com/en
41. 「日本の製造業1,000社調査（旧称：製造業のサービス化に関する定点調査）」（製造業のサービス化コンソーシアム2018年実施）より、主な取引顧客がB2Bと回答した企業のみを対象として分析を行った。
42. **MaaS**：Mobility as a Serviceの略。ICTを活用して、マイカー以外のすべての交通手段によるモビリティ（移動）をシームレスにつなぎ、それを1つのサービスとして人々に提供する新たな「移動」の概念。

事例2-1

Bryant, Adam, "Xerox's New Chief Tries to Redefine Its Culture," *New York Times,* February 20, 2010, page BUI of the New York edition.（2016/09/23参照）

www.nytimes.com/2010/02/21/business/21xerox.html.
Chesbrough, Henry, *Open Services Innovation: Rethinking Your Business to Grow and Compete in a New Era,* Chichester: John Wiley & Sons, 2010.
Fang, Eric（Er）., Robert W. Palmatier, and Jan-Benedict E. M. Steenkamp, "Effect of Service Transition Strategies on Firm Value," *Journal of Marketing,* 72, 2008: 1-14.
Hill, Andrew, "The right fit for doing a deal," *Financial Times,* December 7, 2011.（2016/09/23参照）
www.ft.com/cms/s/0/a4c428f6-1ffc-11e1-8462-00144feabdc0.html
Mattolini, Dana, "Xerox Chief Looks Beyond Photocopiers Toward Services," *Wall Street Journal,* June 13, 2011.（2016/09/23参照）
www.wsj.com/articles/SB10001424052702304563104576361942906800716
Raval, Anjli, "Xerox says shift to services is paying off," *Financial Times,* January 24, 2014.（2016/09/23参照）
www.ft.com/cms/s/0/bac264c8-662e-11e2-bb67-00144feab49a.html
Shotter, James, "UK groups lag behind in adding services," *Financial Times,* May 29, 2012.（2016/09/23参照）
www.ft.com/content/890ae896-a1bd-11e1-ae4c-00144feabdc0
Xerox, "Xerox to Separate into Two Market-Leading Public Companies Following Completion of Comprehensive Structural Review," January 29, 2016.（2016/09/23参照）
www.news.xerox.com/news/Xerox-to-separate-into-two-market-leading-public-companies
Yee, Amy, "Xerox takes road towards reinvention," *Financial Times,* November 4, 2004.（2016/09/23参照）
www.ft.com/cms/s/0/d5de5270-2e07-11d9-a86b-00000e2511c8.html
ゼロックス社のアニュアルレポート（2012, 2013, 2014, 2015年）。
www.news.xerox.com/investors/reports

第Ⅱ部　サービス化戦略

第３章　真のサービス文化の構築のためのマイルストーン

1. Nie, Winter, Wolfgang Ulaga, and Athanasios Kondis, "ABB TURBOCHARGING（A）: Leading Change in Certain Times," IMD Case Study, No. IMD-3-2430（The Case Center, UK, 2014）.
www.thecasecentre.org
2. ここでは、Grönroos（2007）、Lovelock and Wirtz（2007）、Vargo and Lusch（2004）の定義を採用した。
3. Zeithaml, Valarie A., Mary Jo Bitner, and Dwayne D. Gremler, *Services Marketing,* 6th ed., New York: McGraw Hill-Irwin, 2013.
4. **内部顧客と外部顧客**：外部顧客は通常の顧客を指す。内部顧客は、自社内で自身の業務の受益者となる従業員や組織のことを指す。
5. Grönroos（2007）を参照。また、製造業におけるサービス指向の文化の定義についてはGebauer et al.（2010）を参照のこと。
6. Deal, Terrence E. and Allan A. Kennedy, *Corporate Cultures: The Rites and Rituals of Corporate Life,* Reading, MA: Addison-Wesley, 1982.

7. Grönroos（2007）を参照。
8. **プロセス委任サービス**：第Ⅲ部第7章を参照。
9. **「power-by-the-hour」サービス**：エンジンの出力と稼働時間の積に応じた従量課金サービス。
10. **デモグラフィック情報**：年齢、性別、職業、居住地域等の人口統計学的属性情報。
11. Bettencourt, Lance A., Robert F. Lusch, and Stephen L. Vargo, "A Service Lens on Value Creation: Marketing's Role in Achieving Strategic Advantage," *California Management Review,* 57(1), 2014: 44-46.
12. Bettencourt et al.（2014）を参照。
13. Ulaga, Wolfgang, and Werner J. Reinartz, "Hybrid Offerings: How Manufacturing Firms Combine Goods and Services Successfully," *Journal of Marketing,* 75(6), November, 2011: 5-23.
14. **ASML社**：オランダに本社を置く半導体用リソグラフ機器・関連ソフトウェアの世界的メーカー。売上規模12兆円。
www.asml.com
15. **リソグラフィー**：光を使った半導体回路パターンの転写技術。
16. **ジャイロスコープ**：物体の姿勢や角速度を計測する機器。
17. **製品ライフサイクル・サービス**：第Ⅲ部第7章を参照。
18. **サービス・パラドクス**：Gebauer et al.（2005）が最初に「サービス・パラドクス」という概念を提唱した。株主価値とサービス事業の収益割合の関係がU字となることはFang et al.(2008）が最初に論文化し、Eggert et al.（2014）によって裏付けられている。サービス・パラドクスについては第Ⅱ部第4章でさらに説明する。
19. Kowalkowski, Christian, Charlotta Windahl, Daniel Kindström, and Heiko Gebauer, "What service transition? Rethinking established assumptions about manufacturers' service-led growth strategies," *Industrial Marketing Management,* 45, 2015: 59-69.

第４章　組織目標との整合性

1. Galbraith, Jay R., "Organizing to Deliver Solutions," *Organizational Dynamics,* 31(2), 2002: 194-207.
2. **コグニティブ・ソリューション**：自律的に状況を認識し、人間の意思決定を支援するソリューション。
3. **カウンター・バランス・トラック**：フォークリフトの一種。車体の後方に、荷物と重量の釣り合いを取るための重りがついている。
4. **シュナイダー・エレクトリック社**：フランスに本社を置く充電設備、エネルギーマネジメントソリューションメーカー。売上規模3兆円。
www.se.com/
5. シュナイダー・エレクトリック社の2015年アニュアルレポートによる。
6. **コマツ社（小松製作所）**：東京に本社を置く世界的な建設機械メーカー。売上規模2.7兆円。
https://home.komatsu/jp/
コマツ社の中期経営計画については以下を参照。
https://home.komatsu/jp/press/2019/management/1202302_1600.html
7. **資生堂**：東京に本社を置く化粧品の製造・販売企業。世界120カ国で事業展開。

売上規模1兆円。
https://corp.shiseido.com/jp/
資生堂の企業理念の変遷については下記を参照。
www.shiseidogroup.jp/releimg/1881-j.pdf
また、資生堂では2019年にも企業理念の更新を行っている。
www.shiseidogroup.jp/news/detail.html?n=00000000002664

8. Rangan, V. Kasturi and George T. Bowman, "Beating the commodity magnet," *Industrial Marketing Management,* 21(3), 1992: 215-224.
9. **キオスク端末**：店頭に置かれている情報端末。情報提供や支払い、各種手続きに用いられる。
10. **ノンフリル製品**：付帯サービスがない製品。
11. **ウエストファーレン社（Westfalen）**：ドイツの産業ガス製造・小売業者。
https://westfalen.com/de/
12. **ソル社（Sol）**：イタリアの産業・医療分野向けガス製造・小売業者。売上規模900億円。
www.solgroup.com/en
13. **エア・リキード社（Air Liquide）**：フランスに本社を置く国際的な産業ガス製造・販売企業。売上規模2兆円。
www.airliquide.com
14. **リンデガス社（Linde Gas）**：イギリスに本社を置く産業用ガスの世界最大メーカーの子会社。
www.linde-gas.com/en/index.html
15. **ダウコーニング社（Dow Corning）**：米国ミシガン州に本社を置く化学メーカー。売上規模約5兆円。
https://www.dow.com/en-us
16. Anthony, Scott D. and Joseph V. Sinfield, "When the Going Gets Tough, the Tough Get Innovating," *IndustryWeek,* October 8, 2008. (2020/01/29参照).
www.industryweek.com/companies-amp-executives/when-going-gets-tough-tough-get-innovating
17. Eggert, Andreas, Jens Hogreve, Wolfgang Ulaga, and Eva Münkhoff, "Revenue and Profit Implications of Industrial Service Strategies," *Journal of Service Research,* 17(1), 2014: 23-39.
18. Fang, Eric（Er)., Robert W. Palmatier, and Jan-Benedict E. M. Steenkamp, "Effect of Service Transition Strategies on Firm Value," *Journal of Marketing,* 72(5), 2008: 1-14.
19. **トービンのq**：株式市場での企業の評価価値を資本の再取得価格で割った値のこと。

事例4-1

Fischer, Thomas, Heiko Gebauer, and Elgar Fleisch, *Service business development: Strategies for value creation in manufacturing firms,* Cambridge University Press, 2012.

Sommer, Jeff, "Apple Won't Always Rule. Just Look at IBM," *New York Times,* April 25, 2015, page BU4 of the New York edition. (2016/09/23参照)
www.nytimes.com/2015/04/26/your-money/now-its-apples-world-once-it-was-

ibms.html
Spohrer, Jim, "IBM's service journey: A summary sketch," *Industrial Marketing Management,* 60, 2017.
Waters, Richard, "Semiconductor sale a vital part of IBM's strategic realignment," *Financial Times,* February 7, 2014.（2016/09/23参照）
www.ft.com/content/f563bea0-8fa5-11e3-9cb0-00144feab7de
IBM社の 2015年アニュアルレポート。
www.ibm.com/investor/att/pdf/IBM_Annual_Report_2015.pdf

事例4-2
Kowalkowski, Christian, Daniel Kindström, Thomas Brashear Alejandro, Staffan Brege, and Sergio Biggemann, "Service infusion as agile incrementalism in action," *Journal of Business Research,* 65(6), 2012: 765-772.

第５章　組織変革に向けたビジョンとリーダーシップ

1. **フリート・マネジメント・サービス**：顧客が使用する車両や工具などの使用効率を向上させるために、コンピューターネットワーク技術を使って、それらを常に最良の状態に維持するサービス。例えば、フランスのミシュラン社（Michelin）では、タイヤの使用状況をモニタリングし、タイヤに関わる総コストを削減するサービスをフリート・ソリューションとして提供している。
2. **ミシュラン社（Michelin）**：フランスに本社を置く世界大手のタイヤメーカー。売上規模約２兆円。
https://www.michelin.com
3. Renault, Chloé, Frédénc Dalsace, and Wolfgang Ulaga, "Michelin Fleet Solutions: From Selling Tires to Selling Kilometers," ECCH Case Study（2010）.
www.thecasecentre.org
4. **組織慣性**：組織が変化に直面した際には、現状を維持しようとする力が働くこと。Lieberman and Montgomery（1988）は、組織慣性が働く根本原因は、i）特定の有形資産へのこだわり、ii）既存製品の売上げを浸食することへの抵抗、iii）組織の柔軟性の欠如、であるとしている。
5. Kotter, John P., "Leading Change: Why Transforming Efforts Fail," *Harvard Business Review,* March-April, 1995: 59-67.
6. Fang et al.（2008）を参照。
7. ノキア社は1995年 から 2011年に到るまで世界最大の携帯電話メーカーであった。
8. *Wall Street Journal,* "Full Text: Nokia CEO Stephen Elop's 'Burning Platform' Memo," February 9, 2011.（2020/04/28参照）
https://blogs.wsj.com/tech-europe/2011/02/09/full-text-nokia-ceo-stephen-elops-burning-platform-memo/
9. **オフサイトの交流場**：会社の外で行う交流の場のこと。
10. **ボルボ・グループ（Volvo）**：スウェーデンのヨーテボリに本社を置く自動車、トラック、バス、建設機械を手がけるメーカー。売上規模4.3兆円。
www.volvogroup.com/en-en/home.html
11. **トヨタ自動車**：愛知県に本社を置く日本を代表する世界的自動車メーカー。売上規模30兆円。
https://global.toyota/jp/

同社の“モビリティカンパニーへの変革に関するメッセージ”についてはトヨタ（2019）を参照。

12. Microsoft, “Stephen Elop's email to employees,” July 17, 2014.（2016/04/03参照）https://news.microsoft.com/2014/07/17/stephen-elops-email-to-employees/

13. Kellaway, Lucy, “ ‘Hello there’: eight lessons from Microsoft's awful job loss memo,” *Financial Times,* July 27, 2014.
www.ft.com/content/013511fa-13dd-11e4-8485-00144feabdc0

14. Kotter, John P., “Accelerate! : HOW THE MOST INNOVATIVE COMPANIES CAPITALIZE ON TODAY'S RAPID-FIRE STRATEGIC CHALLENGES – AND STILL MAKE THEIR NUMBERS,” *Harvard Business Review,* 90(11), 2012: 45-58.

15. Cornet, E., R. Katz, R. Molloy, J. Schädler, D. Sharma, and A. Tipping, *Customer Solutions: From Pilots to Profits,* New York: Booz Allen & Hamilton, 2000.

16. **コクヨ**：文房具、オフィス家具の製造・仕入れ・販売、空間デザイン・コンサルテーション事業を展開する企業。売上規模3,000億円。
www.kokuyo.co.jp

17. 第Ⅰ部第1章11頁、図1-4参照。

事例5-1

川島 蓉子,“コクヨ新社長「要はベタベタなことの積み重ね」”, 日経ビジネスオンライン 2016年3月2日.（2019/12/02参照）
https://business.nikkei.com/atcl/interview/15/266010/022500006/?P=1

コクヨ公式ホームページ（製品・サービス）。
www.kokuyo.co.jp/products/

第6章　サービス組織デザイン

1. Gulati, Ranjay, “Silo Busting: How to Execute on the Promise of Customer Focus,” *Harvard Business Review,* 85(5), 2007: 98-108.

2. Oliva, Rogelio, Heiko Gebauer, and J. M. Brann, “Separate or Integrate? Assessing the impact of separation between product and service business on service performance in product manufacturing firms,” *Journal of Business-to-Business Marketing,* 19(4), 2012: 309-334.

3. Ostrower（2016）、Boeing（2016）を参照。

4. **サイロ思考**：企業の組織の中で、他の部門と情報共有や連携をしようとはせず、自部門が有利になるように考えてしまうこと。

5. **SBU（Strategic Business Unit）**：戦略ビジネス・ユニット。戦略の策定と実行に責任を持つ事業単位。

6. Gebauer, Heiko, and Christian Kowalkowski, “Customer-focused and service-focused orientation in organizational structures,” *Journal of Business and Industrial Marketing,* 27(7), 2012: 527-537.

7. **ビューラー社（Bühler）**：スイスに本社を置く、食品原料の製造加工機械などの製造・販売や、金型鍛造などのプロセス技術・ソリューションを提供する産業機械メーカー。売上規模3,300億円。
www.buhlergroup.com/content/buhlergroup/global/en/homepage.html

8. **バルチラ社（Wärtsilä）**：フィンランド・ヘルシンキに本社を置く、船舶用エンジンおよびエネルギー関連製品の製造・販売、サービスを提供する企業。売上規模5,000億円。
www.wartsila.com/jpn

9. **フォイト社（Voith）**：ドイツに本社を置く、製紙機械、水力発電機器など製造・販売、サービスを提供する企業。売上規模4,500億円。
http://voith.com/corp-en/index.html

10. **ザウラー社（Saurer）**：スイスに本社を置く、繊維機械メーカー。売上規模1,200億円。
https://saurer.com/en#

11. **デュール社（Dürr）**：ドイツに本社を置く、産業機械・プラント・エンジニアリング企業。売上規模4,000億円。
www.durr.com/en/

12. **ミクロン・グループ（Mikron Group）**：スイスに拠点を置く高精度の金属部品加工ソリューション、生産システムなどを開発・製造・販売する企業。売上規模250億円。
www.mikron.com/jp/mikron-group-jp/

13. **カスタマー・ウォレット・シェア**：ある製品やサービスに費やす金額が、顧客企業の財布の中でどれくらいの割合を占めているかを表す数値のこと。

14. **KAM（Key Account Management）**：重要顧客を選定し、個別に固有の戦略を立てて実践するマネジメントの方法。

15. **バローレック社（Vallourec）**：フランスに拠点を置くシームレス鋼管、ステンレス管、伸縮チューブ、自動車部品を専門とする製造企業。売上規模4,000億円。
www.vallourec.com

16. 第Ⅰ部第2章5に既出。

17. **ネットワーク・オペレーション**：通信ネットワークを管理・運用すること。

18. このような対策に加えて、Gulati（2007）は、顧客ベースの組織構造を取る企業が、調整と能力開発を支援することの重要性を強調している。

19. Gulati（2007）を参照。

20. Gulati（2007）を参照。

21. Eggert et al.（2014）を参照。

22. 第Ⅰ部第1章11頁、図1-4を参照。

事例6-1

Bessant, John, and Andrew Davies, “Managing service innovation,” in Innovation in Services（DTI Occasional Paper no. 9, June 2007）: Department of Trade and Industry, UK, 61-96.（2016/09/23参照）
www.servicemanagement.cz/soubory/innovation%20in%20services.pdf.

Ericsson, “Ericsson accelerates transformation to drive growth and profitability,” April 21, 2016.（2016/09/23参照）
www.ericsson.com/news/2005398.

Ericsson White Paper, “Managed Services' Impact on the Telecom Industry,” March 2007.（2010/02/03参照）
www.ericsson.com/technology/whitepapers/3115_Managed_services_A.pdf.

Parker, Andrew, “Ericsson to by Telcordia for $1.2bn,” *Financial Times,* June 14, 2011.（2016/09/23参照）
www.ft.com/content/1aafdc46-967c-11e0-afc5-00144feab49a

エリクソン社2015年アニュアルレポート。
www.ericsson.com/48fb21/assets/local/investors/documents/financial-reports-and-filings/annual-reports/ericsson-annual-report-2015-en.pdf

第Ⅲ部　サービス化への準備

第7章　サービス化の6つのハードルと4つのサービス・カテゴリー

1. **経験後の効果の評価が困難なサービス財**：このような特性を持つ財は「信頼財」と呼ばれる。
2. **フォータム社（Fortum）**：フィンランドの大手電力会社。1998年設立。約8,000人のエネルギー部門の専門家を有し、欧州を中心に10カ国で事業を展開している。売上規模5,500億円。
www.fortum.com
3. **顧客インサイト**：顧客自身がまだ気づいていないニーズ。
4. 第Ⅱ部第5章1に既出。
5. Lovelock and Wirtz（2007）を参照。
6. Dalton, Cathrine M., "A Passion for pets: An interview with Philip L. Francis, Chairperson and CEO of PETsMART, Inc.," *Business Horizons,* 48(6), 2005: 469-475.
7. Lovelock and Wirtz（2007）を参照。
8. **タレス・グループ（Thales Group）**：フランスに本社を置く大手電機メーカー。航空宇宙分野、防衛分野、交通システム分野、セキュリティ分野で情報システムや各種サービスを提供。売上規模2兆円。
www.thalesgroup.com/en
9. **ボールベアリング**：機械の中の回転軸を、鋼製の球を使って滑らかに可動させる部品。
10. Lovelock, Christopher, and Evert Gummesson, "Whither Services Marketing? In Search of a New Paradigm and Fresh Perspectives," *Journal of Service Research,* 7(1), 2004: 20-41.
11. コマツ社ホームページ（スマートコンストラクション）による。
https://smartconstruction.komatsu/sp/index.html
12. 米村美香,「導入事例：コマツ」, 情報処理推進機構.（2020/01/29参照）
www.ipa.go.jp/files/000010541.pdf
13. **ボリューム・ディスカウント**：大量に販売して値引きすること。
14. **フェンウィック社（Fenwick）**：フランス・パリに本社を置く工業用運搬機器、コンテナ船の製造・販売やレンタル事業を展開するエンジニアリング企業。売上規模900億円。
www.fenwick.fr
15. **予防保全**：予防保全とは「顧客に起こりうる問題を未然に検知し、その問題を回避するために事前に処置を講じること」を意味する。これに関連し、予防保全教育とは、「サービスの提供者サプライヤーが、製品を通じて、より高い効用を引き出す方法を顧客企業に教えること」を意味する。
16. 顧客がAESから得られる便益について理解すれば、メーカーは価格交渉でかなり優位に立つことができる。PLSからAESへの移行した場合には、企業の価格設定方法は、コストベース・プライシングから価値ベース・プライシングに移行する。
17. **富士電機**：1923年に古河電気工業とドイツのシーメンス社が資本・技術提携し

て設立された重電メーカー。売上規模9,000億円。
www.fujielectric.co.jp

18. **大陽日酸**：三菱ケミカルホールディングス傘下の産業ガスメーカー。国内第1位、世界第4位のシェアを持つ。売上規模7,400億円。
www.tn-sanso.co.jp/jp/index.html

19. **エンド・ツー・エンド**：端から端まで。プロセスの初めから終わりまで。

第8章　サービス化に必要なリソースと能力

1. Gerstner, Louis V., *Who Says Elephants Can't Dance?* New York: HarperCollins Publishers, 2002（『巨象も踊る』山岡洋一・高遠裕子訳、日本経済新聞社、2002年）。
2. **ダウンタイム**：稼働停止している時間。
3. Cohen, Morris A., Narendra Agrawal, and Vipul Agrawal, "Winning in the Aftermarket," *Harvard Business Review,* 84(5), 2006: 129-138.
4. **ABB社**：スイスに本部を置く電力、重工業、交通、インフラ分野の世界的リーディング企業。売上規模3兆円。
https://new.abb.com/jp
5. **EBITDA**：Earnings Before Interest Taxes Depreciation and Amortizationの略。税引前利益＋特別損益＋支払利息＋減価償却費。国別に異なる利率や減価償却方法の差による違いを最小限に抑えた利益額の評価指標として使用される。
6. Nie et al.（2014）を参照。
7. Treacy and Wiersema（1993）とOlson et al.（2005）を参照。第Ⅱ部第3章のサービス文化に関する議論も参照のこと。
8. Das, T. K. and Bing-Sheng Teng, "The Risk-Based View of Trust: A Conceptual Framework," *Journal of Business and Psychology,* 19(1), 2004: 85-116.
9. **数理人**：高度な数理技術を用いて、事業の分析・評価を行う専門職。
10. Levitt（1972）を参照。
11. **スマート・テクノロジー**：高度な認識・分析・評価機能を有する情報技術。
12. Rust, Roland T. and Ming-Hui Huang, "Optimizing Service Productivity," *Journal of Marketing,* 76(2), 2012: 47-66.

第9章　4つのサービス・カテゴリーの価値と価格

1. Reinartz, Werner and Wolfgang Ulaga, "How to sell services more profitably," *Harvard Business Review,* 86(5), 2008: 90-96.
2. Steiner, Michael, Andreas Eggert, Wolfgang Ulaga, and Klaus Backhaus, "Do customized service packages impede value capture in industrial markets?," *Journal of the Academy of Marketing Science,* 44, 2016: 151-165.
3. Christensen, Clayton M., Scott D. Anthony, Gerald Berstell, and Denise Nitterhouse, "Finding the Right Job for Your Product," *MIT Sloan Management Review,* 48(3), 2007: 38-47.
4. Anderson, James C., James A. Narus, and Wouter van Rossum, "Customer Value Propositions in Business Markets," *Harvard Business Review,* 84(3), 2006: 91-99.
5. Anderson, James C., Nirmalya Kumar, and James A. Narus, *Value Merchants: Demonstrating and Documenting Superior Value in Business Markets,* Boston, MA: Harvard Business School Press, 2007.

6. **Pressure Swing Adsorption（加圧変動吸着）方式**：不純物（主に二酸化炭素）を吸着する吸着材を充填したタンクを2つ並列に並べて、片方ずつ交代しながら空気を加圧して窒素のみを取り出す方式。
7. **キャタピラー社（Caterpillar）**：米国イリノイ州に本社を置く売上高世界第1位の建設機械メーカー。売上規模6兆円。
www.caterpillar.com/en.html
8. **エンパイヤ・サウスウエスト社（Empire Southwest）**：米国アリゾナ州に本社を置く建設機械の独立系ディーラー。売上規模100億円。
www.empire-cat.com

事例9-1
Mike Malmgren, "Managing Risks in Business Critical Outsourcing: A Perspective from the Outsourcer and the Supplier," (Published PhD diss., Linkoping University, Linkoping, Sweden, 2010).
エリクソン社 2003年アニュアルレポート。
www.ericsson.com/48fea5/assets/local/investors/documents/financial-reports-and-filings/annual-reports/ericsson_ar2003_complete_en.pdf
エリクソン社 2015年アニュアルレポート。
www.ericsson.com/48fb21/assets/local/investors/documents/financial-reports-and-filings/annual-reports/ericsson-annual-report-2015-en.pdf

事例9-2
恩蔵 直人,『コモディティ化市場のマーケティング論理』, 有斐閣, 2007.

第Ⅳ部　サービス化戦術
第10章　サービス設計と生産性
1. Levitt（1972）を参照。
2. Shostack, G. Lynn, "Designing Services That Deliver," *Harvard Business Review,* 62, January-February, 1984: 133-139.
3. **サービスの工業化**：サービスの特性を理解したうえで、サービスの生産性を向上させる方法を適用すること。
4. Accenture, "Improving Customer Experience is Top Business Priority for Companies Pursuing Digital Transformation," October 27, 2015.（2016/11/21参照）
https://newsroom.accenture.com/news/improving-customer-experience-is-top-business-priority-for-companies-pursuing-digital-transformation-according-to-accenture-study.htm
5. **顧客経験**：顧客経験の定義については、Lemon and Verhoef（2016）を参照。
6. Zeithaml et al.（2013）を参照。
7. Shostack（1984）を参照。
Shostack, G. Lynn, "Service Positioning through Structural Change," *Journal of Marketing,* 51(1), 1987: 34-43.
8. Bitner, Mary Jo, Amy L. Ostrom, and F. N. Morgan, "Service Blueprinting: A Practical Technique for Service Innovation," *California Management Review*, 50, Spring 2008: 66-94
9. **カスタマー・ジャーニー・マップ**：顧客の行動や感情が、時系列に描かれた図またはマップのこと。

10. **HR（Human Resources）領域**：人材を重要な経営資源ととらえ、効果的に活かすために取り組む領域のこと。
11. Lovelock et al.（2007）を参照。
12. **M2Mサービス（マシン・ツー・マシン・サービス）**：装置に組み込んだセンサーなどから通信ネットワーク経由でデータを直接収集し、それに基づいて見える化や効率化等を行うサービス。
13. Bitner et al.（2008）を参照。
14. **真実の瞬間**：顧客が企業の提供するサービスの価値を判断する瞬間のこと。
15. 第Ⅲ部第7章3に既出。
16. **オーダー・ペネトレーション**：顧客のアクションに直接紐付いたプロセスのこと。レストランを例にとると、顧客が料理を注文することによって実行されるサポート・プロセス（例えば、注文を受ける、注文を厨房に伝える、料理を作る、料理を運ぶ）は、オーダー・ペネトレーションの境界線の上側に位置する。一方、顧客が料理を注文することによって実行されるプロセスには依存しない個々のサポート・プロセス（例えば、店内を清掃する、食材を購入する）は、オーダー・ペネトレーションの境界線の下側に位置する。
17. **マスター・ブループリント**：元となるブループリントのこと。
18. Levitt（1972, 1976）を参照。
19. Rust et al.（2012）を参照。
20. Grönroos, Christian and Katri Ojasalo, "Service productivity: Towards a conceptualization of the transformation of inputs into economic results in services," *Journal of Business Research*, 57(4), 2004: 414-423.
21. 戸谷圭子「サービス共創価値の構造に関する考察」『マーケティングジャーナル』33(3), 2014.
22. Grönroos et al.（2004）を参照。
23. Rust et al.（2012）を参照。
24. Eggert et al.（2014）を参照。
25. Eggert et al.（2014）を参照。
26. Grönroos et al.（2004）を参照。
27. **データ・アナリティクス**：データから意味のあるパターンを見つけ出すこと。
28. **FTFR（First Time Fix Rate）**：初回訪問での修理完了率。
29. Kowalkowski, Christian, "MANAGING THE INDUSTRIAL SERVICE FUNCTION," Published Ph.D. diss., Linköping University, Linköping, Sweden, 2008.
30. TOYOTA/LEXUSの共通IDについては以下を参照。
https://id.toyota.jp/
31. 第Ⅰ部第2章42に既出。
32. **モネ・テクノロジーズ社（MONET Technologies）**：オンデマンド・モビリティ・サービス事業の実現に向けて、トヨタ自動車とソフトバンクが2018年9月設立した合弁会社。2019年には、日野自動車、本田技研工業と、マツダ、スズキ、SUBARU、ダイハツ工業、いすゞ自動車とも資本・業務提携を行った。
www.monet-technologies.com/
33. MONET Technologiesのホームページ（同章31）による。
34. **JapanTaxi**：日本交通の関連会社で2020年4月よりMobility Technologiesに改称。

独自開発のタクシー配車アプリを軸に全国の事業者と提携、事業展開している。
https://japantaxi.co.jp
同社の行政機関による指導についてはJapanTaxi（2019）を参照。

コラム
ISO 27500: 2016, The human-centred organization — Rationale and general principles. www.iso.org/obp/ui/#iso:std:iso:27500:en
ISO 27501: 2019, The human-centred organization — Guidance for managers. www.iso.org/obp/ui/fr/#iso:std:iso:27501:ed-1:v1:en
戸谷圭子「サービス共創価値の構造に関する考察」『マーケティングジャーナル』33（3）, 2014: 32-45.

第11章　サービス・セールス部隊の変革

1. Ulaga et al.（2011）を参照。
2. Ulaga, Wolfgang, and James Loveland, "ransitioning from product to service-led growth in manufacturing firms: Emergent challenges in selecting and managing the industrial sales force," *Industrial Marketing Management,* January 2014: 113-125.
3. **セールス**：ここでのセールスは「販売」のみではなく、販売前後も含めた一連の活動を指す。
4. Reinartz et al.（2008）を参照。
5. Ulaga et al.（2014）を参照。
6. Dubinsky, Alan J., and William Rudelius, "Selling Techniques for Industrial Products and Services: Are They Different? ," *Journal of Personal Selling and Sales Management,* 1, Fall/Winter 1980-81:65-75.
7. **伝統的セールス方法**：従来の伝統的なスタイルのセールスがどのようなものであったのかについてはWeitz et al.（1986）、Spiro et al.（1990）を参照。
8. Plouffe, Christopher R., Brian C. Williams, and Trent Wachner, "NAVIGATING DIFFICULT WATERS: PUBLISHING TRENDS AND SCHOLARSHIP IN SALES RESEARCH," *Journal of Personal Selling and Sales Management,* 28(1), 2008: 79-92.
   Williams, Brian C. and Christopher R. Plouffe, "Assessing the evolution of sales knowledge: A 20-content analysis," *Industrial Marketing Management,* 36(4), 2007: 408-419.
   Terho, Harri, Andreas Eggert, Alexander Haas, and Wolfgang Ulaga, "How sales strategy translates into performance: The role of salesperson customer orientation and value-based selling," *Industrial Marketing Management,* 45, 2015: 12-21.
9. Plouffe et al.（2008）を参照。
10. **伝統的なセールス・ステップ**：ここでは、1）新規の見込み客の開拓→2）訪問準備→3）見込み客への訪問→4）販売契約に向けたプレゼンテーション→5）質疑応答→6）契約締結→7）販売後のフォローアップ、という7段階を指す。
11. **開発前段階（ファジー・フロント・エンド：FFE）**：コンセプト開発につながるアイデア創出、あるいは市場機会の創出といった目標や課題の発見、目指すべき事柄を洗い出すための試行錯誤の段階。

12. Moncrief, William C. and Greg W. Marshall, "The evolution of the seven steps of selling," *Industrial Marketing Management,* 34(1), 2005: 13-22.
13. Ahearae, Michael, Son K Lam, John E. Mahieu, and Willy Bolander, "Why Are Some Salespeople Better at Adapting to Organizational Change? ," *Journal of Marketing,* 74(3), May, 2010: 65-79.
14. Vinchur, Andrew J., Jeffrey S. Schippmann, Fred S. Switzer, and Philip L. Roth, "A Meta-Analytic Review of Job Performance for Salespeople," *Journal of Applied Psychology,* 83(4), 1998: 586-597
    Hunter, John E. and Ronda F. Hunter, "Validity and Utility of Alternative Predictors of Job Performance," *Psychological Bulletin,* 96(1), 1984: 72-98.
15. **T字型**：専門領域の深い知識と専門外についての、幅広い知見を兼ね備えた人材を育成するためのモデル。
16. **サービス・スコープ・クリープ**：契約後の時間の経過とともに、当事者間の合意がないまま当初よりも提供サービスが高度化（複雑化）、または高品質化してしまうこと。顧客側の強引な要求による場合が多い。
17. Blumenthal, Terry D., "Extraversion, attention, and startle response reactivity," *Personality and Individual Differences,* 31(4), 2001: 495-503.
18. Lucas, Richard E., Ed Diener, Alexander Grob, Eunkook M. Suh, and Liang Shao, "Cross-Cultural Evidence for the Fundamental Features of Extraversion," *Journal of Personality and Social Psychology,* 79(3), 2000: 452-468.
19. **自社台方式でのタイヤ・リトレッド**：顧客企業が使用して接地面が摩耗したタイヤ（顧客（自社）が使用したタイヤ（台タイヤ）をベースにする場合を自社台方式という）をタイヤメーカーが預かって接地面を張り替える（リトレッド）こと。
20. 第Ⅰ部第2章41に既出。

事例11-1

Ulaga, Wolfgang and James Loveland, "Transitioning from product to service-led growth in manufacturing firms: Emergent challenges in selecting and managing the industrial sales force," *Industrial Marketing Management,* January 2014: 113-125.

事例11-2

朴 範玉, "製造業におけるサービス化検討の第一歩", ITID 多事想論. (2020/01/29参照)
www.itid.co.jp/articles/column/20161104.html

ブリヂストン ホームページ（タイヤソリューション）。
https://tire.bridgestone.co.jp/tb/truck_bus/solution/index.html

第12章　チャネル・パートナーのマネジメント

1. Kotler, Philip and Peggy H. Cunningham, "Designing and Managing Value Networks and Marketing Channels," in *Marketing Management,* Chapter 17 (Canadian Eleventh Edition), Harlow: Pearson Education Canada, 2004.
2. 第Ⅰ部第2章35に既出。
3. 第Ⅲ部第9章7に既出。
4. Kelleher, James B., "From dumb iron to Big Data: Caterpillar's dealer sales

push," *Reuters Business News,* March 20, 2014.（2016/09/23参照）
www.reuters.com/article/us-caterpillar-dealers-insight-idUSBREA2J0Q320140320

5. 第Ⅲ部第9章8に既出。
6. エンパイヤ・サウスウエスト社のホームページ（同章5）による。
7. **ジョンディア社（John Deere）**：米国イリノイ州に本社を置く世界最大の農業機械および建設機械メーカー。売上規模4兆円。
www.deere.com/en/index.html
8. **マテリアル・ハンドリング・サービス**：モノの移動や運搬を行うためのサービス。
9. 第Ⅱ部第5章4に既出。
10. Fang et al.（2008）を参照。
11. **富士ゼロックス社**：東京に本社を置く複写機やプリンター、ドキュメントソリューションを手がけるメーカー。売上規模1兆円。
www.fujixerox.co.jp
同社のマルチベンダーサービスについては以下を参照。
www.fujixerox.co.jp/solution/mvs
12. **日本ATM社（日本エー・ティー・エム）**：1999年に日本NCR株式会社から分離独立して設立された企業。ATM機器の開発・製造・販売・保守を手がける。売上規模400億円。
www.atmj-g.com/index.html
13. 日本ATMのホームページ（マルチベンダATMシステム）による。
www.atmj-g.com/service/system/web_atm.html
14. **オーバーヘッド・コスト**：間接部門の人件費や光熱費、会社全体の福利厚生費や保険料などの、特定の製品やサービスに直接的に依存せず間接的に発生するコスト（間接費）。
15. Fang et al.（2008）を参照。
16. Hook, Leslie and Robert Wright, "Amazon leases 20 Boeing 767 freight jets for air cargo programme," *Financial Times,* March 9, 2016.（2016/09/23参照）
www.ft.com/content/6f3867e8-e617-11e5-a09b-1f8b0d268c39
17. **クボタ社**：大阪に本社を置く産業機械、ディーゼルエンジンのメーカー。売上規模1.9兆円。
www.kubota.co.jp
同社のKSAS（クボタ スマートアグリシステム）については以下を参照。
https://ksas.kubota.co.jp/
18. **ザイレム社（Xylem）**：米国ニューヨークに本社を置く浄水ソリューション・ビジネスを展開する企業。売上規模5,500億円。
www.xylem.com/en-us/
19. ザイレムのホームページ（TotalCare）による。
www.xylemto-talcare.com
20. Kowalkowski（2008）を参照。
21. Gulati（2007）を参照。
22. Kelleher（2014）を参照。
23. 第Ⅲ部第7章3に既出。
24. 第Ⅳ部第10章12に既出。
25. **エクソンモービル社（ExxonMobil's）**：テキサス州に本社を置く、総合エネルギー企業。売上規模30兆円。

https://corporate.exxonmobil.com

26. **テレマティックス・サービス**：自動車などの移動体に通信システムを搭載して、運転手に様々な情報を提供するサービス。

27. ボルボ・グループとウーバー・テクノロジーズ社との共同出資による自動運転車の開発については以下を参照。(2016/09/23参照)
www.media.volvocars.com/us/en-us/media/pressreleases/194795/volvo-cars-and-uberjoin-forces-to-develop-autonomous-dnving-cars

28. Shepherd, Christian, "Volvo seeks edge on driverless car technology" *Financial Times,* April 7, 2016.(2016/09/23参照)
www.ft.com/content/96f256c8-fc6e-11e5-b5f5-070dca6d0a0d

事例12-1

Michelin Group Fact Sheet 2015, "MICHELIN, A BETTER WAY FORWARD," https://michelinmedia.com/site/user/files/1/2015-Michelin-Group-Fact-Sheet.pdf

Renault, Chloé, Frédénc Dalsace, and Wolfgang Ulaga, "Michelin Fleet Solutions: From Selling Tires to Selling Kilometers," ECCH Case Study (2010).
www.thecasecentre.org

事例12-2

Kalyanam, Kirthi and Surinder Brar, "From Volume to Value: Managing the Value-Add Reseller Channel at Cisco Systems," *California Management Review,* 1, 2009: 94-119.

事例12-3

戸谷圭子, 小林吉之, 丹野愼太郎,『ヤマハ マリンクラブ・シースタイル』, 日本ケースセンター, 2017.
https://casecenter.jp/case/CCJB-OTR-16018-01.html

第13章　サービス・イノベーションのための方法論

1. Pavitt, Keith, "Sectoral patterns of technical change: Towards a taxonomy and a theory," *Research Policy,* 13(6), 1984: 343-373.
Barras, Richard, "Towards a theory of innovation in services," *Research Policy,* 15(4), 1986: 161-173.

2. Coombs, Rob and Ian Miles, "Innovation, Measurement and Services: The New Problematique," Innovation Systems, in *The Service Economy: Measurement and Case Study Analysis,* eds. by J. S. Metcalfe and Ian Miles, Boston, MA: Kluwer Academic, 2000.

3. **ステージ・ゲート・モデル**：プロジェクト全体をいくつかのステージに分け、ステージごとに達成目標からなる関門を設定し、その関門の目標を達成できたかどうかによってステージに進むかどうかを評価し、意思決定をするプロジェクト・マネジメント・モデル。

4. **S-GDP**：ボルボのグローバルでのサービス開発プロセス(Service Global Development Process)。

5. 製品開発プロジェクトにおいても、フォーカス・グループ・インタビュー(ある目的とする情報を収集するために集められた集団に対して行うインタビュー）や顧客試用テスト（実際に試用してもらい、製品を評価してもらうテスト方法）など顧客が関与するプロセスはある。

6. Dörner, Nadine, Oliver Gassmann, and Heiko Gebauer, "Service innovation: Why is it so difficult to accomplish? ," *Journal of Business Strategy,* 32(3), 2011: 37-46.
7. **リード・ユーザー法**：先駆的なユーザーを製品開発過程に積極的に取り込むことにより、高い製品開発成果の実現を目指すアプローチ。
8. **エスノグラフィー**：人の行動を詳細に観察することによって問題やニーズを発見する手法。
9. **Industrial Internet**：情報通信技術を活用して生産性の向上やコストの削減を支援する産業サービス（米国GE社が2012年に発表した構想）。
10. **Industry 4.0**：製造業におけるオートメーション化とコンピュータ連結化、それを通じた製造プロセスのデータ化を目指す技術的コンセプト（ドイツ工学アカデミーと連邦教育科学省が2011年に発表した構想）。
11. 第Ⅰ部第1章11に既出。
12. **インテリジェント・マシン**：自ら判断して自律的に動作する仕組みを備えた機械。
13. **アドバンスト・アナリティクス**：ビッグ・データを、機械学習などの人工知能技術を用いて分析し、データ間の関係性を解析する方法。
14. **リモート・コネクティビティ**：分散して配置された機械に取り付けられたセンサー等がインターネットに接続されることによって、遠隔地から機械にアクセスできるようにする仕組み。
15. **ダイキン工業**：大阪に本社を置く空調機器、フロンガス等のフッ素化学製品の世界的メーカー。空調事業では世界トップ。売上規模2.5兆円。
https://www.daikin.co.jp
ダイキンの空調メンテナンスサービスについては以下を参照。
www.daikin.co.jp/fcs/product_03.html
16. コマツのホームページ（KOMTRAX Plus）による。
www.komatsu-kenki.co.jp/service/product/komtrax_plus/
17. **ハッカソン**：ソフトウェアのエンジニアリングを指す"ハック"（hack）とマラソン（marathon）を組み合わせた米IT業界発祥の造語。数時間から数日間の与えられた時間を徹してプログラミングに没頭し、アイデアや成果を競い合う開発イベントのことを指す。近年はIT業界以外の分野にも拡大し、オープンイノベーションの手法の1つとして活用されている。
18. Eyelland, Osvald M., and Robert Chapman Wood, "An inside view of IBM's Innovation Jam," *MIT Sloan Management Review*, 50(1), 2008: 31-40.
19. **EMD Millipore 社**：米国に本社を置くドイツのメルク社（Merck）のグループ企業。2015年にメルク社が買収したSigma-Aldrich社と合併した。
www.merckmillipore.com/JP/ja/

参考文献集

Accenture, "Improving Customer Experience is Top Business Priority for Companies Pursuing Digital Transformation," October 27, 2015. (2016/11/21参照) https://newsroom.accenture.com/news/improving-customer-experience-is-top-business-priority-for-companies-pursuing-digital-transformation-according-to-accenture-study.htm

Ahearne, Michael, Son K Lam, John E. Mahieu, and Willy Bolander, "Why Are Some Salespeople Better at Adapting to Organizational Change?," *Journal of Marketing,* 74(3), May, 2010: 65-79.

Anderson, James C., James A. Narus, and Wouter van Rossum, "Customer Value Propositions in Business Markets," *Harvard Business Review,* 84(3), 2006: 91-99.

Anderson, James C., Nirmalya Kumar, and James A. Narus, *Value Merchants: Demonstrating and Documenting Superior Value in Business Markets,* Boston, MA: Harvard Business School Press, 2007.

Anthony, Scott D. and Joseph V. Sinfield, "When the Going Gets Tough, the Tough Get Innovating," *IndustryWeek,* October 8, 2008. (2020/01/29参照). www.industryweek.com/companies-amp-executives/when-going-gets-tough-tough-get-innovating

Baines, T., Ali Bigdeli, Rui Sousa, and Andreas Schroeder., "Framing the Servitization Transformation Process: A Model to Understand and Facilitate the Servitization Journey," *International Journal of Production Economics* (Online), 2019.

Barras, Richard, "Towards a Theory of Innovation in Services," *Research Policy,* 15(4), 1986: 161-173.

Bessant, John and Andrew Davies, "Managing Service Innovation," in Innovation in Services (DTI Occasional Paper, No. 9, June 2007): Department of Trade and Industry, UK, 61-96.

Bettencourt, Lance A., Robert F. Lusch, and Stephen L. Vargo, "A Service Lens on Value Creation: Marketing's Role in Achieving Strategic Advantage," *California Management Review,* 57(1), 2014: 44-46.

Bitner, Mary Jo, Amy L. Ostrom, and F. N. Morgan, "Service Blueprinting: A Practical Technique for Service Innovation," *California Management Review,* 50 (3) 2008: 66-94

Bjelland, Osvald M. and Robert Chapman Wood, "An Inside View of IBM's Innovation Jam," *MIT Sloan Management Review,* 50(1), 2008: 31-40.

Blattberg, Robert C. and John Deighton, "Manage Marketing by the Customer Equity Test," *Harvard Business Review,* 74(4), 1996: 136-144.

Blumenthal, Terry D., "Extraversion, Attention, and Startle Response Reactivity," *Personality and Individual Differences,* 31(4), 2001: 495-503.

Boeing, "Boeing Names New Senior Leaders, Launches Integrated Services Business," November 21, 2016. (2016/12/09参照) https://boeing.mediaroom.com/2016-11-21-Boeing-Names-New-Senior-Leaders-Launches-Integrated-Services-Business

Bowen, David E., Caren Siehl, and Benjamin Schneider, "A Framework for

Analyzing Customer Service Orientations in Manufacturing," *Academy of Management Review,* 14(1), 1989: 75-95.
Brodie, Roderick J., Linda D. Hollebeek, Biljana Jurić, and Ana Ilić, "Customer Engagement: Conceptual Domain, Fundamental Propositions, and Implications for Research," *Journal of Service Research,* 17(3), 2011: 1-20.
Bryant, Adam, "Xerox's New Chief Tries to Redefine Its Culture," *New York Times,* February 20, 2010, page BUI of the New York edition. (2016/09/23参照) www.nytimes.com/2010/02/21/business/21xerox.html.
Business Wire, "PetSmart Announces Fourth Quarter and Fiscal Year 2014 Results," March 04, 2015. (2016/09/22参照).
www.businesswire.com/news/home/20150304005081/en/ PetSmart-Announces-Fourth-Quarter-Fiscal-Year-2014
Chesbrough, Henry, *Open Services Innovation: Rethinking Your Business to Grow and Compete in a New Era,* Chichester: John Wiley & Sons, 2010.
Christensen, Clayton M., Scott D. Anthony, Gerald Berstell, and Denise Nitterhouse, "Finding the Right Job for Your Product," *MIT Sloan Management Review,* 48(3), 2007: 38-47.
Clegg, Jeremy and Hinrich Voss, *Chinese Overseas Direct Investment in the European Union,* London: ECRAN (Europe China Research and Advice Network), 2012.
Cohen, Morris A., Narendra Agrawal, and Vipul Agrawal, "Winning in the Aftermarket," *Harvard Business Review,* 84(5), 2006: 129-138.
Coombs, Rob and Ian Miles, "Innovation, Measurement and Services: The New Problematique," Innovation Systems, in *The Service Economy: Measurement and Case Study Analysis,* eds. by J. S. Metcalfe and Ian Miles, Boston, MA: Kluwer Academic, 2000.
Cornet, E., R. Katz, R. Molloy, J. Schädler, D. Sharma, and A. Tipping, *Customer Solutions: From Pilots to Profits,* New York: Booz Allen & Hamilton, 2000.
Dalton, Cathrine M., "A Passion for Pets: An Interview with Philip L. Francis, Chairperson and CEO of PETsMART, Inc.," *Business Horizons,* 48(6), 2005: 469-475.
Das, T. K. and Bing-Sheng Teng, "The Risk-Based View of Trust: A Conceptual Framework," *Journal of Business and Psychology,* 19(1), 2004: 85-116.
Deal, Terrence E. and Allan A. Kennedy, *Corporate Cultures: The Rites and Rituals of Corporate Life,* Reading, MA: Addison-Wesley, 1982.
Dörner, Nadine, Oliver Gassmann, and Heiko Gebauer, "Service Innovation: Why Is it so Difficult to Accomplish?," *Journal of Business Strategy,* 32(3), 2011: 37-46.
Dubinsky, Alan J. and William Rudelius, "Selling Techniques for Industrial Products and Services: Are They Different?," *Journal of Personal Selling and Sales Management,* 1, Fall/Winter 1980-81:65-75.
Eggert, Andreas, Jens Hogreve, Wolfgang Ulaga, and Eva Münkhoff, "Revenue and Profit Implications of Industrial Service Strategies," *Journal of Service Research,* 17(1), 2014: 23-39.
Ericsson, "Ericsson Accelerates Transformation to Drive Growth and Profitability," April 21, 2016. (2016/09/23参照)

www.ericsson.com/news/2005398.

Ericsson White Paper, "Managed Services' Impact on the Telecom Industry," March 2007. (2010/02/03参照)
www.ericsson.com/technology/whitepapers/3115_Managed_services_A.pdf

Fang, Eric (Er)., Robert W. Palmatier, and Jan-Benedict E. M. Steenkamp, "Effect of Service Transition Strategies on Firm Value," *Journal of Marketing,* 72(5), 2008: 1-14.

Fechner, Gustav Theodor／D. H. Howes and E. G. Boring, eds., *Elements of Psychophysics.* Volume 1 [Elemente der Psychophysik, first published, 1860], translated by H. E. Adler, Holt: Rinehart and Winston, 1966.

Fischer, Thomas, Heiko Gebauer, and Elgar Fleisch, *Service Business Development: Strategies for Value Creation in Manufacturing Firms,* Cambridge: Cambridge University Press, 2012

Gara, Antoine, "PetSmart's $8.7 Billion LBO Is Already Paying off for Consortium Led by BC Partners," *Forbes,* February 18, 2016. (2016/09/22参照)
www.forbes.com/sites/antoinegara/2016/02/18/petsmarts-8-7-billion-lbo-already-is-paying-off-for-consortium-led-by-bc-partners/

Galbraith, Jay R., "Organizing to Deliver Solutions," *Organizational Dynamics* 31(2), 2002: 194-207.

Gebauer, Heiko and Christian Kowalkowski, "Customer-focused and Service-Focused Orientation in Organizational Structures," *Journal of Business and Industrial Marketing,* 27(7), 2012: 527-537.

Gebauer, Heiko, Bo Edvardsson, and Margareta Bjurko, "The Impact of Service Orientation in Corporate Culture on Business Performance in Manufacturing Companies," *Journal of Service Management,* 21(2), 2010: 237-259.

Gebauer, Heiko, E. Fleisch, and T. Friedli, "Overcoming the Service Paradox in Manufacturing Companies," *European Management Journal,* 23(1), 2005: 14-26.

Gerstner, Louis V., *Who Says Elephants Can't Dance?* , New York: HarperCollins Publishers, 2002（『巨象も踊る』山岡洋一・高遠裕子訳、日本経済新聞社、2002年)。

Grönroos, Christian, *Service Management and Marketing: Customer Management in Service Competition,* 3rd ed., Chichester: John Wiley & Sons, 2007.

Grönroos, Christian, *Service Management and Marketing: Managing the Service Profit Logic,* 4th ed., Chichester: John Wiley & Sons, 2015.

Grönroos, Christian, and Katri Ojasalo, "Service Productivity: Towards a Conceptualization of the Transformation of Inputs into Economic Results in Services," *Journal of Business Research,* 57(4), 2004: 414-423.

Gulati, Ranjay, "Silo Busting: How to Execute on the Promise of Customer Focus," *Harvard Business Review,* 85(5), 2007: 98-108.

Gummesson, Evert, "Lip Service: A Neglected Area in Services Marketing," *Journal of Service Marketing,* 1(1), 1987: 19-23.

Henkel, Carsten B., Oliver B. Bendig, Tobias Caspari, and Nihad Hasagic, *Industrial Services Strategies: The Quest for Faster Growth and Higher Margins,* New York: Monitor Group, 2004.

Hill, Andrew, "The Right Fit for Doing a Deal," *Financial Times,* December 7,

2011.（2016/09/23参照）
www.ft.com/cms/s/0/a4c428f6-1ffc-11e1-8462-00144feabdc0.html
Hook, Leslie and Robert Wright, "Amazon Leases 20 Boeing 767 Freight Jets for Air Cargo Programme," *Financial Times,* March 9, 2016.（2016/09/23参照）
www.ft.com/content/6f3867e8-e617-11e5-a09b-1f8b0d268c39
Hunter, John E. and Ronda F. Hunter, "Validity and Utility of Alternative Predictors of Job Performance," *Psychological Bulletin,* 96(1), 1984: 72-98.
ISO 27500: 2016, The Human-centred Organization — Rationale and General Principles.
www.iso.org/obp/ui/#iso:std:iso:27500:en
ISO 27501: 2019, The Human-centred Organization — Guidance for Managers.
www.iso.org/obp/ui/fr/#iso:std:iso:27501:ed-1:v1:en
Kalyanam, Kirthi and Surinder Brar, "From Volume to Value: Managing the Value-Add Reseller Channel at Cisco Systems," *California Management Review,* 52(1), 2009: 94-119.
Kastalli, Ivanka Visnjic and Bart Van Looy, "Servitization: Disentangling the Impact of Service Business Model Innovation on Manufacturing Firm Performance," *Journal of Operations Management,* 31(4), 2013: 169-180.
Kellaway, Lucy, "'Hello there': Eight Lessons from Microsoft's Awful Job Loss Memo," *Financial Times,* July 27, 2014.
www.ft.com/content/013511fa-13dd-11e4-8485-00144feabdc0
Kelleher, James B., "From Dumb Iron to Big Data: Caterpillar's Dealer Sales Push," *Reuters Business News,* March 20, 2014.（2016/09/23参照）
www.reuters.com/article/us-caterpillar-dealers-insight-idUSBREA2J0Q320140320
Kotler, Philip and Peggy H. Cunningham, "Designing and Managing Value Networks and Marketing Channels," in *Marketing Management,* Chapter 17 (Canadian Eleventh Edition), Harlow: Pearson Education Canada, 2004.
Kotter, John P., "Leading Change: Why Transforming Efforts Fail," *Harvard Business Review,* March-April, 1995: 59-67.
Kotter, John P., "Accelerate! : How the Most Innovative Companies Capitalize on Today's Rapid-fire Strategic Challenges – And Still Make Their Numbers," *Harvard Business Review,* 90(11), 2012: 45-58.
Kowalkowski, Christian, "Managing the Industrial Service Function," Published Ph.D. diss., Linköping University, Linköping, Sweden, 2008.
Kowalkowski, Christian, Charlotta Windahl, Daniel Kindström, and Heiko Gebauer, "What Service Transition? Rethinking Established Assumptions about Manufacturers' Service-led Growth Strategies," *Industrial Marketing Management,* 45, 2015: 59-69.
Kowalkowski, Christian, Daniel Kindström, Thomas Brashear Alejandro, Staffan Brege, and Sergio Biggemann, "Service Infusion as Agile Incrementalism in Action," *Journal of Business Research,* 65(6), 2012: 765-772.
Lemon, Katherine N. and Peter C. Verhoef, "Understanding Customer Experience Throughout the Customer Journey," *Journal of Marketing,* 80, 2016: 69-96.
Levitt, Theodore, "Production-line Approach to Service," *Harvard Business Review,* 50(5), 1972: 41-52.
Levitt, Theodore, "The Industrialization of Service," *Harvard Business Review,* 54

(5), 1976: 63-74.

Lieberman, Marvin B. and David B. Montgomery, "First-mover Advantages," *Strategic Management Journal,* 9, Summer 1988: 41-58.

Lovelock, Christopher and Evert Gummesson, "Whither Services Marketing? In Search of a New Paradigm and Fresh Perspectives," *Journal of Service Research,* 7(1), 2004: 20-41.

Lovelock, Christopher and Jochen Wirtz, *Services Marketing: People, Technology, Strategy,* 6th ed., Upper Saddle River, NJ: Pearson Education, 2007.

Lucas, Richard E., Ed Diener, Alexander Grob, Eunkook M. Suh, and Liang Shao, "Cross-Cultural Evidence for the Fundamental Features of Extraversion," *Journal of Personality and Social Psychology,* 79(3), 2000: 452-468.

Macdonald, Emma K., Michael Kleinaltenkamp, and Hugh N. Wilson, "How Business Customers Judge Solutions: Solution Quality and Value in Use," *Journal of Marketing,* 80(3), 2016: 96-120.

Mattolini, Dana, "Xerox Chief Looks beyond Photocopiers toward Services," *Wall Street Journal,* June 13, 2011. (2016/09/23参照)
www.wsj.com/articles/SB10001424052702304563104576361942906800716
www.ft.com/cms/s/0/bac264c8-662e-11e2-bb67-00144feab49a.html

Michelin Group Fact Sheet 2015, "Michelin, a better Way forward,"
https://michelinmedia.com/site/user/files/1/2015-Michelin-Group-Fact-Sheet.pdf

Microsoft, "Stephen Elop's Email to Employees," July 17, 2014. (2016/04/03参照)
https://news.microsoft.com/2014/07/17/stephen-elops-email-to-employees/

Mike Malmgren, "Managing Risks in Business Critical Outsourcing: A Perspective from the Outsourcer and the Supplier," (Published PhD diss., Linkoping University, Linkoping, Sweden, 2010).

Moncrief, William C., and Greg W. Marshall, "The Evolution of the Seven Steps of Selling," *Industrial Marketing Management,* 34(1), 2005: 13-22.

Neely, A., "The Servitization of Manufacturing: An Analysis of Global Trends," 14th European Operations Management Association, 2007.

Nie, Winter, Wolfgang Ulaga, and Athanasios Kondis, "ABB Turbocharging (A): Leading Change in Certain Times," IMD Case Study, No. IMD-3-2430 (The Case Center, UK, 2014).
www.thecasecentre.org

Oliva, Rogelio, Heiko Gebauer, and J. M. Brann, "Separate or Integrate? Assessing the Impact of Separation between Product and Service Business on Service Performance in Product Manufacturing Firms," *Journal of Business-to-Business Marketing,* 19(4), 2012: 309-334.

Oliva, Rogelio and Robert Kallenberg, "Managing the Transition from Products to Services," *International Journal of Service Industry Management,* 14(2), 2003: 160-172.

Oliver, Richard L., "Whence Consumer Loyalty?," *Journal of Marketing,* 63, 1999: 33-44.

Olson, Eric M., Stanley F. Slater, and Tomas M. Hult, "The Performance Implications of Fit among Business Strategy, Marketing Organization

Structure, and Strategic Behavior," *Journal of Marketing,* 69(3), 2005: 49-65.
Ostrower, Jon, "Boeing Reorganizes into Three Parts: Airliners, Fighters and Spare Parts," *CNN Money,* November 21, 2016. (2016/12/09参照)
money.cnn.com/2016/11/21/news/companies/boeing-reorganization/
Parker, Andrew, "Ericsson to by Telcordia for $1.2bn," *Financial Times,* June 14, 2011. (2016/09/23参照)
www.ft.com/content/1aafdc46-967c-11e0-afc5-00144feab49a
Pavitt, Keith, "Sectoral Patterns of Technical Change: Towards a Taxonomy and a Theory," *Research Policy,* 13(6), 1984: 343-373.
Pew Research Center, "Defining Generations: Where Millennials End and Generation Z Begins," 2019 (2020/01/29 参照).
www.pewresearch.org/fact-tank/2019/01/17/where-millennials-end-and-generation-z-begins/
Philips, "Philips Provides Light as a Service to Schiphol Airport," April 16, 2015. (2016/09/22参照)
www.philips.com/a-w/about/news/archive/standard/news/press/2015/20150416-Philips-provides-Light-as-a-Service-to-Schiphol-Airport.html
Plouffe, Christopher R., Brian C. Williams, and Trent Wachner, "Navigating Difficult Waters: Publishing Trends and Scholarship in Sales Research," *Journal of Personal Selling and Sales Management,* 28(1), 2008: 79-92.
Rangan, V. Kasturi and George T. Bowman, "Beating the Commodity Magnet," *Industrial Marketing Management,* 21(3), 1992: 215-224.
Raval, Anjli, "Xerox Says Shift to Services Is Paying Off," *Financial Times,* January 25, 2013. (2016/09/23参照)
www.ft.com/content/bac264c8-662e-11e2-bb67-00144feab49a
Reinartz, Werner and Wolfgang Ulaga, "How to Sell Services More Profitably," *Harvard Business Review,* 86(5), 2008: 90-96.
Renault, Chloé, Frédéric Dalsace, and Wolfgang Ulaga, "Michelin Fleet Solutions: From Selling Tires to Selling Kilometers," ECCH Case Study (2010).
www.thecasecentre.org
Reuters, "China's HNA Group to Buy Ingram Micro for $6 billion," February 18, 2016. (2016/09/22参照)
www.reuters.com/article/us-ingram-micro-m-a-tianjin-tianhai-idUSKCN0VQ2U0
Rust, Roland T., Katherin N. Lemon, and Valarie A. Zeithaml, "Return on Marketing: Using Customer Equity to Focus Marketing Strategy," *Journal of Marketing,* 68(1), 2004: 109-127.
Rust, Roland T. and Ming-Hui Huang, "Optimizing Service Productivity," *Journal of Marketing,* 76(2), 2012: 47-66.
Shah, Denish, Roland T. Rust, A. Parasuraman, Richard Staelin, and George S. Day, "The Path to Customer Centricity," *Journal of Service Research,* 9(2), 2006: 113-124.
Shepherd, Christian, "Volvo Seeks Edge on Driverless Car Technology," *Financial Times,* April 7, 2016. (2016/09/23参照)
www.ft.com/content/96f256c8-fc6e-11e5-b5f5-070dca6d0a0d
Shostack, G. Lynn, "Designing Services That Deliver," *Harvard Business Review,*

62, January-February, 1984: 133-139.

Shostack, G. Lynn, "Service Positioning Through Structural Change," *Journal of Marketing,* 51(1), 1987: 34-43.

Shotter, James, "UK Groups Lag behind in Adding Services," *Financial Times,* May 29, 2012. (2016/09/23参照)
www.ft.com/content/890ae896-a1bd-11e1-ae4c-00144feabdc0

Sommer, Jeff, "Apple Won't Always Rule. Just Look at IBM," *New York Times,* April 25, 2015, page BU4 of the New York edition. (2016/09/23参照)
www.nytimes.com/2015/04/26/your-money/now-its-apples-world-once-it-was-ibms.html

Spiro, R. L. and Barton A. Weitz, "Adaptive Selling: Conceptualization, Measurement, and Nomological Validity," *Journal of Marketing Research,* 27(1), 1990: 61-69.

Spohrer, Jim, "IBM's Service Journey: A Summary Sketch," *Industrial Marketing Management,* 60, 2017: 167-172.

Steiner, Michael, Andreas Eggert, Wolfgang Ulaga, and Klaus Backhaus, "Do Customized Service Packages Impede Value Capture in Industrial Markets?," *Journal of the Academy of Marketing Science,* 44, 2016: 151-165.

Terho, Harri, Andreas Eggert, Alexander Haas, and Wolfgang Ulaga, "How Sales Strategy Translates into Performance: The Role of Salesperson Customer Orientation and Value-based Selling," *Industrial Marketing Management,* 45, 2015: 12-21.

The Nobel Prize, "Al Gore Nobel Lecture," 2007. (2020/01/29 参照)
www.nobelprize.org/prizes/peace/2007/gore/lecture/

Toya, K., K. Watanabe, S. Tan-no, and M. Mochimaru, "Internal and External Obstacles of Servitization in Japanese Major Manufactures," Spring Servitization Conference 2016, Manchester, UK.

Treacy, Michael and Fred Wiersema, "Customer Intimacy and Other Value Disciplines," *Harvard Business Review,* January-February, 1993: 84-93.

Ulaga, Wolfgang and James Loveland, "Transitioning from Product to Service-led Growth in Manufacturing Firms: Emergent Challenges in Selecting and Managing the Industrial Sales Force," *Industrial Marketing Management,* January 2014: 113-125.

Ulaga, Wolfgang and Werner J. Reinartz, "Hybrid Offerings: How Manufacturing Firms Combine Goods and Services Successfully," *Journal of Marketing,* 75(6), November 2011: 5-23.

Vargo, S. L. and R. F. Lusch, "Evolving to a New Dominant Logic for Marketing," *Journal of Marketing,* 68(1), 2004: 1-17.

Vinchur, Andrew J., Jeffrey S. Schippmann, Fred S. Switzer, and Philip L. Roth, "A Meta-Analytic Review of Job Performance for Salespeople," *Journal of Applied Psychology,* 83(4), 1998: 586-597.

Volvo, "Volvo Cars and Uber Join Forces to Develop Autonomous Driving Cars," August 18, 2016. (2016/09/23参照)
www.media.volvocars.com/us/en-us/media/pressreleases/194795/volvo-cars-and-uberjoin-forces-to-develop-autonomous-dnving-cars

Wall Street Journal, "Full Text: Nokia CEO Stephen Elop's 'Burning Platform' Memo," February 9, 2011. (2020/04/28参照)
https://blogs.wsj.com/tech-europe/2011/02/09/full-text-nokia-ceo-stephen-elops-burning-platform-memo/

Waters, Richard, "Semiconductor Sale a Vital Part of IBM's Strategic Realignment," *Financial Times,* February 7, 2014. (2016/09/23参照)
www.ft.com/content/f563bea0-8fa5-11e3-9cb0-00144feab7de

Weitz, Bartonm, H. Sujan, and M. Sujan, "Knowledge, Motivation, and Adaptive Behavior: A Framework for Improving Selling Effectiveness," *Jouenal of Marketing,* 50(4), 1986: 174-191.

Williams, Brian C. and Christopher R. Plouffe, "Assessing the Evolution of Sales Knowledge: A 20-content Analysis," *Industrial Marketing Management,* 36(4), 2007: 408-419.

Xerox, "Xerox to Separate into Two Market-Leading Public Companies Following Completion of Comprehensive Structural Review," January 29, 2016. (2016/09/23参照)
www.news.xerox.com/news/Xerox-to-separate-into-two-market-leading-public-companies

Yee, Amy, "Xerox Takes Road towards Reinvention," *Financial Times,* November 4, 2004. (2016/09/23参照)
www.ft.com/cms/s/0/d5de5270-2e07-11d9-a86b-00000e2511c8.html

Zeithaml, Valarie A., Mary Jo Bitner, and Dwayne D. Gremler, *Services Marketing,* 6th ed., New York: McGraw Hill-Irwin, 2013.

IBM社 2015年アニュアルレポート。
www.ibm.com/investor/att/pdf/IBM_Annual_Report_2015.pdf

エリクソン社 2003年アニュアルレポート。
www.ericsson.com/48fea5/assets/local/investors/documents/financial-reports-and-filings/annual-reports/ericsson_ar2003_complete_en.pdf

エリクソン社 2015年アニュアルレポート。
www.ericsson.com/48fb21/assets/local/investors/documents/financial-reports-and-filings/annual-reports/ericsson-annual-report-2015-en.pdf

恩蔵 直人,『コモディティ化市場のマーケティング論理』, 有斐閣, 2007.

川島 蓉子, "コクヨ新社長「要はベタベタなことの積み重ね」", 日経ビジネスオンライン 2016年3月2日. (2019/12/02参照)
https://business.nikkei.com/atcl/interview/15/266010/022500006/?P=1

経済産業省「2019年版ものづくり白書」。(2020/01/29 参照)
www.meti.go.jp/report/whitepaper/mono/2019/honbun_pdf/index.html

経済産業省「平成30年版通商白書」。(2020/01/29参照)
www.meti.go.jp/report/tsuhaku2018/whitepaper_2018.html

JapanTaxi, "当社に関する一部報道について", 2019年3月24日. (2020/01/29参照)
https://japantaxi.co.jp/news/info/2019/03/24/0094/

シュナイダーエレクトリック社 2015年アニュアルレポート。
www.se.com/ww/en/assets/564/document/41435/annual-report-2015.pdf

スカニア社 アニュアルレポート。(2020/01/29参照)

www.scania.com/group/en/home/investors/financial-reports/annual-reports.html
世界銀行 2014年ATMデータ。（2016/05/18参照）
data.worldbank.org/indicator/FB.ATM.TOTL.P5
世界銀行 2019年データ。（2019/10/26参照）
datatopics.worldbank.org/world-development-indicators/
ゼロックス社 アニュアルレポート。
www.news.xerox.com/investors/reports
戸谷圭子,「サービス共創価値の構造に関する考察」『マーケティングジャーナル』33(3), 2014: 32-45.
戸谷圭子, 小林吉之, 丹野愼太郎,『ヤマハ マリンクラブ・シースタイル』, 日本ケースセンター, 2017.
https://casecenter.jp/case/CCJB-OTR-16018-01.html
戸谷圭子,『ゼロからわかる金融マーケティング』, 金融財政事情研究会, 2019.
トヨタ自動車, "モビリティカンパニーへのフルモデルチェンジに向けて", 2019年12月.（2020/01/29参照）
https://global.toyota/jp/company/messages-from-executives/details/
内閣府「国民生活に関する世論調査2017」。（2020/01/29 参照）
survey.gov-online.go.jp/h29/h29-life/index.html
朴 範玉, "製造業におけるサービス化検討の第一歩", ITID 多事想論.（2020/01/29参照）
www.itid.co.jp/articles/column/20161104.html
ペットスマート社のアニュアルレポート。
www.annualreports.com/Company/petsmart
メッツオ・グループ 2012年アニュアル・レポート。（2020/01/29参照）
www.metso.com/company/investors/reports-and-presentations/
ユナイテッド・テクノロジーズ社 2014年のアニュアル・レポート。（2020/01/29参照）
www.annualreports.com/HostedData/AnnualReportArchive/u/NYSE_UTX_2014.pdf
米村美香, "導入事例：コマツ", 情報処理推進機構.（2020/01/29参照）
www.ipa.go.jp/files/000010541.pdf

企業索引

本書において事例として示されている企業の該当ページは、太字で示されている

【ナ行】

【ハ行】

【マ行】

【ヤ行】

【ラ行】

共著者・章訳担当者略歴

【共著者略歴】

C. コワルコウスキー（Christian Kowalkowski）

スウェーデン・リンシェーピン大学 産業マーケティング学 教授。フィンランド・ハンケン経済大学 研究員兼務。
専門はサービス戦略とその実装で、学術界・実務界での発表多数。当該学術分野に関し、15年以上の研究・教育活動があり、B2Bサービス主導の成長に関するスウェーデン初の大学コースを開発。企業・組織との共同研究が多く、ヨーロッパ、北米、アジア、オーストラリアの主要な研究者とも連携が深い。近年は、デジタル化とサービス化の相互作用、およびサーキュラー・エコノミーの考え方に基づく新しいビジネスモデルの出現について研究を展開。
Journal of Service Research、*Journal of Business Research*、*Industrial Marketing Management*などの学術誌への掲載論文50以上。2019年、スウェーデンの社会科学分野での論文引用数ランキング18位（ニュース誌・*Fokus*）。また、Publonsの国際査読者データベースでEconomics & Businessの査読者の上位1%に選ばれたことで、Publons Peer Review Awards 2019および2018を受賞。*Journal of Service Management*、*Journal of Services Marketing*のアソシエイトエディター。*Industrial Marketing Management*のアドバイザリーボードメンバー。*Journal of Business Research*、*Journal of Business & Industrial Marketing*、*Journal of Service Research*、*Journal of Service Theory and Practice*のレビューボードメンバー。
Website: www.liu.se/medarbetare/chrko57

W. ウラガ（Wolfgang Ulaga）

フランス・フォンテーヌブローにあるビジネススクールINSEAD マーケティング学 教授。
25年以上にわたり、グローバルなB2Bサービスおよびソリューション戦略の設計と実装の研究に従事し、当該分野の国際的な権威である。企業コンサルティング、基調講演多数。世界中の多くの業界で経営者教育ワークショップを実施。
研究の関心は、B2B企業の製品からサービスへの移行戦略、新しいサービスビジネスモデルの開発、サービスポートフォリオ設計、顧客の経験価値の差別化、サービスの価格設定、無料サービスの収益化、サービスに精通した販売組織への変革など。近年は、製品とサービス、ハードウェアとソフトウェア、データと分析の統合によるデジタルイノベーションの収益化に関する研究に従事。
Harvard Business Review、*Sloan Management Review*、*Journal of Marketing*、*Journal of the Academy of Marketing Science*、*Journal of Service Research*、*Industrial Marketing Management*などに論文掲載。
ASU W.P. Careyビジネススクールで最もインパクトのあるMBAマーケティング教授、フィンランド・トゥルク大学経済学部経済学の名誉博士号を取得。American Marketing Association国際会議の総合ベストペーパー賞、ケースセンターのトップ40のベストセラーケース著者などを受賞。

戸谷 圭子（とや けいこ）
明治大学専門職大学院 グローバル・ビジネス研究科 教授。
あさひ銀行（現りそな銀行)、コンピューターベンダーを経て、1999年、金融サービスに特化したコンサルティングファーム（株）マーケティング・エクセレンスを設立。現在、マネージング・ディレクター。筑波大学大学院で博士号（経営学）を取得後、立教大学、筑波大学、同志社大学ビジネススクールを経て、現在、実務界でのコンサルティングと同時に明治大学ビジネススクールで教鞭をとる。研究サービス・マネジメントを専門とし、NEDOやJST-RISTEXをはじめ、サービス価値共創に関連する多数のプロジェクトに携わる。日本学術会議連携会員、ユアサ商事（株）社外取締役、（株）新日本科学社外取締役、キュービーネットホールディングス（株）社外取締役。ストックホルム商科大学欧州日本研究所客員教授。産業技術総合研究所人間拡張研究センター客員研究員、SO/TC 159/SC 1/WG 5（人間工学）Expert、経済産業省日本産業標準調査会臨時委員、サービス学会マガジン編集委員会副編集長をはじめ、サービス関連の役職を多数兼務。書著:『ゼロからわかる金融マーケティング』（きんざい)、『カスタマーセントリックの銀行経営』（きんざい)、『リテール金融マーケティング–顧客を知って儲かる仕組みを作る（東洋経済新報社)』など多数。

持丸 正明（もちまる まさあき）
国立研究開発法人産業技術総合研究所 人間拡張研究センター研究センター長。
1988年、慶應義塾大学理工学部機械工学科卒業。1993年、慶應義塾大学大学院博士課程生体医工学専攻修了。同年、博士（工学)。同年、通商産業省工業技術院生命工学工業技術研究所入所。2001年、改組により、産業技術総合研究所デジタルヒューマン研究ラボ副ラボ長。2010年、デジタルヒューマン工学研究センターセンター長、および、サービス工学研究センターセンター長兼務。2015年より、産業技術総合研究所人間情報研究部門部門長。2018年11月、産総研柏センター内に人間拡張研究センター設立。研究センター長。専門は人間工学、バイオメカニクス、サービス工学。人間機能・行動の計測・モデル化、産業応用の研究に従事。2002年、新技術開発財団より市村学術賞受賞、2011年、経済産業省工業標準化事業表彰、経済産業大臣表彰ほか。2008年から2017年まで、ISO/TC 159/SC 3国際議長。2019年より、ISO/TC 324（Sharing Economy）国際議長。2014年より、消費者安全調査委員会・委員長代理。

【章訳担当者略歴】

戸谷 圭子（とや けいこ）—— 1章・2章
略歴前頁。

渡辺 健太郎（わたなべ けんたろう）—— 3、4、8、9章
国立研究開発法人産業技術総合研究所 人間拡張研究センター 主任研究員。工学博士。2005年東京大学大学院工学系研究科精密機械工学専攻修士課程修了。民間企業での製品開発、新規事業開発業務を経て、2012年首都大学東京（現東京都立大学）大学院システムデザイン研究科博士後期課程修了の後、現職。専門はサービス工学、サービスデザイン、設計工学。サービスシステムの設計方法論・支援技術の研究開発、製造業のサービス化研究等に従事。製品を含むサービスシステム設計や、サービス化とデジタル化に関する研究発表を多数実施。ISO/TC 159/SC 1/WG 5（人間工学）、TC 324（シェアリングエコノミー）Expert。サービス学会理事。

丹野 愼太郎（たんの しんたろう）—— 11章
株式会社マーケティング・エクセレンス　コンサルタント。
サービタイジング・エクセレンス合同会社　代表。
同志社大学工学部卒業。同志社ビジネススクール修了（経営学修士）。産業ガスメーカー入社後、営業担当として既存顧客を中心にサービスを付加した新規契約を数多く締結。（国研）産業技術総合研究所を経て現在に至る。科学技術振興機構（JST）社会技術研究開発センター（RISTEX）での戸谷プロジェクトをはじめ、価値共創に関するプロジェクトや製造業のサービス化に関するプロジェクトに多数携わる。サービス学会出版委員会委員。

青砥 則和（あおと のりかず）—— 5、6、7、10、12章
1988年、日本電気株式会社入社。通信機器関連の事業部およびグループ会社（現NECプラットフォームズ株式会社）にて、生産情報システムの企画・開発、グローバルSCM改革、国内外工場の生産効率化推進に従事。タイ工場（現NEC Platforms Thai Company Limited）において、現地スタッフ主導によるトータルSCM改善活動を長年にわたり支援し、日本能率協会によるGOOD FACTORY賞（2014年）受賞に貢献。2013年から2021年までサクサ（株）所属。明治大学専門職大学院グローバルビジネス研究科修了。中小企業診断士。

持丸 正明（もちまる まさあき）—— 13章
略歴前頁。

B2Bのサービス化戦略
製造業のチャレンジ

2020年8月13日　第1刷発行
2022年5月24日　第2刷発行

著　者――C. コワルコウスキー／W. ウラガ／戸谷圭子／持丸正明
発行者――駒橋憲一
発行所――東洋経済新報社
〒103-8345　東京都中央区日本橋本石町1-2-1
電話＝東洋経済コールセンター　03(6386)1040
https://toyokeizai.net/

装　丁…………吉住郷司
D T P…………森の印刷屋
印　刷…………東港出版印刷
製　本…………積信堂
編集担当………村瀬裕己
　ISBN 978-4-492-76253-0